Führen von Einsatzkräften in der
Chaosphase

Raphael Röttinger

Führen von Einsatzorganisationen in der Chaosphase

Wie die Zusammenarbeit zwischen Polizei, Feuerwehr, Rettungsdienst und Spezialkräften gelingt

Prof. Dr. Raphael Röttinger
Ulm, Deutschland

ISBN 978-3-658-46096-9   ISBN 978-3-658-46097-6   (eBook)
https://doi.org/10.1007/978-3-658-46097-6

Die Deutsche Nationalbibliothek verzeichnet diese Publikation in der Deutschen Nationalbibliografie; detaillierte bibliografische Daten sind im Internet über https://portal.dnb.de abrufbar.

© Der/die Herausgeber bzw. der/die Autor(en), exklusiv lizenziert an Springer Fachmedien Wiesbaden GmbH, ein Teil von Springer Nature 2025

Das Werk einschließlich aller seiner Teile ist urheberrechtlich geschützt. Jede Verwertung, die nicht ausdrücklich vom Urheberrechtsgesetz zugelassen ist, bedarf der vorherigen Zustimmung des Verlags. Das gilt insbesondere für Vervielfältigungen, Bearbeitungen, Übersetzungen, Mikroverfilmungen und die Einspeicherung und Verarbeitung in elektronischen Systemen.
Die Wiedergabe von allgemein beschreibenden Bezeichnungen, Marken, Unternehmensnamen etc. in diesem Werk bedeutet nicht, dass diese frei durch jede Person benutzt werden dürfen. Die Berechtigung zur Benutzung unterliegt, auch ohne gesonderten Hinweis hierzu, den Regeln des Markenrechts. Die Rechte des/der jeweiligen Zeicheninhaber*in sind zu beachten.
Der Verlag, die Autor*innen und die Herausgeber*innen gehen davon aus, dass die Angaben und Informationen in diesem Werk zum Zeitpunkt der Veröffentlichung vollständig und korrekt sind. Weder der Verlag noch die Autor*innen oder die Herausgeber*innen übernehmen, ausdrücklich oder implizit, Gewähr für den Inhalt des Werkes, etwaige Fehler oder Äußerungen. Der Verlag bleibt im Hinblick auf geografische Zuordnungen und Gebietsbezeichnungen in veröffentlichten Karten und Institutionsadressen neutral.

Planung/Lektorat: Laura Spezzano
Springer Gabler ist ein Imprint der eingetragenen Gesellschaft Springer Fachmedien Wiesbaden GmbH und ist ein Teil von Springer Nature.
Die Anschrift der Gesellschaft ist: Abraham-Lincoln-Str. 46, 65189 Wiesbaden, Germany

Wenn Sie dieses Produkt entsorgen, geben Sie das Papier bitte zum Recycling.

Geleitwort von Dr. Johannes Backus

Das vorliegende Handbuch zur Führung und Koordination von Einsatzorganisationen ist Ausdruck und Reflexion der volatilen Zeit, in der wir uns gegenwärtig befinden. Krisen, Terror und nicht zuletzt auch die Rückkehr des Krieges in seiner gesamten Spannbreite in Europa beschäftigen uns sowohl gesamtgesellschaftlich als auch sicherheitspolitisch. Es ist daher von besonderer Bedeutung, dass sich alle Beteiligten der Gefahrenabwehr und Daseinsfürsorge mit den Konzepten und praktischen Anwendungsfällen moderner Führung und der Bewältigung von Krisensituationen beschäftigen. Diese Aspekte wurden von Herrn Professor Dr. Röttinger in umfassender Weise zusammengetragen sowie gekonnt zusammengestellt und durch konkrete Beispiele mit direktem Praxisbezug untermauert.

In Krisensituationen wird es ganz besonders darauf ankommen, die bestehenden Schnittstellen zwischen den beteiligten Organisationen nicht nur zu kennen, sondern auch effektiv und reibungsarm, idealerweise als fließender Übergang zu gestalten. Dazu ist es essentiell, das Fähigkeitsportfolio der einzelnen Akteure nicht nur zu kennen, sondern die entstehenden Synergieeffekte auch richtig zu bewerten und einzuordnen sowie erfolgreich zur Wirkung zu bringen. Hierfür gibt das vorliegende Werk einen ausgezeichneten Überblick und die notwendigen Einblicke in die jeweiligen Rettungs- und Hilfsorganisationen. Zudem zeigt der Autor die theoretischen Grundlagen für mögliche Schnittstellenproblematiken auf und gibt Lösungsansätze an die Hand, wie durch krisensichere Kommunikation dem Chaos entgegengewirkt werden kann.

Ein eigenes Kapitel wird den Streitkräften gewidmet. Dabei werden einleitend die gesetzlichen Limitationen des Einsatzes der Bundeswehr im Inneren (Art. 35 und 87a GG) aufgezeigt. Anhand von Praxisbeispielen werden die Möglichkeiten des Zusammenwirkens den gesetzlich aufgegebenen Limitationen gegenübergestellt. Ein Schwerpunkt liegt dabei auf dem Einsatz von sanitätsdienstlichen Kräften. Aus ärztlicher Sicht ist das Kapitel zur taktischen Verwundetenversorgung dabei besonders gelungen und hervorzuheben. Sowohl die Darstellung der notwendigen Planungen und Prozesse vor dem eigentlichen Einsatz, als auch in der Situation bis zur ersten Versorgungseinrichtung sind ausgesprochen präzise und folgen konsequent den aktuellen wissenschaftlichen Erkenntnissen. Dazu gehört auch, dass es sich bei den dargestellten Prinzipien der Verletztenversorgung um empirisch ermittelte Daten handelt. So ist es pathophysiologisch unumstößlich, dass nur ein sehr begrenztes Zeitfenster zur Verfügung steht, um auf kritische Verletzungen erfolgreich zu reagieren. Dieses Zeitfenster, auch als „Golden Hour" bezeichnet, beschreibt die notwendige schnelle Versorgung innerhalb der ersten Stunde nach einem Trauma. Wenngleich es kurz bemessen erscheint, ist es aber entscheidend für das Überleben und spätere Ergebnis einer erfolgreichen Rehabilitation. Es ist eine physiologische Gesetzmäßigkeit. Gleichwohl ist diese Zeit nicht absolut zu sehen, sondern lässt sich, aufgrund ebenfalls empirisch ermittelnder Prozeduren und Prozesse, in einem gewissen Maß beeinflussen. Diesen Umstand gilt es, in allen Planungen der direkten Versorgung im Einsatz („Treat first what kills first"), aber auch bei der Wahl von Transportmöglichkeiten und weiteren Versorgungseinrichtungen planerisch zu beachten.

Wenngleich die Gefahrenabwehr bei CBRN-Zwischenfällen grundsätzlich nicht durch die Bundeswehr direkt gewährleistet wird, so ist sie doch eng in Forschung und Weiterentwicklung mit ihren Spezialfähigkeiten mit den verantwortlichen zivilen Stellen und Beteiligten verzahnt. Oftmals wird dieses Thema ausgeklammert, stellt es ganz besondere Anforderungen an die Einsatzkräfte und die Außenkommunikation. Trotzdem darf es in einem Buch wie diesem nicht fehlen, ist es doch ein weiterer Ausdruck für die Notwendigkeit der engen Zusammenarbeit aller Beteiligten der Gefahrenabwehr und Daseinsfürsorge, sei es zivil oder militärisch.

In Zukunft werden neue technische Entwicklungen Einzug in Einsatzplanungen und taktische Prozesse halten. So zeigt der Ukrainekrieg eindrücklich, wie Drohnen für mannigfaltige Zwecke genutzt werden können und schlichtweg auch Verwendung finden müssen. Der medizinische Einsatz von Drohnen ist zwar aktuell noch nicht serienreif, gleichwohl werden diese Verwendungsmöglichkeiten prototypisch rasant weiterentwickelt und in naher Zukunft sicher nutzbar gemacht.

Bei Führungsprozessen und -aufgaben geht es immer um Verantwortung, und diese ist weit zu fassen. Sie ist letztlich eine gesamtgesellschaftliche Aufgabe. Damit richtet sich das Buch eben nicht nur an all jene, die in Führungsorganisationen engagiert sind, sondern auch an jeden Einzelnen, der sich mit Krisenvorsorge und -bewältigung beschäftigt. In diesem Sinne wünsche ich Ihnen viel Freude bei der reichhaltigen und vielschichtigen Lektüre und danke Prof. Dr. Röttinger nochmals für seine umfassende und präzise Darstellung des komplexen Themas.

Stellvertretender Inspekteur des Sanitätsdienstes der Bundeswehr und Kommandeur Gesundheitseinrichtungen

Koblenz
im November 2024

Generalarzt Dr. Johannes Backus

Geleitwort von Rudi Heimann

In einer Zeit, in der die Komplexität und Unvorhersehbarkeit von Ereignissen stetig zunimmt, gewinnt das Thema der effektiven Führung von Einsatzorganisationen in Krisensituationen an zentraler Bedeutung. Prof. Dr. Raphael Röttinger hat mit seinem Buch „Führen von Einsatzorganisationen in der Chaosphase" ein Werk geschaffen, das nicht nur die Herausforderungen der chaotischen Einsatzzentrale beleuchtet, sondern auch praktikable Lösungen und strategische Ansätze anbietet, um eben diesen Herausforderungen wirksam zu begegnen. Raphael Röttinger ist ein deutscher Wissenschaftler und Geschäftsführer der Röttinger Unternehmensgruppe, die international tätig ist und sich mit Sicherheitslösungen beschäftigt. Er ist Professor für Kriminologie und hybride Gefahrenabwehr mit besonderer Expertise in den Bereichen Terrorismus und Amoklagen sowie der Bewältigung von Chaosphasen. Zudem liegt sein Schwerpunkt im Krisen- und Notfallmanagement sowie der interorganisatorischen Führungslehre für besondere Einsatzlagen. Er hält auch einen Lehrauftrag im Bereich der operativen Terrorismusabwehr und verfügt über zahlreiche einschlägige Aus- und Fortbildungen, unter anderem mehrere Führungsausbildungen bei der Feuerwehr, als Notfallsanitäter und OrgL Rettungsdienst sowie dem Leiter für Psychosoziale Notfallversorgung (PSNV).

Die Chaosphase, in der Entscheidungsträger oft unter immensem Druck und mit begrenzten Informationen agieren müssen, erfordert ein hohes Maß an Flexibilität, Entschlossenheit und vor allem ein tiefes Verständnis für die Dynamiken, die in solchen extremen Situationen herrschen. Prof. Röttinger stellt in seinem Buch die essenziellen Prinzipien der Führung in Krisen dar und analysiert eingehend die Zusammenarbeit zwischen Polizei, Feuerwehr, Rettungsdiensten und anderen Organisationen. Sein analytischer Ansatz und seine Fähigkeit, theoretische Konzepte mit praktischen Anwendungen zu verknüpfen, machen dieses Werk zu einem unverzichtbaren Leitfaden für alle, die in Sicherheitsbehörden und -organisationen tätig sind. Besonders bemerkenswert ist die differenzierte Betrachtung von Katastrophen, Großschadenslagen und Anschlägen, die der Autor nicht nur als theoretische Modelle versteht, sondern auch durch die Linse realer Ereignisse analysiert. Sein Augenmerk auf die aktuelle Bedrohungslage, sei es in Bezug auf politisch motivierte Straftaten oder extreme Gewalt, vermittelt den Leserinnen und Lesern ein Gefühl für die Dringlichkeit, die mit diesen Themen verbunden ist. Hierbei wird deutlich, dass die Sicherheit in einer modernen Gesellschaft nicht nur eine Aufgabe für staatliche Institutionen ist, sondern auch ein Zusammenspiel zwischen öffentlichem und privatem Sektor erfordert.

In Anbetracht der vielen Facetten, die die Führung in der Chaosphase mit sich bringt, hebt das Buch besonders die Schnittstellenproblematik zwischen den verschiedenen Einsatzorganisationen hervor. Die effiziente Koordination zwischen Feuerwehr, Polizei, Rettungsdiensten und anderen Akteuren ist entscheidend, um im Chaos handlungsfähig zu bleiben. Prof. Röttinger liefert nicht nur Erkenntnisse über diese Herausforderungen, sondern bietet auch klare Handlungsempfehlungen, die auf den Erfahrungen aus realen Einsätzen basieren. Dies ist besonders wertvoll für Entscheidungsträger und Mitarbeiter, die im Alltag mit derartigen Krisensituationen konfrontiert sind. Mit der Untersuchung spezifischer Bedrohungen wie CBRN-Einsätze sowie komplexe Anschlagsszenarien, die in der heutigen Welt immer relevanter werden, leitet er eine umfassende Analyse dieser Themen ein und unterstreicht die Notwendigkeit, die eigene Vorgehensweise kontinuierlich zu hinterfragen und anzupassen. Ein zentraler Punkt, den das Buch adressiert, ist die Bedeutung der Kommunikation während eines Einsatzes. In der

Chaosphase ist es entscheidend, dass alle Beteiligten auf dem gleichen Informationsstand sind, um Missverständnisse und Verzögerungen zu vermeiden. Der Autor hebt hervor, dass eine klare und offene Kommunikation zwischen den verschiedenen Organisationen nicht nur für die Koordination der Einsätze wichtig ist, sondern auch für das Vertrauen, das in schwierigen Zeiten aufgebaut werden muss. Das kann den Unterschied zwischen Erfolg und Misserfolg in Krisensituationen ausmachen. Die Integration von Taktiken der taktischen Medizin und deren Rolle in der Zusammenarbeit mit polizeilichen Einsatzkräften sind weitere essentielle Beiträge, die das Buch leistet. Prof. Röttinger gibt uns mit diesem Werk nicht nur wertvolle Einsichten in die Herausforderungen und Lösungsansätze, die die Führung in chaotischen Situationen erfordert, sondern auch einen Ausblick auf zukünftige Entwicklungen in der Sicherheitsarchitektur Deutschlands. Die Feststellung, dass die Bewältigung von Großschadenslagen eine gemeinsame Anstrengung ist, die alle relevanten Akteure einbeziehen muss, wird in diesem Buch klar und eindringlich formuliert. Ich möchte betonen, dass dieses Buch nicht nur für Fachleute in der Sicherheitsbranche von Bedeutung ist, sondern auch für alle, die sich mit den Herausforderungen der modernen Sicherheitsarchitektur auseinandersetzen. Die fundierten theoretischen Überlegungen, die praktischen Handlungsempfehlungen und die wertvollen Einsichten aus der Praxis machen „Führen von Einsatzorganisationen in der Chaosphase" zu einem unverzichtbaren Werkzeug für alle, die in der Sicherheitswelt tätig sind. Ich gratuliere zu diesem herausragenden Werk und bin überzeugt, dass es dazu beitragen wird, die Standards der Führung in Krisensituationen erheblich zu heben. Möge dieses Buch die Leser dazu anregen, innovative Ansätze zu entwickeln, um die Herausforderungen der Chaosphase zu bewältigen und somit einen wertvollen Beitrag zur Sicherheit in unserer Gesellschaft zu leisten.

Vizepräsident des Hessischen Landeskriminalamtes
Herausgeber des Handbuchs zur PDV 100 VS-NfD - Führung und Einsatz der Polizei

Rudi Heimann

Selters
im November 2024

Geleitwort von Wolfgang Schäuble

Unter LebEL – Lebensbedrohliche Einsatzlagen – versteht man nicht etwa die üblichen Einsatzlagen der Feuerwehr, bei denen mit Atemschutzgeräten in brennende Häuser und damit in lebensgefährdenden Umweltbedingungen vorgegangen wird. Ungeschönt und kurz gesagt sind LebEL Einsatzlagen, bei denen auch das Leben der Einsatzkräfte durch Amokläufer oder Attentäter gefährdet wird. Damit greifen die üblichen Einsatzroutinen für die normal anzutreffenden Gefahren der Einsatzstelle nicht mehr. Damit lastet auf allen Einsatzkräften ein immenser Druck. Feuerwehr und Rettungsdienste sind es gewohnt, so schnell wie möglich Betroffenen Hilfe zu leisten und stürzen sich dabei auch in riskantere Einsatzlagen, die aber dennoch noch für sie ein übliches und kalkulierbares Risiko darstellen. Feuerwehr und Rettungsdienst sind – zumindest in Deutschland – nicht Teil des Gewaltmonopols des Staates. Daher sind Ausbildung, Übung und erworbene Einsatzerfahrung kaum auf gewalttätige Übergriffe, erst recht nicht mit Schusswaffen, Sprengstoff oder anderem ausgelegt. Unter der taktischen Maßnahme „in Sicherheit bringen" versteht man üblicherweise das taktische Vorgehen zum Retten von bedrohten Personen aus dem Gefahrenbereich mit kalkuliertem Gefährdungsrisiko der Einsatzkräfte und originär nicht das sich Einsatzkräfte selbst in Sicherheit bringen oder als taktische Maßnahme gesprochen dem „Rückzug" oder „Aufgabe".

Dies macht deutlich, dass sich LebEL von der Art der Herangehensweise diametral von üblichen Einsatzsituationen der sogenannten nichtpolizeilichen Gefahrenabwehr unterscheiden. Gleichzeitig kann man bereits zum Beginn von LebEL Einsätze keine eigenen Schwerpunkte mehr setzen, denn ohne die konkreten Gefahrenzonen zu kennen, die häufig in grün, gelb und rot aufgeschlüsselt werden, ist selbst eine Bereitstellung nicht abschließend möglich und stark auf die Unterstützung der Polizei angewiesen. Dies zeigt, wie hoch auch der psychische Druck auf die Einsatzkräfte wird, deren Maxime sofortiges Handeln zur Rettung von Menschen ist. Sie sind zunächst zum Abwarten verdammt, auch wenn Menschen verletzt sind oder sterben. Kommen dann auch noch mehrere solcher LebEL zusammen, wie es in den letzten Jahren immer mal wieder bei terroristischen Angriffen zu beobachten war, wird die Gesamtlage absolut unübersichtlich. Bei dem mittlerweile als rechtsradikalem Attentat nachgewiesenen Amoklauf am Olympia-Einkaufzentrum in München im Jahre 2016 gab es rund 70 weitere gemeldete Einsatzorte, an denen geschossen wurde. Im Hofbräuhaus sprang eine Person aus dem Fenster, um sich vor Schüssen in Sicherheit zu bringen, und war folgerichtig Notfallpatientin. Wie vorgehen? Auf die Polizei warten? Direkt ohne polizeiliche Aufklärung und Freigabe vorgehen? Stunden später wusste man, dass an keinem dieser gemeldeten „Tatorte" je geschossen worden ist – auch nicht im Hofbräuhaus.

Dies soll verdeutlichen, wie kompliziert die Gemengelage werden kann, denn nicht sofort und überall können durch Polizeikräfte die Bereiche als sicher freigegeben werden. Die aktive Zusammenarbeit und das Vertrauen, das die gegenseitige Einbindung erfordert, sind unabdingbar für den erfolgreichen Einsatzerfolg, insbesondere in der Anfangsphase, der sogenannten Chaosphase.

Dieses Buch zeigt auf, welche Möglichkeiten und Aufgaben die verschiedenen Behörden und Organisationen haben und wie sie sich aufeinander abstimmen müssen, um solche besonderen Einsatzlagen zu meistern.

Oberbranddirektor der Landeshauptstadt München

Wolfgang Schäuble

Geleitwort von Dr. Christian Schwarz

Die Bundesrepublik Deutschland und damit alle Bundesländer und Kommunen stehen insbesondere aufgrund der weltpolitischen Veränderungen, der aktuellen Spannungs- und Konfliktsituationen sowie den globalen Auswirkungen des Klimawandels nicht nur vor immensen strukturellen, organisatorischen und finanziellen Herausforderungen, sondern insgesamt vor ungeheuren gesamtgesellschaftlichen Umwälzungen. Unsere Gesellschaft befindet sich seit geraumer Zeit gefühlt im Daueralarm, eine Katastrophe, eine Großschadenslage, ein Anschlagsszenario oder ein Unwetterereignis - mit anderen Worten eine KRISE - jagt unaufhörlich die nächste. Die Corona-Pandemie, das Kriegsgeschehen in der Ukraine, die kriegerischen Ereignisse im Nahen und Mittleren Osten, aber auch die vermehrten Wetterextreme wie Starkregenereignisse oder Waldbrandgeschehen haben unmissverständlich klargemacht, dass unser Leben auf dieser Welt im Kern äußerst unsicher und fragil ist.

Dabei wird unsere Sicherheit sowohl von außen als auch von innen mehr und mehr auf die Probe gestellt. Sicherheit wird dadurch mehr denn je zum obersten Gebot für Individuen wie für die Gesamtgesellschaft eines Staates und ist insofern für den Staat und die Kommunen und das gesamte Wirtschaftssystem nicht nur ein unverrückbarer Standortfaktor, sondern für uns ALLE überlebenswichtig. Risiken und Schadensszenarien sind im 21. Jahrhundert jedoch äußerst komplex und dynamisch geworden. Sicherheit ist keine Selbstverständlichkeit und kein fixer Zustand mehr, der einfach von einzelnen Menschen oder Organisationen „hergestellt" werden kann. Ohne Frage werden neben staatlichen Akteuren, Behörden und Institutionen (Ministerien, Behörden, Polizeien des Bundes und der Länder, Bundeswehr, THW usw.), gerade die Feuerwehren und die Einrichtungen des Rettungsdienstes im Bereich der Gefahrenabwehr eine unverzichtbare Rolle spielen, da sie im Grunde im gesamten Land, also wirklich flächendeckend vorhanden sind und dort äußerst zeitnah agieren können. Es wird in den meisten Einsatzszenarien so sein, dass gerade die Einheiten der Feuerwehren und der Rettungsdienste auch die ersten Einheiten an einer Schadensstelle sein werden. Selbst bei Anschlagsszenarien oder Terrorakten ist oftmals gerade in der Anfangsphase völlig unklar, was eigentlich Auslöser und Anlass des jeweiligen Einsatzes ist. Die oberste Handlungsmaxime dieser Einrichtungen besteht jedoch exakt darin, Menschenleben zu retten und zu schützen, selbst wenn es sich um lebensbedrohliche Einsätze für die Einsatzkräfte selbst handeln sollte.

Prof. Dr. Raphael Röttinger legt dankenswerterweise mit seinem hochaktuellen Buch „Führen von Einsatzorganisationen in der Chaosphase" passend zu unserer Zeit den Finger in die Wunde. Denn genau in diesen ersten Phasen der Gefahrenabwehr, der absolut heißen Phase, in der Chaos, Unübersichtlichkeit, Unklarheit, maximale Unsicherheit, operative Hektik usw. an einer Einsatzstelle herrschen, werden die Weichen für eine effektive, effiziente und erfolgreiche Einsatzbewältigung durch die Führungs- und Einsatzkräfte der Gefahrenabwehr gelegt. Hier müssen nicht nur die jeweiligen Einsatzorganisationen ihren Einsatzauftrag trotz der genannten Widrigkeiten ihren Einsatzauftrag professionell bearbeiten, vielmehr muss auch in dieser entscheidenden Phase die Zusammenarbeit zwischen den Organisationen reibungslos funktionieren. Das zentrale Thema seiner Abhandlung beleuchtet insofern die Fragen „Wie kontrolliert man das Unkontrollierbare?" und „Wie die Zusammenarbeit zwischen Polizei, Feuerwehr, Rettungsdienst und Spezialkräften" bei Großschadenslagen und Katastrophen gelingen kann". Genau diese Fragen sind es, die es zu beantworten gilt, um durch die zuständigen Behörden und Gefahrenabwehrorganisationen schnellstmöglich wieder Sicherheit für die Bevölkerung bei Großschadenslagen, Katastrophen, Anschlägen oder sonstigen Ereignissen wiederherzustellen.

Nach der wichtigen Definition von Begrifflichkeiten zum einheitlichen Verständnis wird sehr prägnant die aktuelle Bedrohungslage sowohl im Inneren als auch im Äußeren dargestellt. Um gerade auch ein gemeinsames Verständnis zwischen den verschiedenen Organisationen der Gefahrenabwehr herbeizuführen, erhält der Leser wichtige Informationen über die rechtlichen Grundlagen, Einsatzziele, Aufgaben und Ressourcen der zentralen Akteure der Gefahrenabwehr, also die Polizeien, des Rettungsdienstes, der Feuerwehren, der Bundeswehr oder dem THW.

Entscheidend für eine zukünftig erfolgreiche und möglichst reibungslose Zusammenarbeit der Organisationen der Gefahrenabwehr ist das Kapitel über die existierenden Schnittstellenproblematiken der jeweiligen Organisationen im Kontext der Führung. Einerseits aus dem theoretischen Blickwinkel über die Erfordernisse an Führung in Chaossituationen als auch aus dem Blickwinkel der ersteintreffenden Einsatzkräfte. Praxisnah ergänzt werden diese Ausführungen dann im Kapitel mit dem Blick auf reale Einsatzszenarien wie Hochwasserereignissen, der Besonderheit von CBRN-Einsatzlagen sowie dem Blick auf die Fußball-EM 2024.

„Wie Zusammenarbeit zwischen den Organisationen gerade in der Chaosphase nun gelingen kann?", bildet den Abschluss des Buches anhand von konkreten Lösungsansätzen und Forderungen aus dem Blickwinkel der jeweiligen Organisationen der Gefahrenabwehr. Neben der Klarheit und Einheitlichkeit der Begriffe spielt die offene und transparente Kommunikation zwischen den Organisationen eine entscheidende Rolle. Ebenso sind insbesondere das Thema des gegenseitigen Kennens und gemeinsamen Weiterentwickelns von Einsatzkonzepten zu entsprechenden Einsatzszenarien sowie das gemeinsame Trainieren von Einsatzlagen zentrale Erkenntnisse und Forderungen für die Zukunft.

Dem Autor gebührt an dieser Stelle besonderer Dank, dass er sich dem so wichtigen Thema intensiv und organisationsübergreifend zugewandt hat. Dem Werk selbst bleibt an dieser Stelle eindringlich zu wünschen, dass es als unverzichtbare Literatur Eingang findet bei den Verantwortungs- und Entscheidungsträgern der Gefahrenabwehr in unserem Land. Möge das Buch zudem viele Impulse liefern, gemeinsam und zwischen den Organisationen innovative und immer wieder an die jeweiligen Erfordernisse angepasste Einsatzkonzepte zu entwickeln und fortzuschreiben.

Ganz im Sinne der Sicherheit unseres Landes und unserer gesamten Gesellschaft!

Oberbranddirektor der Freien und Hansestadt Hamburg

München
im November 2024

Dr. Christian Schwarz

Vorwort

Die Bewältigung von Großschadenslagen und Terroranschlägen stellt eine der größten Herausforderungen für unsere Sicherheitskräfte dar. Vor allem in der chaotischen Anfangsphase solcher Ereignisse entscheidet sich oft der weitere Verlauf und damit auch, wie viele Menschenleben gerettet werden können.

Dieses Buch widmet sich daher einem Thema von höchster Relevanz: der effektiven Zusammenarbeit und Führung von Polizei, Feuerwehr, Rettungsdienst und Spezialeinheiten in der Chaosphase von Großschadenslagen. Es beleuchtet umfassend die vielschichtigen Herausforderungen, denen sich die Einsatzkräfte in solchen Situationen gegenübersehen – von komplexen Anschlagsszenarien über CBRN-Lagen bis hin zu Naturkatastrophen.

Besonders zu betonen ist dabei die enorme Bedeutung der praktischen Auseinandersetzung mit diesen Themen. Theoretisches Wissen allein reicht nicht aus, um in Extremsituationen richtig zu handeln. Regelmäßige gemeinsame Übungen, die Entwicklung standardisierter Verfahren und eine enge Abstimmung zwischen den verschiedenen Organisationen sind unerlässlich. Nur so können Schnittstellenprobleme minimiert und ein reibungsloses Zusammenspiel in der Krise gewährleistet werden.

Die hier vorgestellten Analysen, Best Practices und Handlungsempfehlungen bieten eine wertvolle Grundlage, um die Einsatzkonzepte und die Zusammenarbeit der Sicherheitskräfte kontinuierlich zu verbessern. Ich hoffe, dass dieses Werk dazu beiträgt, unsere Gesellschaft noch besser auf mögliche Bedrohungslagen vorzubereiten.

Allen Einsatzkräften, die tagtäglich unter den schwierigsten Bedingungen für unsere Sicherheit sorgen, gilt mein größter Respekt und Dank. Möge dieses Buch sie in ihrer wichtigen Arbeit unterstützen.

Prof. Dr. Raphael Röttinger

Inhaltsverzeichnis

1 **Einleitung** ... 1
   Literatur ... 4

2 **Katastrophe, Großschadensereignis, Anschlag:
Merkmale und theoretische Konzepte** ... 5
   2.1 Katastrophe und Großschadenslage:
       Begriffsentwicklung und Begriffsdefinition ... 6
       2.1.1 Katastrophenbegriff ... 7
       2.1.2 Definition der Großschadenslage ... 10
       2.1.3 Charakteristika von Großschadenslagen ... 11
   2.2 Anschlagslagen ... 13
       2.2.1 Typisierung von Anschlagslagen ... 14
       2.2.2 Besondere Anschlagsformen ... 21
   Literatur ... 25

3 **Aktuelle Bedrohungslage** ... 29
   3.1 Äußere Sicherheit ... 30
   3.2 Innere Sicherheitslage ... 32
       3.2.1 Politisch motivierte Straftaten, Extremismus,
              Terrorismus ... 32

	3.2.2 Extremistische Gewalt nach Phänomenbereichen	33
	3.2.3 Bedrohungspotenzial anderer Kriminalitätsbereiche	39
	3.2.4 Folgerung	42
	Literatur	43

4 Umweltfaktoren ... 47
   4.1 Wetterfaktoren ... 48
   4.2 Tages- bzw. Nachtzeit ... 51
   4.3 Örtliche Begebenheiten und Gelände ... 52
   Literatur ... 55

5 Einsatzkräfte und Einsatzgrundsätze ... 57
   5.1 Einsatzziele, -grundsätze und Ressourcen der Feuerwehr ... 59
      5.1.1 Einsatzziele der Feuerwehr ... 60
      5.1.2 Einsatzgrundsätze der Feuerwehr ... 61
      5.1.3 Ressourcen der Feuerwehr ... 62
   5.2 Einsatzgrundsätze, -ziele und Ressourcen der Rettungsdienste ... 65
      5.2.1 Einsatzgrundsätze der Rettungsdienste ... 68
      5.2.2 Einsatzziele der Rettungsdienste ... 69
      5.2.3 Ressourcen der Rettungsdienste ... 70
   5.3 Einsatzgrundsätze, -ziele und Ressourcen der Polizei ... 71
      5.3.1 Einsatzgrundsätze der Polizei ... 72
      5.3.2 Einsatzziele der Polizei ... 73
      5.3.3 Ressourcen der Polizei ... 73
   5.4 Einsatz der Bundeswehr im Innern ... 74
      5.4.1 Rechtsauffassung zum Inlandseinsatz der Bundeswehr ... 76
      5.4.2 Aktuelle Entwicklung ... 77
      5.4.3 Unterstützungsmöglichkeiten der Bundeswehr im Sinne der Terrorabwehr ... 79
      5.4.4 Praktische Implikationen und Folgerung ... 82
   5.5 Technisches Hilfswerk ... 85
      5.5.1 Einsatzgrundsätze des Technischen Hilfswerks ... 85

5.5.2	Einsatzziele des Technischen Hilfswerks	86
5.5.3	Ressourcen des Technischen Hilfswerks	87
5.6	Notfallseelsorge	88
5.6.1	Einsatzgrundsätze der Notfallseelsorge	89
5.6.2	Einsatzziele der Notfallseelsorge	90
5.6.3	Ressourcen der Notfallseelsorge	91
5.7	Zwischenfazit	92
Literatur		94

6 Schnittstellenproblematiken und das Führen im Chaos — 99

6.1	Führen im Chaos: Theorie der Führung	100
6.1.1	Führungsdefinition und Merkmale von Führung	102
6.1.2	Der Führungsprozess und die strukturierende Befehlsausgabe	108
6.1.3	Führungssystemebenen und Schnittstellen	113
6.2	Führen im Chaos: Ersteintreffende Kräfte	119
6.2.1	Ersteintreffende Kräfte der Polizei	119
6.2.2	Ersteintreffende Kräfte des Rettungsdienstes	123
6.2.3	Ersteintreffende Kräfte der Feuerwehr	124
6.3	Führen im Chaos: taktische Medizin und die Zusammenarbeit mit polizeilichen Einsatzkräften	125
6.3.1	Definition, Hintergrund und Entwicklung der taktischen Verwundeten-Versorgung	125
6.3.2	Phasen der Verwundetenversorgung nach dem TCCC-Konzept	127
6.3.3	Entwicklung der Verwundungs- und Todesursachenmuster nach Einführung der Tactical Combat Casualty Care	133
6.3.4	Neuerungen in der taktischen Medizin	135
6.3.5	Tactical Combat Casualty Care und die Anwendung durch polizeiliche Anwender und Spezialeinsatzkommandos	138
6.4	Schnittstellen und Einsatzlehren am Beispiel komplexer Szenarien	142
6.5	Führen im Chaos: Einsatzleitung und Krisenstab	152

6.6	Führung im Chaos: Presse- und Öffentlichkeitsarbeit		153
Literatur			163

7 Ausgewählte Schadenslagen und besondere Herausforderungen — 169

7.1 Allgemeine und besondere Herausforderungen in Großschadenslagen — 170
    7.1.1 Großschadenslage Hochwasser in Eschweiler — 172
    7.1.2 Allgemeine Herausforderungen in Großschadenslagen — 174
    7.1.3 Besondere Herausforderungen — 175

7.2 Bewältigungsstrategien bei Sicherheitsbedrohungen in CBRN-Einsätzen — 177
    7.2.1 Voraussetzung eines CBRN-Einsatzes — 177
    7.2.2 Konkrete Maßnahmen bei einem CBRN-Einsatz — 179
    7.2.3 Das Projekt „rescEU CBRN-Dekontaminationskapazität" — 180
    7.2.4 Krisenkommunikation während eines CBRN-Einsatzes — 181
    7.2.5 Fallbeispiel: CBRN-Einsatz bei einem Anschlag auf ein Fußballstadion — 183
    7.2.6 Die Fußball-Europameisterschaft, 2024 als mögliches Anschlagsziel — 186
        7.2.6.1 Die aktuelle Sicherheitssituation im deutschen Fußball — 187
        7.2.6.2 Die Sicherheitslage mit Blick auf die Europameisterschaft 2024 — 190

Literatur — 192

8 Lösungsansätze — 195

8.1 Schnittstellenprobleme und Lösungsansätze aus feuerwehrtechnischer Sicht — 196
8.2 Schnittstellenprobleme und Lösungsansätze aus rettungsdienstlicher Sicht — 198

8.3	Schnittstellenprobleme und Lösungsansätze aus polizeilicher Sicht	202
	Literatur	204
9	**Fazit**	**205**

Über den Autor

Prof. Dr. Raphael Röttinger ist Professor für Kriminologie und Führungslehre mit besonderer Expertise in den Bereichen Terrorismus und Amoklagen sowie der Bewältigung von Chaosphasen. Zudem liegt sein Schwerpunkt im Krisen- und Notfallmanagement sowie der interorganisatorischen Führungslehre für besondere Einsatzlagen. Er lehrt auch im Bereich der operativen Terrorismusabwehr und verfügt über zahlreiche einschlägige Aus- und Fortbildungen, unter anderem bei der Feuerwehr, als Notfallsanitäter und Leiter für Psychosoziale Notfallversorgung (PSNV). Darüber hinaus hat er diverse zivile Ausbildungen und

Studiengänge erfolgreich absolviert. Seine umfassende Qualifikation wird durch seine Tätigkeit als Geschäftsführer des Konzerns der Röttinger Unternehmensgruppe ergänzt. Diese vielseitigen Kompetenzen machen ihn zu einem gefragten Ansprechpartner und Fachberater auf diesem Gebiet.

Abkürzungsverzeichnis

ASB	Arbeiter-Samariter-Bund
BAIUDBw	Bundesamt für Infrastruktur, Umweltschutz und Dienstleistungen der Bundeswehr
BBK	Bundesministerium für Bevölkerungsschutz und Katastrophenhilfe
BBK	Bundesamt für Bevölkerungsschutz und Katastrophenhilfe
BFE Plus	Beweissicherungs- und Festnahmeeinheit plus der Bundespolizei
BMBF	Bundesministerium für Bildung und Forschung
BMI	Bundesministerium des Innern und für Heimat
BOS	Behörden und Organisationen mit Sicherheitsaufgaben
BPOL	Bundespolizei
BRD	Bundesrepublik Deutschland
CBRN	Chemisch, biologisch, radiologisch und nuklear
CCP	Casualty Collection point
CIR	Teilstreitkraft Cyber- und Informationsraum
CTIF	Comité technique international de prévention et d'extinction du feu
DFL	Deutsche Fußball Liga
DFV	Deutscher Feuerwehrverband

DJF	Deutsche Jugendfeuerwehr
DRK	Deutsches Rotes Kreuz
e. V.	eingetragener Verein
EDV	Elektronische Datenverarbeitung
EOD	Explosive Ordonance Disposal = Internationaler Terminus für Entschärfungskräfte
ESUT	Europäische Sicherheit & Technik
EU	Europäische Union
GG	Grundgesetz
GmbH	Gesellschaft mit beschränkter Haftung
GSG	Grenzschutzgruppe
i. d. R.	in der Regel
IRC	Inland Regional Center
MASCAL/MCI	Mass Casualty Incident
MedEvac	Medical Evacuation
MoWaS	Modulares Warnsystem
MTF	Medizinische Task Forces
NTOA	National Tactical Officers Association
OrgL RD	Organisatorischen Leiters Rettungsdienst
PFOS	Perfluoroctansulfonate
PSNV	Psychosoziale Notfallversorgung
RAF	Rote-Armee-Fraktion
SBSD	San Bernardino Sheriff Department
SOD	Sicherheits- und Ordnungsdienst
TCCC	Tactical Combat Casualty Care
TEMS	Tactical Emergency Medical Services
THW	Technisches Hilfswerk
TVV	taktischen Verwundetenversorgung
UEFA	Union Europäischer Fußballverbände
WEGA	Wiener Einsatzgruppe Alarmabteilung

Abbildungsverzeichnis

Abb. 1.1	Chaos beim Polizeieinsatz am Union Square. (Quelle: Eigene Darstellung in Anlehnung an Altaffer, 2023)	2
Abb. 2.1	Geschenscharakteristika. (Quelle: Eigene Darstellung)	13
Abb. 2.2	Zusammenhang von Tatbeteiligten und Schadenspotenzial. (Quelle: Eigene Darstellung)	15
Abb. 2.3	Zusammenhang von Anschlagsmitteln und Schadenspotenzial. (Quelle: Eigene Darstellung)	16
Abb. 6.1	Unterschiedliche Autoritäts- bzw. Machtquellen. (Quelle: Veermans, 2016)	104
Abb. 6.2	Beispiel eines Führungsprozesses. Unterschiedliche Autoritäts- bzw. Machtquellen. (Quelle: Grafik: Amt für Heeresentwicklung, ESUT – Europäische Sicherheit & Technik 2020) (ESUT – Europäische Sicherheit & Technik 2020; Butler, 2019; Veermans, 2016)	108
Abb. 6.3	Das Führungssystem und seine Bestandteile. (Quelle: Butler, 2019)	114
Abb. 6.4	SEK bei einer Übung. (Quelle: Eigene Darstellung (siehe auch Zand-Vakili, 2022 zum Vergleich))	120
Abb. 6.5	Raumstruktur nach Gefahrenlage. (Quelle: Brandwacht. Bayern, 2018)	121

Abb. 6.6	Die vier Phasen der Taktischen Verwundetenversorgung (TCCC). (Quelle: Eigene Darstellung nach Butler, 2019)	127
Abb. 6.7	Veränderung der Case Fatality Rate (Anteil der im Kampf verwundeten Soldaten die durch Verwundung sterben). (Quelle: TCCC Summary of Supporting Evidence 2024)	134
Abb. 6.8	Anschlagsort San Bernardino 2015. TCP = Tactical Command Post, CCP = Casualty Collection point. ICP = Incident Command Post. (Quelle: Bobko et al., 2018)	144
Abb. 6.9	Relevanz/Vorrang taktischer bzw. medizinischer Aspekte nach Gefahrenbereich. (Quelle: Bundesamt für Bevölkerungsschutz und Katastrophenhilfe 2024b)	151
Abb. 7.1	Rettungsdienst bei einer CBRN-Übung. (Quelle: Eigene Darstellung in Anlehnung an Flissikowski, o. D)	171

Tabellenverzeichnis

Tab. 3.1 Islamistisches Gefährdungspotenzial in Deutschland 35
Tab. 3.2 Rechtsextremistisches Gefährdungspotenzial in Deutschland 37
Tab. 3.3 Linksextremistisches Gefährdungspotenzial in Deutschland 39

1
Einleitung

Zusammenfassung Dieses Kapitel führt in die komplexe Thematik der Bewältigung von Großschadenslagen ein, mit besonderem Fokus auf Terror- und Anschlagsszenarien. Es beleuchtet die enormen Herausforderungen, denen Einsatzkräfte in der chaotischen Anfangsphase solcher Ereignisse gegenüberstehen. Zentrale Aspekte sind die effektive Führung und Zusammenarbeit der Einsatzkräfte von Polizei, über Feuerwehr und Rettungsdienst bis hin zu Spezialeinheiten.

Die Bewältigung von Großschadenslagen, insbesondere wenn diese aus Terror- oder Anschlagsszenarien resultieren, stellt die Einsatzkräfte vor enorme Herausforderungen. Die Chaosphase zu Beginn solcher Lagen ist geprägt von Unübersichtlichkeit, Planlosigkeit und der Notwendigkeit, unter enormem Zeit- und Handlungsdruck Entscheidungen zu treffen, die über Leben und Tod entscheiden können (siehe Abb. 1.1 zur Verdeutlichung). Professionelle Führung ist in dieser Phase der Schlüssel, um das Chaos zu kontrollieren und geordnete Strukturen zur Schadensbekämpfung zu etablieren.

Dieses Buch beleuchtet die vielschichtigen Aspekte des Führens in der Chaosphase von Großschadenslagen aus Sicht der verschiedenen

Abb. 1.1 Chaos beim Polizeieinsatz am Union Square. (Quelle: Eigene Darstellung in Anlehnung an Altaffer, 2023)

Einsatzkräfte. Dabei liegt ein Fokus auf der engen Zusammenarbeit und den bestehenden Schnittstellenproblematiken zwischen Polizei, Feuerwehr und Rettungsdienst inklusive ihrer Spezialeinheiten wie höheren Rettungsorganisationen und Spezialkräften. Nur ein abgestimmtes

Vorgehen dieser zentralen Akteure kann in einer solch dynamischen Lage zum Erfolg führen.

Die entscheidende Frage lautet deshalb: Wie kann die Zusammenarbeit und Führung der Einsatzkräfte (Polizei, Feuerwehr, Rettungsdienst und Spezialeinheiten) in der Chaosphase von Großschadenslagen, insbesondere bei Terror- oder Anschlagsszenarien, optimiert werden, um eine effektive Schadensbekämpfung und Rettung von Menschenleben zu gewährleisten?

Für eine angemessene Beantwortung dieser Frage soll in dem vorliegenden Buch Folgendes geleistet werden:

1. Analyse der aktuellen Herausforderungen und Schnittstellenproblematiken in der Zusammenarbeit der Einsatzkräfte bei Großschadenslagen.
2. Identifizierung kritischer Aspekte der Führung in der Chaosphase, wie taktische Medizin, Raumordnung, Einsatzleitung und Öffentlichkeitsarbeit.
3. Untersuchung besonderer Herausforderungen wie CBRN-Lagen, komplexe Mehrfachanschläge und Anschlagsszenarien in Fußballstadien.
4. Entwicklung von Handlungsempfehlungen und Best Practices für eine optimierte Zusammenarbeit und Führung der Einsatzkräfte in Großschadenslagen.
5. Erstellung von Lösungsansätzen zur Vorbereitung und Bewältigung von Großschadenslagen, insbesondere im Hinblick auf die Fußball-Europameisterschaft, 2024 in Deutschland.

Diese Vorhaben zielen darauf ab, die vielschichtigen Aspekte des Führens und der Zusammenarbeit in der Chaosphase von Großschadenslagen zu untersuchen. Durch eine gründliche Analyse der aktuellen Herausforderungen, kritischen Führungsaspekte und besonderen Szenarien sollen Handlungsempfehlungen und Best Practices entwickelt werden, um die Effektivität der Einsatzkräfte zu steigern.

Angesichts der Fußball-Europameisterschaft, 2024 in Deutschland, bei der ein erhöhtes Risiko für Terror- oder Anschlagsszenarien bestand, ist der Gegenstand dieses Buches von besonderer Relevanz. Die Ergebnisse sollen in einem umfassenden Leitfaden zusammengefasst werden, um die Sicherheitskräfte bestmöglich auf den Ernstfall vorzubereiten und die Bevölkerung zu schützen.

Die Arbeit beginnt mit einer grundlegenden Betrachtung der Merkmale und theoretischen Konzepte von Großschadenslagen, der aktuellen Bedrohungssituation und möglichen externen Einflussfaktoren. Darauf aufbauend werden die Einsatzziele, -grundsätze und Ressourcen der Einsatzkräfte beleuchtet. Ein Schwerpunkt liegt auf dem Führen im Chaos, das vielschichtige Aspekte wie taktische Medizin, Raumordnung, Einsatzleitung und Öffentlichkeitsarbeit umfasst. Exemplarisch werden besondere Herausforderungen wie CBRN-Lagen, komplexe Mehrfachanschläge und Anschlagszenarien wie etwa in Fußballstadien vertieft. Abschließend werden Handlungsempfehlungen auf Grundlage der Schnittstellenprobleme, die sich bei ihrer Zusammenarbeit in chaotischen Großschadenslagen ergeben, abgeleitet.

Literatur

Altaffer, M. (2023). *New York: YouTuber sorgen für Chaos und Polizeieinsatz am Union Square*. Berliner-zeitung.de. https://www.berliner-zeitung.de/news/new-york-youtuber-kai-cenat-und-fanum-sorgen-fuer-chaos-und-polizeieinsatz-am-union-square-li.376035. Zugegriffen: 13. Apr. 2024.

2

Katastrophe, Großschadensereignis, Anschlag: Merkmale und theoretische Konzepte

Zusammenfassung Dieses Buchkapitel befasst sich mit den Konzepten und Charakteristika von Katastrophen, Großschadenslagen und Anschlägen. Es werden zunächst die Begriffe „Katastrophe" und „Großschadenslage" definiert und voneinander abgegrenzt. Anschließend werden die spezifischen Merkmale von Anschlagslagen erläutert, einschließlich verschiedener Typen und Motivationen von Tätern. Das Kapitel geht auch auf besondere Anschlagsformen wie CBRNE-Bedrohungen, Cyberangriffe und komplexe Anschlagsszenarien ein. Es wird betont, wie wichtig eine einheitliche Führung und schnelle Ressourcenmobilisierung in solchen Situationen sind. Abschließend wird kurz auf die zunehmende Bedeutung des Zivilschutzes angesichts sich verändernder globaler Bedrohungslagen hingewiesen.

Schon immer begleiten Katastrophen die menschliche Existenz. Seien es der Ausbruch des Vesuvs 79 n. Chr. und der damit verbundene Untergang Pompejis oder andere Ereignisse wie Neros brennendes Rom – ihrem mit Schrecken behafteten Charakter geschuldet, haben zahlreiche dieser Geschehnisse in die Memoiren der Menschheitsgeschichte Einzug erhalten. Ereignisse wie diese erwecken rückblickend besonderes Interesse, um das Geschehene zu verstehen. Es liegt im menschlichen, ureigenen Überlebenstrieb, das Unbegreifliche und Bedrohliche fassbar machen zu wollen. Der Wunsch, mit möglichst vielen Informationen über solche Geschehnisse versorgt zu sein, bildet die Grundlage dafür, sich mental auf Ähnliches vorzubereiten – stets der Intention folgend, dass diese Informationen in vergleichbaren Situationen von Nutzen sein können. Es geht darum, im Fall der Fälle den Weg aus dem Chaos zu finden sowie Kontrolle über das unkontrollierbar Erscheinende herstellen bzw. zurückgewinnen zu können (Stafford, 2014; Soroka et al., 2019; Soroka, 2024)

In diesem Kapitel wird nun etwas Ordnung in das (anfängliche) Chaos von solchen Ereignissen gebracht und dargelegt, welche Merkmale diese Szenarien gemeinsam haben. Anschließend werden in den nachfolgenden Kapiteln die grundlegenden Begriffe „Katastrophe", „Großschadenslage", „Großschadensereignis" und „Anschlag" definiert und voneinander abgegrenzt. Des Weiteren werden die Besonderheiten solcher Ereignisse herausgestellt, um den Anschlägen, die im Fokus dieses Sammelbandes stehen, diese Charakteristika zuzuordnen, mit denen sich die Betroffenen und Einsatzkräfte konfrontiert sehen.

2.1 Katastrophe und Großschadenslage: Begriffsentwicklung und Begriffsdefinition

Waren im alten Rom die Menschen den geistigen Entgleisungen des eigenen Staatsoberhauptes ausgesetzt und war Pompeji doch eine Naturkatastrophe, die von ungeahntem Ausmaß und plötzlich eintretend das Leben einer ganzen Zivilisation von jetzt auf gleich eliminierte, so könnte schnell argumentiert werden, dass diese Phänomene in der heutigen Zeit nicht mehr zu erwarten sind. Frühwarnsysteme, Seismografen, ausgefeilte Sicherheitsinfrastrukturen und organisierte Hilfe stehen im 21. Jahrhundert in allen europäischen Staaten – in einem meist gut ausgebauten Umfang – zur Verfügung.

Dennoch macht die Geschichte auch in den modernen Staaten nicht vor Katastrophen unterschiedlicher Art halt: Sturmfluten, wie 1962 in Hamburg, Überflutungen, im Jahr, 2021 in der Eifel, der Anschlag auf den Weihnachtsmarkt am Berliner Breitscheidplatz 2016, Amoklagen an Schulen und komplexe Angriffsszenarien wie rund um das Pariser Bataclan im Jahr 2015. Wenngleich ein unvorhersehbarer Vulkanausbruch weniger wahrscheinlich geworden ist, werden zahlreiche Menschen behaupten können, dass sie in den jeweiligen Szenarien ihr persönliches Pompeji erlebt haben. Solche plötzlich eintretenden, katastrophalen Ereignisse, so unterschiedlich sie letztlich sind, menschengemacht oder durch Naturgewalten hervorgerufen, weisen gemeinsame Charakteristika auf. Das Bundesamt für Bevölkerungsschutz und Katastrophenhilfe (BBK) fasst entsprechende Geschehnisse unter dem Katastrophenbegriff wie folgt auf:

2.1.1 Katastrophenbegriff

Ein Geschehen, bei dem Leben oder Gesundheit einer Vielzahl von Menschen oder die natürlichen Lebensgrundlagen oder bedeutende Sachwerte in so ungewöhnlichem Ausmaß gefährdet oder geschädigt werden, dass die Gefahr nur abgewehrt oder die Störung nur unterbunden und beseitigt werden kann, wenn die im Katastrophenschutz mitwirkenden Behörden, Organisationen und Einrichtungen unter einheitlicher Führung und Leitung durch die Katastrophenschutzbehörde zur Gefahrenabwehr tätig werden. **Anmerkung:** Die Definition der Katastrophen kann entsprechend landesrechtlichen Regelungen abweichend gefasst sein, s. DIN 13050:2015-04 (Begriffe im Rettungswesen). (BBK, 2024b)

In dieser Definition wird keine weitere Eingrenzung im Hinblick auf die Ursache der Katastrophe, die Opferzahl oder das tatsächliche Ausmaß vorgenommen. Vielmehr steht die Ungewöhnlichkeit des Schadensausmaßes sowohl unmittelbarer als auch drohender Schäden an Personen und Sachwerten im Fokus. Gewissermaßen geht es nicht um die Opferzahl X, die eine Katastrophe definiert, sondern um jenes, über das im Alltäglichen erwartbare, hinausgehende Ausmaß, das zunächst in eine Überforderung der sonst hinreichenden Ressourcen organisierter Hilfe führt. Dieses muss, um den Katastrophenbegriff zu erfüllen, qualitativ und quantitativ eine Dimension erreichen, die die normal verfügbaren Möglichkeiten organisierter Hilfe derart deutlich überschreitet, sodass eine einheitliche Führung, wohlgemerkt sonst nicht unter einheitlicher Führung stehender Behörden und Organisationen mit Sicherheitsfunktionen (BOS), gewährleistet sein muss, um die primären Schäden zu beheben und Folgeschäden bestmöglich zu unterbinden. Dieser Formulierung wohnt bereits eine gewisse Brisanz inne. Ausgehend vom zeitlichen Verlauf einer Katastrophe ist es erforderlich, dass diese Führung zügig etabliert werden muss, wenn die effektive Begrenzung des Schadensausmaßes gelingen soll. Eine Katastrophe ist also grundsätzlich vielmehr ein Prozess – oder wie es in der Definition heißt, ein Geschehen und kein singuläres Ereignis. Dem Katastrophenbegriff ist ein Ausdehnungscharakter inhärent. In räumlicher und zeitlicher Dimension bleiben Katastrophen nicht auf das initiale Schadensereignis begrenzt. Vielmehr lösen sie plötzlich einen erheblichen Schaden aus, der das Potenzial birgt, weitere ggf. ebenfalls katastrophale Folgen zu erwirken.

Der Begriff deutet bereits an, dass ein Anschlagsszenario nicht zwangsweise in die Definition einer Katastrophe fallen wird. Ein Amoklauf wird grundsätzlich in seiner Ausdehnung einfacher zu begrenzen sein als ein Flugzeugabsturz in einem dicht besiedelten Wohngebiet. Kann ein Einzeltäter schnell gefasst werden, bevor eine Vielzahl an Menschen verletzt wurde, würde wohl kaum von einer Katastrophe gesprochen werden. Dennoch würde ein Amoklauf die Kriterien dann erfüllen, wenn bereits eine hohe Zahl an Verletzten vorliegt oder der Ort des Amoklaufes so gewählt wird, dass eine Ausbreitungsdynamik (Bsp.: Massenpanik) folgt, die zu katastrophalen Folgen führt. (Elbe, 2020)

Was geschieht allerdings, wenn sich die Bedrohung erst im weiteren Verlauf anders darstellt als initial angenommen? Entpuppt sich der Amoklauf als Teil eines parallelen Anschlagsszenarios mit Sprengmitteln und weiteren Tätern, ggf. räumlich dislozierten Anschlagstellen, kann leicht ein Schadensausmaß erreicht werden, das dem Beispiel des Flugzeugabsturzes in nichts nachsteht. Eine genaue Trennschärfe zwischen dem, was eine Katastrophe ist und was nicht, stellt sich nicht selten erst im Prozess heraus und ist eine Sache der Retrospektive, zumindest aber nicht immer initial ersichtlich. Der katastrophale Charakter mancher Lagen zeigt sich möglicherweise weniger im initialen Ereignis als im Verlauf. Insbesondere gilt dies für Anschlagsszenarien, in denen es, wie etwa in Amoklagen, maßgeblich von der raschen Eindämmung des initialen Geschehens abhängt, wie sich das Schadensausmaß darstellen wird. (Bundesministerium für Inneres. Staatliches Krisen- & Katastrophenschutzmanagement, 2006)

Möglicherweise wird der Katastrophenbegriff auch deswegen eher auf solche Ereignisse angewendet, die auf ein technisches Versagen, einen natürlichen Ursprung oder anderweitig auf höhere Gewalt zurückzuführen sind, wobei das auslösende Ereignis die Katastrophenkriterien bereits in seiner Anfangssituation eindeutiger erfüllt. Des Weiteren ist die Begrifflichkeit der Katastrophe in ihrem sprachlichen Verständnis grundsätzlich stärker mit solchen Geschehnissen assoziiert, die typische Naturkatastrophen oder Unfallereignisse (Bahnkatastrophe von Meschede) meinen. Dahingegen wird für Anschlagslagen kaum der Begriff der Katastrophe in der öffentlichen Kommunikation zu finden sein. Niemand spricht bisweilen von der Katastrophe auf dem Berliner Weihnachtsmarkt, als Anis Amri einen Anschlag verübte. (Bundestag, 2018)

Die Szenarien des 21. Jahrhunderts haben sich infolge technischer Weiterentwicklung und insbesondere sozialer und politischer Problemlagen dahingehend entwickelt, dass vorsätzlich herbeigeführte Katastrophen an Bedeutung gewonnen haben. (Europäische Kommission, 2024; Auswärtiges Amt, 2023)

Die Phänomenologie politisch oder religiös motivierter Gewalttaten, die Möglichkeiten, aus dem Cyberraum heraus zu agieren und ortsunabhängig einen physischen Schaden zu verursachen, die interessengelenkte und auf Destabilisierung abzielende Unterstützung gewaltbereiter Netzwerke durch staatliche Akteure – auch vor dem Hintergrund der politischen Zeitwende hat sich das Bedrohungsszenario des 21. Jahrhunderts insgesamt deutlich verändert und verschärft. (Europol, 2023; Birkel et al., 2022)

Anschlagsszenarien, gleich welcher Art, stellen eine ernste und im Vorfeld von Großereignissen, wie der Fußball-Europameisterschaft, 2024, zunehmende Bedrohung dar. Letztere werden in der breiten Öffentlichkeit gut wahrgenommen. Sie bergen daher das besondere Potenzial, dass Täter diesen Umstand für sich instrumentalisieren, um die Blicke der Öffentlichkeit reichweitenstark auf sich zu lenken. (Freudenberg, 2019)

Sprachlich gilt der sich vornehmlich auf Ereignisse höherer Gewalt beziehende Katastrophenbegriff – in Anbetracht einer veränderten Bedrohungslage – als überholt. Relativ synonym, wenn auch definitorisch schmaler, hat sich der Begriff des Großschadensereignisses bzw. der Großschadenslage in der Fachwelt durchgesetzt und Einzug in die normierte Nomenklatur erhalten.

2.1.2 Definition der Großschadenslage

Ereignis mit einer großen Anzahl von Verletzten oder Erkrankten sowie anderen Geschädigten oder Betroffenen und/oder erheblichen Sachschäden (vgl. DIN 13050:2015-04 (Begriffe im Rettungswesen)). [Anmerkung: Großschadensereignis wird häufig auch synonym mit Großschadenslage verwendet (BBK, 2024a)]

Indes geht es weniger um eine begriffliche Vereinfachung als um anwenderbezogene Implikationen. Der Begriff der Katastrophe setzt eine höhere Schwelle:

Um den Katastrophenstand ausrufen zu können, muss bereits erkenntlich sein, dass eine einheitliche, übergeordnete Führung erforderlich ist. Nur: Ab wann macht eine Lage es erforderlich, dass eine einheitliche organisationsübergreifende Führung eingesetzt wird? Hiermit verbunden sind insbesondere die Bildung von Krisenstäben und der Übergang der Zuständigkeit auf die i. d. R. den lokalen Behörden übergeordnete Katastrophenschutzbehörde. Letzterer Aspekt ergibt sich aus jener, der Katastrophendefinition innewohnenden Überforderung der ansonsten zuständigen örtlichen Behörden (Deutscher Bundestag, 2018). Ketzerisch könnte nun argumentiert werden, dass der Katastrophenbegriff und seine rechtlichen Implikationen erst dann greifen, wenn die übergeordnete, einheitliche Führung offensichtlich notwendig ist. Für Szenarien, bei denen sich diese Offensichtlichkeit nicht initial darstellt, bleibt diese Schwelle problematisch. Sie ist nicht einheitlich definiert. Es fehlt so gesehen eine praktikablere Lösung, die es unterhalb der Katastrophendefinition ermöglicht, eine solche Führung auch dann und frühzeitig zu implementieren, wenn die Lage nur die

Wahrscheinlichkeit birgt, dass ein unerwartet hohes Ausmaß an Schäden erst im weiteren Verlauf eintritt.

2.1.3 Charakteristika von Großschadenslagen

Der Begriff der Großschadenslage stellt die Frage nach einer besonderen Führung der Lage nicht als definitorisches Kriterium vorweg. Letztlich ist es zunächst unerheblich, ob sich ein Großschadensereignis so zeigt, dass auch die Katastrophendefinition hätte Anwendung finden können. Zudem ist zu beachten, dass die tatsächlichen Katastrophenbegriffe und ihre rechtlichen Implikationen, getreu föderalistischer Grundsätze, Ländersache sind und voneinander abweichen können. Der Begriff der Großschadenslage stellt das Ereignis, seine Dimension und Folgeschäden begrifflich klarer in den Vordergrund. Rein logisch leitet sich auch jenseits des Katastrophenbegriffes ab, dass eine einheitliche Führung mit organisationsübergreifendem Charakter erforderlich werden kann, ohne dass die tätigen Behörden bereits überfordert wären. Dieser Ansatz ist daher zielführender im Sinne der raschen Bildung oder Vorbereitung eines entsprechenden Führungsstabes. Tatsächlich ist es sowohl in überdimensional großen Katastrophenszenarien als auch in solchen Lagen, die katastrophal verlaufen können, aber per se nicht zwingend zur Katastrophe werden müssen, von erheblicher Bedeutung, möglichst früh mit einem hohen und geeigneten Kräftedispositiv gegen die Lage zu wirken. (Bundeszentrale für politische Bildung, 2024)

Eines bleibt sicher: Eine rasche einheitliche Führung ist in Schadenslagen von erheblichem Ausmaß unabdingbar, ungeachtet jeglicher definitorischen Auffassungen. Es kommt darauf an, anhand eines zentral zusammenlaufenden Lagebilds auf Basis fundierter Informationen zielgerichtet, eben aus einer Hand, handeln zu können. (Bundeszentrale für politische Bildung, 2024; Freudenberg, 2019)

Gewissermaßen lässt sich festhalten: Das Führen in der Chaosphase benötigt zuerst die Einrichtung eines einheitlichen Führungselementes, auch dann, wenn sich noch kein Katastrophenbild darstellt. Gewissermaßen kann dieser Aspekt bereits als wesentliches Charakteristikum von Großschadenslagen jeglicher Art angesehen werden. In Unterscheidung zum definitionsgemäßen Katastrophenbegriff muss diese einheitliche Führung jedoch nicht auf den rechtlichen Folgen des Katastrophenfalls aufbauen. Vielmehr müssen möglichst einheitliche und an die potenziellen Szenarien des 21. Jahrhunderts angepasste Regeln etabliert werden, die eine einheitliche Führung ermöglichen und eine Struktur bieten, um Ordnung in das Chaos einer solchen Lage zu bringen. (Freudenberg, 2019; Ellebrecht, 2020)

Gänzlich ungeachtet, um welche Art von Schadensereignis es sich handelt, konfrontieren die in Abb. 2.1 dargestellten Charakteristika Einsatzkräfte mit besonderen Herausforderungen. In der Abbildung sind wesentliche Merkmale von Großschadenslagen (nicht erschöpfend), die insbesondere die initiale Chaossituation bedingen, dargestellt (Bundeszentrale für politische Bildung, 2024; BBK). Dabei ist zu beachten, dass nicht alle Charakteristika in jeder Großschadenslage erfüllt sein müssen. Beispielsweise können Anschlagslagen initial geschehen, ohne dass es eine Vielzahl an Verletzten gibt. Dennoch birgt eine Anschlagslage das Potenzial, eine hohe Opferzahl zu erwirken, und erzwingt folglich auch die Alarmierung eines entsprechenden Kräftedispositives. (Dudek, 2020)

Ein maßgebliches Kennzeichen bleibt das Missverhältnis zwischen initialem Bedarf an Ressourcen (wie etwa Rettungsmittel, Personal) und den tatsächlich, aus dem Routinebetrieb verfügbaren Ressourcen (Ellebrecht, 2020). Die Anschläge auf das Bataclan in Paris, der islamistisch motivierte Amoklauf des Anis Amri in Berlin oder etwa School-Shootings in den USA und anderen Ländern: Hintergründe und Facetten von Anschlagsszenarien sind vielseitig. Deswegen und aufgrund ihrer niedrigen Frequenz kommen sie nicht regelmäßig genug vor, um den Einsatzkräften eine hinreichende Routine im Umgang mit solchen Szenarien unterstellen zu können (Japp, 2003).

Gegenüber Großschadenslagen, die aus Unfällen oder durch Naturgewalten verursacht werden, sind Anschlagslagen zusätzlich durch absichtsvolle Gewalt gegen Einsatzkräfte, ein verstärktes Bedrohungsempfinden der beteiligten Kräfte und den grundsätzlichen Vorrang polizeilicher Gefahrenabwehr gekennzeichnet.

2 Katastrophe, Großschadensereignis, Anschlag: Merkmale… 13

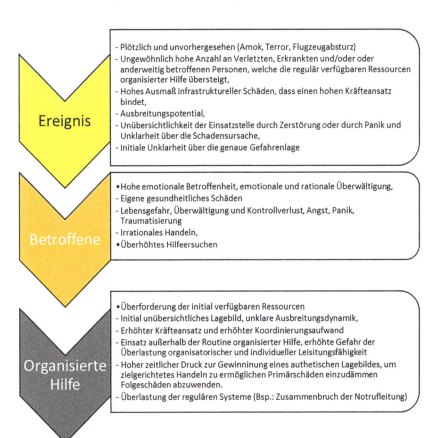

Abb. 2.1 Geschenscharakteristika. (Quelle: Eigene Darstellung)

2.2 Anschlagslagen

Besondere Bedeutung bekommt die einheitliche Führung dann, wenn unmittelbare Gefahren für die Einsatzkräfte bestehen. Wird die Gefahr für Leib und Leben sogar aktiv gegen Einsatzkräfte gerichtet, sind die Möglichkeiten, organisiert Hilfe zu leisten, mitunter stark eingeschränkt. Es gilt insbesondere für die nichtpolizeilichen Kräfte der Grundsatz: Selbstschutz vor Fremdschutz. (Bayerisches Staatsministerium des Innern & für Integration, 2018; Ellebrecht, 2020)

In diesem Buch liegt der Fokus auf der Betrachtung eben solcher Lagen, die hier als Anschlagslagen bezeichnet werden. Demnach sind Anschlagslagen im Verständnis dieser Arbeit:

Großschadensereignisse, die von einem oder mehreren Tätern vorsätzlich, unter Anwendung von Gewalt, herbeigeführt werden, gegen Menschen und/oder Sachen gerichtet werden und auf Vernichtung und Zerstörung abzielen. (Besch und Börner,. 2017)

Eine einheitliche Definition existiert in Sicherheitskreisen weder für den Anschlagsbegriff noch liegen einheitlich definierte Subkategorien wie Anschlagstypen vor. Dennoch lassen sich Anschläge anhand der nachfolgend dargestellten Merkmale unterscheiden. (Besch & Börner, 2017)

2.2.1 Typisierung von Anschlagslagen

Anschlagslagen lassen sich auf unterschiedliche Art und Weise charakterisieren. Umgangssprachlich wird häufig ein bestimmendes Momentum des Geschehens verwendet, um die Anschlagsart zu typisieren (Bsp.: Sprengstoffattentat, Hinterhalt, islamistischer Terroranschlag etc.) (Besch & Börner,2017). Diese Merkmalsreduktion greift für eine detaillierte Betrachtung zu kurz, weil wesentliche Merkmale nicht erfasst werden. Im Folgenden soll daher eine Auswahl an Anschlagsmerkmalen vorgestellt werden, die sich eignen, um einen Anschlag präziser zu typisieren und zu kategorisieren. Folgende Merkmale werden zugrunde gelegt:

- Anzahl der Täter und Tatbeteiligten,
- Verwendete Anschlagsmittel,
- Räumliche Anschlagsdimension,
- Tatmotivation.

Anzahl der Täter und Tatbeteiligten (Supportnetzwerk)
Der Komplexitätsgrad eines Anschlagsszenarios richtet sich tatsächlich zwar nicht ausschließlich nach der Anzahl der beteiligten Täter als vielmehr nach dem Trainingsgrad (Schulung im Umgang mit Waffen, professionelle Ausbildung vs. Laie), krimineller Energie, Entschlossenheit, Opferbereitschaft und den gewählten Wirkmitteln (Schuss- vs. Stichwaffe mit oder ohne zusätzliche Explosivmittel), der Taktik und weiteren Kriterien, wie etwa der Anzahl der Personen im Umfeld (Public Viewing vs. Dorf), dem Anschlagsort (Bsp.: Schulgebäude). Jedoch ist ein einzelner Täter in der Regel weniger in der Lage, Material mitzuführen und wird häufig nicht auf ein externes Unterstützungsnetzwerk bei der Tatausführung zurückgreifen. Abb. 2.2 visualisiert die Zunahme des Handlungsspektrums, in Abhängigkeit von der Anzahl der unmittelbar tatbeteiligten Personen. Das Vorgehen der Einsatzkräfte gegen den Täter, insofern klar ist, dass es sich um eine allein handelnde Einzelperson handelt, gestaltet sich daher grundsätzlich einfacher als gegen mehrere Täter.

Ein Anschlag mit mehreren Tätern erlaubt es der Tätergruppierung Aufgaben aufzuteilen, bei Anwendung von Schusswaffen Bsp. mehr Feuerkraft und damit potenziell mehr Schaden anzurichten und mehr

Abb. 2.2 Zusammenhang von Tatbeteiligten und Schadenspotenzial. (Quelle: Eigene Darstellung)

Raum mit Waffenwirkung abzudecken. Des Weiteren kann davon ausgegangen werden, dass eine Tätergruppierung grundsätzlich durchhaltefähiger ist als ein Einzeltäter.

Verwendete Anschlagsmittel
Die verwendeten Anschlagsmittel sind maßgeblich für das Schadensausmaß. Wie in Abb. 2.3 wiedergegeben, können unterschiedliche Wirkmittel initial ein differentes Schädigungspotenzial bzw. eine besonders hohe Gefahr für die Allgemeinbevölkerung und/oder eine große Ungewissheit über die tatsächliche Bedrohung mit sich bringen. Bis zur Klärung der Situation ist dann ein besonders hohes oder speziell geschultes Kräftedispositiv erforderlich und die Einschränkungen für das öffentliche Leben sind erheblich. Diese Ausführungen beziehen sich insbesondere auf Szenarien unter Einsatz von chemischen, biologischen, nuklearen und radiologischen Stoffen (Kurz: CBRN). CBRN-Bedrohungen stehen in Abb. 2.3 folglich an oberster Stelle, nach ihrem räumlichen und zeitlichen Umfang, sowie nach ihrem Vermögen initialen Schaden herbeizuführen weisen sie gegenüber dem Einsatz von Stich, Schuss oder Explosionsmitteln ein höheres Schädigungs- und Verunsicherungspotenzial auf. Sie stehen

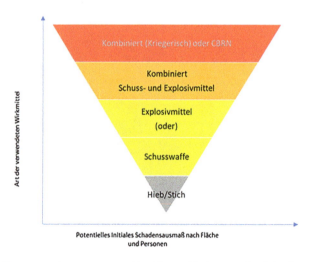

Abb. 2.3 Zusammenhang von Anschlagsmitteln und Schadenspotenzial. (Quelle: Eigene Darstellung)

daher an oberster Stelle der inversen Pyramide (Saunders-Price, 2020). Einsatzkräfte verfügen möglicherweise nicht flächendeckend über die Ausrüstung, um sich einer solchen Lage sofort annehmen zu können (Calder & Bland, 2018). Aufgrund der schwerwiegenden Potenziale, die solche Szenarien mit sich führen, herrscht eine sorgfältige und aufmerksame Prävention durch die Sicherheitsbehörden vor, die meist etwaige Versuche bereits im Keim erstickt (Europol, 2024). Ein solches Szenario bleibt auch in kriegerischen Auseinandersetzungen unwahrscheinlich, für einen Anschlag ist eine CBRN-Bedrohung ebenfalls eine absolute Ausnahme, aber nicht undenkbar, die Verfügbarkeit entsprechender Propaganda im Internet hatte in den zurückliegenden Jahren zugenommen (Europol, 2021, 2023, 2024).

Im Vergleich Wahrscheinlicher ist das Szenario eines Einzeltäters, der mit Hieb- oder Stichwaffen agiert.(Bundesministerium des Innern und für Heimat und Bundesamt für Verfassungsschutz 2023). In der Rückschau der vergangenen Jahre machen solche Einzeltäter immer wieder im Rahmen von Anschlagssituationen auf sich aufmerksam. Ihr Gefahrenpotenzial gegenüber organisierten oder bewaffneten Tätern ist möglicherweise geringer. Abb. 2.3 fokussiert ausschließlich das Schädigungspotenzial der Tatmittel. Die in der Abbildung dargestellte Pyramide siedelt solche Tatmittel an unterster Stelle an. Die jeweiligen jeweiligen-Tatmittelkategorien nehmen Flächen ein. Dies soll der Berücksichtigung etwaiger abstrakter Einflussfaktoren, wie Trainingsstand, Anzahl von Personen am Anschlagsort, Anzahl der Täter und Waffen sowie Art der Waffe (Pistole vs. automatisches Gewehr), Rechnung tragen. Diese Betrachtung stützt sich nicht auf empirische Erkenntnisse und kann aufgrund der Vielzahl an möglichen Einflussfaktoren keine abschließend verlässliche Aussage treffen. Vielmehr soll sie sich dazu eignen, das potenzielle Gefahrenausmaß zu visualisieren. Möglicherweise haben Explosivmittel ein höheres initiales Potenzial (Bsp.: Ferngezündete Bombe mit hoher Sprengkraft). Menschen werden sich nach Beginn des Anschlags von der Schadenslage entfernen. Allerdings kann eine fortgesetzte Verwendung von Schusswaffen über die Zeit bzw. nach Art und Umfang der verwendeten Waffen ein ähnliches Potenzial entfalten. Um den Schusswaffengebrauch nicht zu unterschätzen, werden Explosivmittel (zu denen auch Sprengvorrichtungen mit geringer Sprengkraft zählen, Bsp.: kleinere improvisierte Rohrbomben) hier in einer breiteren Kategorie zusammengefasst (gleiche farbliche Kennzeichnung in gelb).

Nicht erfasst sind unkonventionelle Einsätze etwa von Fahrzeugen. Das potenzielle Schadensausmaß unkonventioneller Mittel lässt sich nur schwer im Vergleich zu den konventionellen Tatmitteln beschreiben.

Die Kombination der Wirkmittel erhöht grundsätzlich immer das Gefahrenpotenzial bis hin zu professionell mit Gerät, personeller Maße, hohem Ausbildungsstand und entsprechender Wirkungskontrolle ausgestatteten militärischen Auseinandersetzung.

I. Räumliche Anschlagsdimension:

a. **Physisch und/oder virtuell:** auf dem Wasser (Piraterie), auf dem Land (Anschlag Public Viewing), in der Luft (Flugzeugentführung), Cyber-Anschläge, die über den Cyberraum auf beispielsweise kritische Infrastruktur ausgeübt werden.
b. **Uni- oder Multifokal:** unabhängig von der Anzahl der Täter findet das Anschlagsgeschehen an nur einem oder an mehreren physischen oder virtuellen Orten statt (siehe Abschn. 1.1.5).
c. **Statisch oder mobil:** statisch (Bsp.: verbarrikadierte Täter/Geiselnahme) oder mobil (Bsp.: bewegte Täterschaft wie etwa bei Amoklage in einem Stadtgebiet).
d. **Kombiniert:** Das Anschlagsszenario umfasst mehrere der vorher genannten räumliche Dimensionen.

II. Tatmotivation

Die Tatmotivation oder Zugehörigkeit zu kriminellen oder terroristischen Vereinigungen ist ein wichtiges Kriterium zur Unterscheidung von Anschlagstypen. Das Denken der Täter lenkt die Planung und Ausführung der Tat.

Es ist also möglich, der zugrunde liegenden Tatmotivation erwartbare Handlungsabsichten beizumessen. Ist beispielsweise Rache das leitende Motiv, wird sich die Handlung eher gegen solche Personen oder Orte richten, die das verkörpern, wogegen der Täter sich rächen will. Ein Terrorist wird hingegen vielmehr nach den Gefühlen und Gedanken seiner Opfer fragen, um gezielt diese Orte (Gesellschaftlicher Symbolcharakter), Tatmittel und Vorgehensweisen (helllichter Tag) auszuwählen, welche sich besonders gut eignen, um die Gesellschaft zu ängstigen und nachhaltig zu erschüttern. Nachfolgend werden unterschiedliche Tätertypen entlang ihre Leitmotive vorgestellt.

a. **Psychisch gestörte Gewalttäter**

Diese Definition bezieht sich vor allem auf Personen, die aus akutem Leid und mit reduzierter Affektkontrolle sowie aus starker innerer Anspannung heraus handeln und ggf. unter dem Einfluss von psychoaktiven Substanzen stehen. Im Rahmen dieser Arbeit sind insbesondere solche Störungen gemeint, die mit einem akuten Realitätsverlust einhergehen und meist dem psychotischen Formenkreis angehören. Abzugrenzen sind psychisch gestörte Gewalttäter von beispielsweise terroristischen Handlungen oder persönlich motivierte Taten dadurch, dass ausschließlich die Störung der Realitätsauffassung planungs- und handlungsleitend ist. (Freudenberg, 2019; Endrass et al., 2015)

Es lässt sich nicht von der Hand weisen, dass Täter, die einen Anschlag ohne psychotischen Realitätsverlust umsetzen, ebenfalls psychisch auffällig sein werden. Die Grenzen sind nicht selten fließend. So wurde beispielsweise lange darüber diskutiert, ob der Amokläufer von München, David Sonoby, aus rechtsextremistischen Motiven handelte oder ob seine psychische Störung der eigentliche Tatanlass war. Dieses Beispiel wird in weiteren Kapiteln aufgegriffen. (Bayerische Staatsregierung, 2024)

b. **Persönliche motivierte Täter**

Hierzu zählen Motive unterschiedlicher Art. Rachemotive oder Vergeltungsanliegen können hierbei eine wesentliche Rolle spielen. Diese Motivform ist etwa im Rahmen von Amoklagen häufig von Relevanz. (Böhmer 2019)

In internationalen Sicherheitskreisen existiert eine Vielzahl von Definitionsangeboten für den Terrorismusbegriff. Diese weichen mitunter stark voneinander ab. Im Unterschied zu politisch, ideologisch oder religiös motivierten Gewalttaten ist dem Terrorismus das strategische Element der Schreckensverbreitung eigentümlich. (Jesse, 2022)

Nicht terroristische Anschläge finden potenziell zielgerichteter statt, ggf. unter Inkaufnahme von physischen oder menschlichen Kollateralschäden, aber nicht zwingend mit der Absicht, einen größtmöglichen Schrecken in der Allgemeinbevölkerung auszulösen. Der Terrorismus ist wahlloser, denn insofern das Ziel der nachhaltigen Schreckensverbreitung bedient wird, ist jedes Opfer legitim (Hoffmann, 2003; Endrass et al., 2015).

c. Politisch motivierte Gewalttaten und Terrorismus

Politisch motivierte Gewalttaten folgen dem Ziel, Einfluss auf die politische Ordnung zu nehmen, etwa durch gezielte Anschläge auf Amts- oder Würdenträger. Die Abgrenzung zwischen politischem Terrorismus und politisch motivierten Anschlägen nicht terroristischer Art ist häufig fließend und hängt von der jeweiligen Definition ab. (Bundeskriminalamt, 2024)

d. Ideologisch motivierte Gewalttaten und Terrorismus

Gewalttaten, wie beispielsweise ausschließlich gegen Angehörige konkurrierender ideologischer Auffassungen (Bsp.: Marxismus), können dem ideologischen Spektrum zugeschrieben werden. Als terroristische Ausprägung dieser Gewaltmotivation kann die Rote-Armee-Fraktion (RAF) genannt werden. Die Grenzen zwischen ideologisch motivierter Gewalttat und politischem Terrorismus sind fließend. Wenngleich die RAF ihre Anschläge gezielt auf Staatsbedienstete und insbesondere Amtsträger ausgerichtet hat, beinhaltete die Auswahl der Opfer und die skrupellose Vorgehensweise (Entführung am helllichten Tag, Erschießung von Polizisten) einen so symbolträchtigen Charakter, dass terroristische Handlungsmotive tatleitend waren. (Jesse, 2022)

e. Religiös motivierte Gewalttaten und Terrorismus

Auch religiöser Terrorismus beinhaltet fließende Grenzen zum politischen Terrorismus, da meist auch hier auf eine Änderung der politisch-gesellschaftlichen Ordnung abgezielt wird (Einrichtung der Scharia, Abzug aus Auslandseinsätzen).

Alle terroristischen Akte zielen definitionseinheitlich darauf ab, ein möglichst hohes Maß an Entsetzen zu erzeugen, Angst zu schüren, strategisch zu demotivieren und zu demoralisieren sowie die staatliche Ordnung und ihr Gewaltmonopol zu unterminieren und in Frage zu stellen.

Die Einsatzkräfte, als Garanten für die organisierte Hilfe in Schadensfällen, stellen also nicht nur ein potenzielles, sondern ein besonders „attraktives" Ziel für die Täter dar. Mit der Schädigung von Einsatzkräften wird beabsichtigt, das Gefühl von Hilflosigkeit und Ohnmacht in der Bevölkerung durch den Tod und die Verletzung von Rettungskräften zu verstärken. Zudem kann es für Folgeereignisse und gerade in einem vorwiegend ehrenamtlich besetzten Katastrophenschutz einen gravierenden Demoralisierungseffekt auf die Bereitschaft der Hilfskräfte haben, sich dazu bereitzuerklären, das eigene Leben (im Fall von Rettungskräften auch noch wehrlos) zu riskieren. (Freudenberg, 2019)

f. Kriminell motivierte Anschläge

Vergleichsweise eher selten, aber dennoch ein mögliches Motiv, können kriminelle Bereicherungsinteressen sein – etwa durch die Erpressung von Schutzgeld für die öffentliche Sicherheit.

2.2.2 Besondere Anschlagsformen

I. Anschlagslagen unter CBRNE-Wirkung oder –Bedrohung

Die Abkürzung CBRNE steht für „Chemical, Biological, Radioactive, Nuclear, Explosive". Unter diesem Akronym werden solche Bedrohungen zusammengefasst, die sich dazu eignen, einen besonders nachhaltigen Schaden und neben schweren physischen Schäden auch weitreichende psychologische Folgen hervorzurufen. Während die Verwendung von Explosivmitteln mehr oder weniger zum Standardrepertoire von Terroristen und Attentätern zählt, bildet der Einsatz von CBRN-Mitteln eine Ausnahme. Nur in seltenen Fällen, wie etwa beim Sarin-Gas-Anschlag im

Jahr 1995 in Tokio gelang es Tätern, biologische Wirkmittel verfügbar zu machen und die damit beabsichtigte Tat zu vollenden. Die Seltenheit solcher Ereignisse soll jedoch nicht über ihr Gefahrenpotenzial hinwegtäuschen: Infolge des Anschlags starben zwar nur wenige Menschen, jedoch wurden (wenn auch stark variierenden Zahlen zufolge) bis zu 5500 Menschen verletzt (Taneda, 2005; Woodall, 1997).

Der Einsatz solcher Kampfstoffe ist zunächst schwer zu erfassen. Eine Bestimmung des Kampfstoffes kann Zeit in Anspruch nehmen. Biologische Kampfstoffe können mit einer Inkubationszeit einhergehen, weswegen sich unter Umständen erst mit deutlicher Verzögerung zeigen kann, dass ein Ausbruchsgeschehen auf einen Anschlag zurückzuführen ist. Nukleare Bedrohungen zielen auf die Massenvernichtung ab und richten mitunter über Jahrzehnte hinweg einen nachhaltigen Schaden an, z. B. im Sinne der Unbewohnbarkeit ganzer Landstriche. Des Weiteren sind solche Gefahren mitunter nicht nur schwer zu erkennen (dies gilt insbesondere für verdeckt eingesetzte biologische Kampfstoffe), sondern auch schwerer zu kontrollieren. Umweltfaktoren können einen erheblichen Einfluss auf das Schadensausmaß nehmen, indem diese die Ausbreitung begünstigen oder eindämmen. Gaswolken werden sich bei starkem Wind ggf. verflüchtigen oder ihre schädliche Wirkung weitertragen.

II. Cyberangriff

Cyberangriffe bilden ein weiteres Bedrohungspotenzial, das im Rahmen von kombinierten Wirkmitteln oder komplexen Anschlagslagen zur Anwendung gelangen kann. Von Bedeutung sind dabei insbesondere Angriffe auf eine kritische (digitale) Infrastruktur und sogenannte cyber-physische Angriffe, die durch ein Zerstören digitaler Bezugspunkte Schäden im physischen Raum erwirken. Als kritische Infrastruktur können im Rahmen einer komplexen Anschlagslage beispielsweise Krankenhäuser in den Fokus geraten. Das Lahmlegen etwaiger digitaler Systeme könnte beispielsweise bei einem Massenanfall von Verletzten verhindern, dass entsprechende Alarmierungsketten (mangelnde Einsehbarkeit digital gespeicherter Alarmierungslisten) ausgelöst werden können. Somit wäre es nicht oder nur eingeschränkt möglich, zusätzliches

Personal in die Kliniken rund um einen Anschlagsort einzuberufen. Cyber-physische Angriffe könnten etwa auf die Stromversorgung abzielen und damit das öffentliche Leben beeinträchtigen.

III. **Komplexes Anschlagsszenario:**

Als komplexes Anschlagsszenario werden solche Anschlagsszenarien verstanden, die folgende Merkmale aufweisen:

a. **Räumliche Dislozierung und Parallelität:** Mehrere Anschlagsorten, ggf. zeitlich parallel oder mit zeitlicher Überlappung aber verzögertem Beginn.
b. **Mehrere Täter oder Tätergruppierungen,** welche aufeinander abgestimmt, an unterschiedlichen Anschlagsorten statisch oder mobil agieren.
c. **Taktisch-operativ, koordiniertes Vorgehen,** unter Ausnutzung des Überraschungsmomentes und der Initiative gegenüber den Sicherheitskräften, mit der Absicht, die Erfassung eines klaren Lagebildes zu erschweren.
d. **Nutzung von physischem und Cyberraum:** Beispielsweise zusätzliches Stören der Navigationsgeräte von Rettungsfahrzeuge durch Cyberattacke.
e. **Anwendung und Kombination unterschiedlicher Wirkmittel:** Beispielsweise Explosionsmittel oder Schusswaffen.
f. **Starke Ausbreitungsdynamik.** Täter bewegen sich, suchen gezielt nach weiteren Opfern, zünden Bomben. Die Anzahl der Verletzten und Toten nimmt über die Zeit zu. Das Ereignis breitet sich damit nicht nur räumlich, sondern auch von seiner Intensität (steigende Opferzahlen) her aus.

Für die Praxis ist es weniger relevant, ob sich ein Anschlagsereignis bereits in seiner initialen Phase als Großschadensereignis darstellt, beispielsweise durch die Explosion einer Bombe mit vielen Verletzten. Auf die Anwendung von Schusswaffengewalt an einem Ort können weitere Ereignisse folgen, wie sich dies beispielsweise 2015 in Paris bei der komplexen Anschlagslage auf das Bataclan gezeigt hat. Daher erscheint es sinnvoll, wie Karlheinz Dudek in seinem Aufsatz zur Stabsarbeit in Großschadenslagen am Beispiel der Wiener Polizeidirektion beschreibt, die Schwelle zur Identifikation einer Großschadenslage niedrig anzusetzen. So kann bereits frühzeitig ein entsprechendes Kräftedispositiv alarmiert werden, um nicht nur für die Ausgangslage, sondern auch für Folgelagen entsprechend aufgestellt zu sein. In der Betrachtung einer Groß- bzw. Anschlagslage sind also sowohl bereits eingetretene als auch (möglicherweise) bevorstehende Ereignisse und deren Folgen relevant (Dudek, 2020)

Neben der raschen Verfügbarkeit von Kräften sind die Rückmeldung der Polizei- und Rettungskräfte sowie die Informationen durch Anrufer, Zeugen, Betroffene und ggf. dauerhafte Überwachungsmaßnahmen des öffentlichen Raumes (Videokameras) zur Verdichtung des Lagebildes entscheidend. Ergeben sich erste Hinweise auf die Urheber des Anschlags und ihre Gesinnung, kann dies von entscheidendem Wert sein. Das Kennen der Motivlage und Absichten der Täter kann einen wesentlichen Vorteil, insbesondere in komplexen Lagen, mit sich bringen, um ggf. frühzeitig den weiteren Verlauf oder die Wahrscheinlichkeit und mögliche Ziele paralleler Anschlagsszenarien einschätzen zu können.

Vor dem Hintergrund der sich weiter verändernden Weltordnung, der Zunahme von hybriden Bedrohungen und des wiedererstarkenden-widererstarkenden Potenzials konventionell kriegerischer Konflikte, einschließlich des atomaren Bedrohungspotenzials, sei an dieser Stelle angemerkt, dass neben den Vorbereitungen auf komplexe Anschlagslagen ggf. ein weiteres Umdenken, das den Zivilschutz in den Vordergrund stellt, erforderlich werden kann.

IV. Kriegerische Auseinandersetzung

Im Falle eines kriegerischen Konfliktes kann es zu dauerhaft wiederkehrenden katastrophengleichen Ereignissen kommen, die eine ebenso dauerhafte Überforderung der organisierten Hilfe erzielen können. Diesbezüglich gilt es, bereits durch ein planerisches Entgegenwirken keinen Vorschub zu leisten. Die Betrachtung konventioneller, zwischenstaatlicher Konflikte stellt eine eigene Kategorie dar. In diesem Band werden die neuerlichen Konfliktpotenziale lediglich dort Erwähnung finden, wo sie sich auch auf das Bedrohungspotenzial durch Anschlagslagen auswirken können. Das eigentliche Kriegsszenario übersteigt jedoch den Rahmen der Anschlagsdefinition, bedarf daher einer eigenen Analyse und wird als solches in dieser Arbeit nicht weiter betrachtet.

Im nachfolgenden Abschnitt wird zunächst die allgemeine Gefährdungslage beschrieben. Diese bildet den Rahmen für die Betrachtung konkreter Gefährdungsphänomene.

Literatur

Auswärtiges Amt. (2023). Nationale Sicherheitsstrategie: Wehrhaft. Resilient. Nachhaltig. Integrierte Sicherheit für Deutschland. https://www.nationalesicherheitsstrategie.de/Sicherheitsstrategie-DE.pdf. Zugegriffen: 13. Apr. 2024.

Bayerisches Staatsministerium des Innern und für Integration. (2018). Handlungskonzeption für die Bewältigung lebensbedrohlicher Einsatzlagen durch die nicht-polizeiliche Gefahrenabwehr: ID4-2252-57-10. https://www.lfv-bayern.de/media/filer_public/2e/29/2e29d267-3920-4ad6-a1e8-cc84bd8d3324/r_handlungskonzeption_lbel.pdf. Zugegriffen: 24. Mai 2024.

Bayerische Staatsregierung. (2024). *Herrmann zum Abschluss der Ermittlungen zum OEZ-Attentat – Bayerisches Landesportal.* Zugegriffen: 24. Mai 2024.

BBK. (2024a). Glossar – Großschadensereignis.https://www.bbk.bund.de/SharedDocs/Glossareintraege/DE/G/grossschadensereignis.html. Zugegriffen: 30. März 2024.

BBK. (2024b). Glossar – Katastrophe. https://www.bbk.bund.de/SharedDocs/Glossareintraege/DE/K/katastrophe.html. Zugegriffen: 30. März 2024.

Besch, F., & Börner, S. (2017). Spezielle Einsatzlagen. Maßnahmen bei Anschlag, Amok, Räumung und Evakuierung, Suizid und Personensuche. https://books.google.lt/books?hl=de&lr=&id=ixVBDwAAQBAJ&oi=fnd&pg=PA9&dq=F%C3%BChren+Anschlagslagen&ots=sHhkWW2-vN&sig=CFvNTdmf7Q3CfgmDKUUmufT6Jxo&redir_esc=y#v=onepage&q=F%C3%BChren%20Anschlagslagen&f=false. Zugegriffen: 24. Mai 2024.

Birkel, C., & Church, D, et al. (2022). Forschungsergebnisse – Sicherheit und Kriminalität in Deutschland – SKiD 2020; Bundesweite Kernbefunde des Viktimisierungssurvey. https://www.polizei.de/SharedDocs/Downloads/DE/Publikationen/Publikationsreihen/Forschungsergebnisse/SKiD2020_Ergebnisse_V1.4.html. Zugegriffen: 24. Mai 2024.

Böhmer, M. (Hrsg.). (2019). *Amok an Schulen. Prävention, Intervention und Nachsorge bei School Shootings* (1. Aufl.). Springer Fachmedien Wiesbaden.

Bundesministerium für Inneres. Staatliches Krisen- und Katastrophenschutzmanagement. (2006). Richtlinie für das Führen im Katastropheneinsatz. https://www.bmi.gv.at/204/Download/files/Richtlinie_fuer_das_Fuehren_im_KatEneinsatz_Letztfassung_BF_20200122.pdf. Zugegriffen: 24. Mai 2024.

Bundeszentrale für politische Bildung. (20. März 2024). Internationaler Tag der Katastrophenvorbeugung. *Bundeszentrale für politische Bildung.* https://www.bpb.de/kurz-knapp/hintergrund-aktuell/257490/internationaler-tag-der-katastrophenvorbeugung/. Zugegriffen: 24. Mai 2024.

Bundesamt für Verfassungsschutz. (2023). Verfassungsschutzbericht 2022 vorgestellt. *Bundesministerium des Innern und für Heimat.* https://www.bmi.bund.de/SharedDocs/pressemitteilungen/DE/2023/06/vsb2022.html. Zugegriffen: 24. Mai 2024.

Calder, A., & Bland, S. (2018). CBRN considerations in a major incident. *Surgery (Oxford), 36* (8), 417–423. https://doi.org/10.1016/j.mpsur.2018.05.002.

Dudek, K. (2020). Integrierte Stabsarbeit am Beispiel der Landespolizeidirektion Wien. In E. M. Kern, G. Richter, J. C. Müller, & F. H. Voß (Hrsg.), *Einsatzorganisationen: Erfolgreiches Handeln in Hochrisikosituationen* (S. 223–234). Springer-Gabler.

Deutscher Bundestag. (2018). Deutscher Bundestag 19. Wahlperiode Drucksache 19/30800 Abschlussbericht 1. Untersuchungsausschuss 2018. https://dserver.bundestag.de/btd/19/308/1930800.pdf. Zugegriffen: 24. Mai 2024.

Ellebrecht, N. (2020). *Organisierte Rettung. Studien zur Soziologie des Notfalls. [S.l.].* Vs Verlag

Endrass, J., Sadowski, F., Böckler, N., & Rossegger, A. (2015). Der Weg zum (terroristischen) Attentäter : Gewalt legitimieren, um Gewalt auszuüben. https://kops.uni-konstanz.de/entities/publication/69c8592d-3880-47fe-8a9f-6e5ee4fb7c38. Zugegriffen: 24. Mai 2024.

Europol. (2021). European Union Terrorism Situation and Trend Report 2019. https://www.europol.europa.eu/cms/sites/default/files/documents/tesat_2019_final.pdf. Zugegriffen: 24. Mai 2024.

Europol. (2023). European Union Terrorism Situation and Trend report 2023. https://www.europol.europa.eu/cms/sites/default/files/documents/European%20Union%20Terrorism%20Situation%20and%20Trend%20report%202023.pdf. Zugegriffen: 24. Mai 2024.

Europol. (2024). The threat from terrorism in the EU became more complex in 2018 | Europol. https://www.europol.europa.eu/media-press/newsroom/news/threat-terrorism-in-eu-became-more-complex-in-2018. Zugegriffen: 24. Mai 2024.

Elbe, M. (2020). Die Einsatzorganisation als lernende Organisation. In E. M. Kern, G. Richter, J. C. Müller, & F. H. Voß (Hrsg.), *Einsatzorganisationen: Erfolgreiches Handeln in Hochrisikosituationen* (S. 139–166). Springer-Gabler.

Europäische Kommission, (2024). EU-Strategie für die Sicherheitsunion: Ein neues Sicherheitsökosystem. Zusammenführung der Einzelmaßnahmen in einem neuen Sicherheitsökosystem. https://ec.europa.eu/commission/presscorner/detail/de/ip_20_1379. Zugegriffen: 24. Mai 2024.

Freudenberg, D. (2019), *Terrorismus als hybride Bedrohung des 21. Jahrhunderts.* Springer Fachmedien Wiesbaden.

Hoffmann, J. (2003). Amok – ein neuer Blick auf ein altes Phänomen. *Polizei & Psychologie*(S. 397–414). https://www.researchgate.net/publication/315665218_Amok_-_ein_neuer_Blick_auf_ein_altes_Phanomen. Zugegriffen: 24. Mai 2024.

Japp, K. P. (2003). *Zur Soziologie der Katastrophe.* Bielefeld.

Jesse, E. (3. Aug 2022). Terrorismus. In*Bundeszentrale für politische Bildung.*https://www.bpb.de/kurz-knapp/lexika/handwoerterbuch-politisches-system/202194/terrorismus/. Zugegriffen: 24. Mai 2024.

Saunders-Price, B. (2020). Chapter 62 – Terrorism and Warfare (Chemical, Biological, and Radioactive and Nuclear). In Wexler, Ph. (Hrsg.): *Information Resources in Toxicology.* 5th ed. Academic Press, S. 589–605.https://www.sciencedirect.com/science/article/pii/B9780128137246000621.

Stafford, T. (2014). *Psychology: Why bad news dominates the headlines.* BBC. https://www.bbc.com/future/article/20140728-why-is-all-the-news-bad. Zugegriffen: 24. Mai 2024.

Soroka, S., Fournier, P., & Nir, L. (2019). Cross-national evidence of a negativity bias in psychophysiological reactions to news. *Proceedings of the National Academy of Sciences of the United States of America, 116*(38), 18888–18892. https://doi.org/10.1073/pnas.1908369116.

Soroka, S. (2. Apr 2024). *Negative (& Positive) News*. STUART SOROKA. https://www.snsoroka.com/negative-positive-news. Zugegriffen: 24. Mai 2024.

Taneda, K. (2005). The Sarin Nerve Gas Attack on the Tokyo Subway System: Hospital Response to Mass Casualties and Psychological Issues in Hospital Planning. *Traumatology, 11*(2), 75–85. https://doi.org/10.1177/153476560501100203.

Woodall, J. (1997). Tokyo subway gas attack. *Lancet (London, England), 350*(9073), 296. https://doi.org/10.1016/S0140-6736(05)62271-4.

3

Aktuelle Bedrohungslage

Zusammenfassung Das Kapitel analysiert die aktuelle Sicherheitslage in Deutschland unter Berücksichtigung sowohl äußerer als auch innerer Faktoren. Es wird dargelegt, wie internationale Konflikte und Deutschlands Rolle in der Weltpolitik die innere Sicherheit beeinflussen. Der Fokus liegt auf verschiedenen extremistischen Phänomenbereichen, insbesondere islamistischem, rechts- und linksextremistischem Terrorismus. Für jeden Bereich werden Personenpotenziale, Gefährderzahlen und Anschlagsrisiken erörtert. Auch andere Kriminalitätsbereiche wie organisierte Kriminalität, Cyberkriminalität und Einzeltäter werden betrachtet.

> Jenseits dessen sehen sich unsere Gesellschaft und Wirtschaft komplexen Bedrohungen ausgesetzt: Terrorismus, Extremismus, Organisierte Kriminalität und illegale Finanzflüsse nehmen zu, ebenso Cyberangriffe, die große Schäden verursachen und Risiken für Sicherheit und Stabilität bergen. (Auswärtiges Amt, 2024)

Die Sicherheitslage der Bundesrepublik Deutschland ist zum Zeitpunkt dieser Veröffentlichung angespannter als in den Vorjahren. Zwar bleiben tatsächliche Anschlagsszenarien Ausnahmefälle, die Gefahr solcher Anschläge steigt jedoch aufgrund von sich verändernden und wechselseitig beeinflussenden inneren und äußeren Rahmenbedingungen an. (Bundeszentrale für politische Bildung 2022; Bundesamt für Verfassungsschutz, 2021a, c)

Im Folgenden wird die äußere Sicherheitslage skizziert. Das Engagement Deutschlands in der Welt und die globale Vernetzung haben dazu geführt, dass auch internationale Vorgänge sich dazu eignen Einfluss auf die innere Sicherheit in Deutschland zu nehmen. In der nachfolgenden Betrachtung der Inneren Sicherheit werden gegenwärtige Prozesse herausgestellt, die eben nicht losgelöst von Aspekten äußerer Sicherheit stattfinden (Bundeszentrale für politische Bildung, 2022). Die Äußere und Innere Sicherheit sind miteinander verwoben. Im Weiteren stellen wir den aktuellen Erkenntnisstand zu den einzelnen extremistischen Phänomenbereichen, sowie anderer Kriminalitätsbereiche vor, die mit einem Anschlagspotenzial einhergehen. In der abschließenden Gesamtbetrachtung schließt dieses Kapitel mit der Bewertung des gegenwärtigen Gefährdungspotenzials durch einen Anschlag.

3.1 Äußere Sicherheit

Die Bundesrepublik Deutschland befindet sich aufgrund ihrer volkswirtschaftlichen, geografischen und politischen Stellung im internationalen Staatensystem und im Fokus der globalen Zivilgesellschaft in einer besonders exponierten Situation.

Als diplomatischer Partner, Geldgeber, Entwicklungshelfer und selbstverstandener Vertreter westlich-demokratischer Wertesysteme genießt Deutschland international grundsätzlich ein hohes Ansehen. Eingebettet in europäische, transatlantische und bi- wie multilaterale Verträge verfügt die BRD über einen respektablen Rahmen institutionalisierter Sicherheitsgarantien. (Die Bundesregierung informiert, 2024).

Mit dem Beginn des russischen Überfalls auf die Ukraine hat sich längst eine neue Bedrohungslage eingestellt, die Deutschland auch in seiner Rolle als militärischer Bündnispartner fordert und als klaren

Gegner der russischen Aggression identifiziert (Auswärtiges Amt, 2023). Überdies gerät Deutschland vermehrt in den Fokus russischer Destabilisierungsaktivitäten, die sich in Desinformationskampagnen, Cyberangriffen und hybriden Szenarien, wie der Unterstützung von Flüchtlingsströmen über Weißrussland und Osteuropa, zeigen (Verfassungsschutz warnt vor russischer Propaganda und Sabotage, 2023; Tagesschau, 2023a). Die illegale Einwanderung ist auch ein potenzielles Einfallstor für Straftäter (Bundesamt für Verfassungsschutz, 2021c).

Deutschlands Rolle in der Welt wirkt sich auch in weiteren Bezügen auf die Innere Sicherheit aus. Die Rolle der BRD als aktiver internationaler Sicherheitsakteur ist ebenfalls für die Innere Sicherheit der BRD von hoher Bedeutung. Durch Auslandseinsätze der Bundeswehr, wie in Afghanistan, bis vor Kurzem in Mali und aktuell zur Offenhaltung der maritimen Handelswege im Roten Meer, gerät die BRD ins Fadenkreuz unterschiedlicher terroristischer Gruppierungen. Doch nicht nur direktes militärisches Engagement, auch die politische Einflussnahme auf oder die wirtschaftliche Unterstützung einer bestimmten Konfliktpartei schaffen Feinde auf der Gegenseite. Jüngstes Beispiel ist die Unterstützung Israels im wieder aufgeflammten Nah-Ost-Konflikt um den Gazastreifen (Bundesamt für Verfassungsschutz, 2020c; Tagesschau, 2023b).

In Deutschland sesshafte Extremisten, deren Motivation einem im Ausland liegenden Konflikt folgt (zumeist in den eigenen Herkunftsländern oder aufgrund politisch-ideologischer Nähe), versuchen nicht selten, diesen Konflikt durch politisch motivierte Gewalt bis hin zu Terroranschlägen in das deutsche Inland zu tragen. Dieser sogenannte auslandsmotivierte Extremismus/Terrorismus ist nur ein Phänomen, das deutlich macht, wie die Sicherheitslage in anderen Regionen der Welt Einfluss auf die Innere Sicherheit der Bundesrepublik Deutschland nehmen kann (Bundesministerium des Innern und für Heimat 2023). Terror verfolgt häufig das Ziel, die Einflussnahme der BRD im Ausland (als Truppensteller, politisch, ökonomisch, durch Waffenlieferungen) zu unterbinden. Durch Anschläge und die Verbreitung von Angst und Schrecken soll den Regierenden der gesellschaftliche Rückhalt für das ungewollte Auslandsengagement (Bsp.: Einsatz in Afghanistan) entzogen werden.

3.2 Innere Sicherheitslage

Die innere Sicherheitslage in der BRD wird neben dem Engagement in internationalen Konfliktlagen zunehmend auch durch weitere globale Prozesse beeinflusst. Folglich kann die Innere Sicherheit der BRD nicht losgelöst von Entwicklungen betrachtet werden, die originär Themen der äußeren Sicherheit sind (Bundesamt fuer Verfassungsschutz 2020c). In dieser Hinsicht sind unterschiedliche Phänomene bemerkenswert: Spürbar ist eine zunehmende Skepsis gegenüber staatlichem Handeln und teilweise die damit einhergehende Ablehnung des staatlichen Gewaltmonopols, insbesondere in sozialen Randgruppen (Bundesministerium des Innern und für Heimat 2023).

Als Schlaglichter globaler Prozesse, die sich auf die innenpolitische Lage ausgewirkt haben, sind die Flüchtlingskrise 2015, die Coronakrise in den Jahren 2020–2022 sowie die durch den russischen Angriffskrieg auf die Ukraine eingeleitete Zeitenwende zu nennen (Müller, 2022). Diese Phänomene haben in Teilen der Bevölkerung ein verändertes Bedrohungsempfinden erzielt, ein verstärktes Informationsbedürfnis erwirkt und der Verbreitung von alternativen Fakten über Social-Media-Plattformen Vorschub geleistet. Die Möglichkeiten moderner Informationsverbreitung haben Desinformationsinteressen fremder Mächte eine Plattform gegeben. Teils gegen die freiheitlich demokratische Grundordnung gerichtete Streams haben Radikalisierungstendenzen begünstigt. (Bpb, 2020; Bundesamt für Verfassungsschutz 2021b).

3.2.1 Politisch motivierte Straftaten, Extremismus, Terrorismus

Insgesamt ist die Anzahl politisch motivierter Straftaten in Deutschland seit 2015 deutlich gestiegen. Gegenüber 2012 haben staatsschutzrelevante Delikte um mehr als das Doppelte zugenommen. Die statistische Erfassung trennt hierbei nicht eindeutig nach politischer, ideologischer und religiöser Motivation (Statista, 2024a).

Die terroristische Bedrohung wird zum Zeitpunkt dieser Arbeit entlang öffentlich verfügbarer Quellen sowohl von behördlicher Seite als auch in der Wahrnehmung der Bevölkerung als hoch eingestuft (Statista, 2024a). Im aktuellen Verfassungsschutzbericht wird für das Jahr 2022 ein Anstieg extremistischer Straftaten auf 35.452 Einzeltaten festgestellt. Rund 4800 Extremisten mehr als im Vorjahresbericht wurden behördlich erfasst. Nach einer repräsentativen Umfrage von Anfang 2024 schätzt die Bevölkerung die Gefahr durch islamistischen Terror als am gegenwärtigsten ein. Wie eng diese Phänomenologie mit außenpolitischen Aspekten verwoben ist, spiegelt sich eindrücklich am Beispiel des Nah-Ost-Konfliktes zwischen Israel und Palästina wider. Ende 2023 konnten die deutschen Sicherheitsbehörden allein 4800 Straftaten des politisch motivierten Spektrums mit der deutschen Rolle im Nah-Ost-Konflikt in Verbindung bringen. Aufgrund außenpolitischer Prozesse ist die innere Sicherheitslage im Speziellen durch islamistischen Terror gefährdet, insgesamt sind jedoch über alle Extremismusbereiche hinweg ernstzunehmende Veränderungen zu beobachten. (Bundesamt Verfassungsschutz, 2020d, 2021a, c; Europol, 2021, 2023).

3.2.2 Extremistische Gewalt nach Phänomenbereichen

Die zuvor erwähnten Wandlungen in den einzelnen extremistischen Phänomenbereichen werden in diesem Kapitel detailliert betrachtet, um die Bedrohungsanalyse anschließend in eine hintergründige Beurteilung und Folgerung überführen zu können. Im Einzelnen:

I. Islamistisch motivierte Gewalt und Terrorismus

„Wir müssen **jeden Tag** auch in Deutschland **mit einem islamistischen Anschlag rechnen.**" Thomas Heldenwang, Präsident des Bundesamtes für Verfassungsschutz (gefunden in: Bundesamt für Verfassungsschutz, 2020a).

Mit Stand vom Dezember 2023 registrierte das BKA rund 500 Gefährder aus dem Bereich der islamistischen Szene. Rund 100 registrierte Gefährder befinden sich aktuell in Haft, 123 weitere werden polizeilich gesucht, sind nach gegenwärtiger Erkenntnislage aber nicht im Bundesgebiet. Bei einer Vielzahl der Gesuchten kann davon ausgegangen werden, dass es sich um Ausreisen in den sogenannten „Islamischen Staat" handelt (Bundeszentrale für politische Bildung, 2023). Insgesamt verfügt die islamistische Szene in Deutschland dem Verfassungsschutz zufolge über ein hohes Personenpotenzial, genauer 27.480 Personen, die ihrer Gesinnung nach dem Phänomenbereich Islamismus und islamistischer Terrorismus zugerechnet werden. Die maßgebliche religiös-ideologische Strömung bleibt in Deutschland der Salafismus. Die Zahlen sind jedoch mit einer gewissen Vorsicht zu betrachten. Es kann theoretisch von einer Untererfassung ausgegangen werden. Insbesondere wurden in den vergangenen Jahren Veränderungen in den Organisationsformen extremistischer Kreise beobachtet. Es findet eine Abkehr von dem Bekenntnis zu populären Terrororganisationen (Bsp.: Al Quaida, Islamischer Staat) statt. Die Netzwerke sind deutlich partikularisierter, was die Erfassung und Überwachung erschwert (Bundesamt für Verfassungsschutz, 2020b; Bundeskriminalamt 2024d).

Besonderes Potenzial bringt die islamistische durch den Kriegstourismus in die Kampfgebiete des sogenannten Islamischen Staates (Syn.: Islamischer Staat in der Levante, kurz: IS oder ISIL) mit sich. Europäischen Sicherheitsbehörden zufolge sind aus Deutschland rund 1125 Personen in die Kampfgebiete gereist, von denen sich ca. 40 % wieder im Land befinden. Dieses Personenpotenzial bedarf besonderer Aufmerksamkeit. Es handelt sich um eine Gruppierung von an der Waffe und Sprengstoffen ausgebildeten Islamisten, die die Gewalt gesucht und selbst angewandt haben sowie hochradikalisiert und möglicherweise unter dem Eindruck von Kriegstraumata stehend nach Deutschland zurückgekehrt sind (Bundeszentrale für politische Bildung, 2023; Bundesministerium des Innern und für Heimat und Bundesamt für Verfassungsschutz 2023; Europol, 2023).

Taktiken, Waffen und Vorgehen
Die Anschläge in der Vergangenheit haben deutlich gezeigt, dass die Täter geplant vorgehen und versuchen, ihrer terroristischen Motivation folgend Entsetzenszenarien zu erzeugen. Dies zeigt sich darin, dass etwaige Anschläge eher tagsüber stattfanden, auf belebten und beliebten Plätzen verübt wurden und dass insbesondere bei den Taten von Einzeltätern nicht die Opferzahl, sondern die Entsetzlichkeit des plötzlichen Angriffes aus dem Alltagsgeschehen heraus maßgeblich schien. (Freudenberg, 2019).

Möglicherweise um die Anschläge nicht in der Planungsphase zu gefährden, setzten die einzeln agierenden Täter auf eine Amoktaktik unter Verwendung von Hieb- und Stichwaffen (Messer, Axt) oder den Einsatz von Alltagsgegenständen wie Lastkraftwagen. Die Beschaffung und der Transport von Waffen und Sprengmitteln bergen immer ein höheres Risiko der – auch zufälligen – Aufklärung durch die Sicherheitsbehörden. Um die Gefährdung nicht zu unterschätzen, ist schon davon auszugehen, dass diese Täter nicht rein impulsiv gehandelt, sondern Orte, Möglichkeiten und die gewählte Taktik gezielt geplant und dann umgesetzt haben.

Neben den Amoktaten hochradikalisierter Einzeltäter kam es mehrfach zu Anschlägen, die koordiniert und durch Tätergruppierungen verübt wurden (Bsp.: Paris, Bataclan, 2015).

Der Ausbildungsgrad der koordiniert agierenden Terroristen zeigt sich in der Fähigkeit, komplexe Szenarien zu planen und umzusetzen. Wenngleich die Bedrohung zumindest eher von Einzeltätern auszugehen scheint, sollte nicht in Vergessenheit geraten, dass terroristische Vereinigungen über die Fähigkeit zur Ausführung komplexer Szenarien verfügen (Europol, 2023). Tab. 3.1 veranschaulicht das islamistische Gefährdungspotenzial in Deutschland:

Jihadistisch motivierter Terrorismus richtete sich vorwiegend gegen weiche Ziele (Freudenberg, 2019). Menschensammlungen, insbesondere, aber nicht ausschließlich, auf Veranstaltungen mit Symbolcharakter, scheinen als Anschlagsziele besonders infrage zu kommen.

Die Anzahl der in den vergangenen Jahren verübten Anschläge ist eher gering (Europol, 2023). Das weist auf eine sorgfältige und gelungene Präventionsarbeit der Sicherheitsbehörden hin.

Tab. 3.1 Islamistisches Gefährdungspotenzial in Deutschland

Islamistisches Personenpotenzial	Anzahl Gefährder	Straf- und Gewalttaten	Besonderes Anschlagspotenzial
27.480	500	481 Anschläge: 10 (seit 2015)	kriegserfahrene IS-Kämpfer

Quelle: Eigene Darstellung basierend auf (Verfassungsschutzbericht 2022 vorgestellt 2023; Polizeiliche Kriminalprävention der Länder und des Bundes 2024)

Dennoch stellen allein das umfangreiche Personenpotenzial und insbesondere die Gruppe der kriegserfahrenen Extremisten ein hohes Gefährdungspotenzial dar. In Deutschland geht von extremistischen Einzeltätern weiterhin das größte Gefährdungspotenzial aus. Der Aufruf zum internationalen Jihad besteht seitens in der Szene angesehener Repräsentanten weiterhin. Denn der Sprecher des Islamischen Staates Abu Umar al-Muhajir rief dazu auf, die aus dem Ukrainekonflikt hervorgehende instabile Lage in den europäischen Ländern gezielt für Anschläge zu nutzen (Verfassungsschutzbericht 2022, vorgestellt, 2023).

II. Rechtsextremismus sowie Reichsbürger/Selbstverwalter

Das rechtsextremistische Spektrum war in der Vergangenheit eher geschlossen und kaum mit anderen ideologischen Strömungen verwoben. Im Zuge der Coronapandemie kam es zu einem Anstieg des rechten Personenpotenzials. Zusätzlich zu nationalsozialistischem Gedankengut speist sich das erweiterte rechte Spektrum aus rechtsgerichteten Gesinnungen, die ihrer Ideologie nach deutliche Überlappungen und ideologische Vermischungen mit verschwörungstheoretischem Gedankengut und esoterischen Anschauungen aufweisen. Das rechte Spektrum ist in Folge dieser Entwicklung einer breiteren Bevölkerungsgruppe zugänglich geworden. Die sogenannte Szene der Selbstverwalter hat ebenfalls ein Wachstum seiner Anhängerschaft erfahren. Weitere Verbindungen konnten beispielsweise aus Behördenkreisen in die sogenannte Prepper-Szene nachgewiesen werden (Fall Franko A./Gruppe Nordkreuz). Die neueren Rechtsideologien verbinden herkömmliche rechte Motive wie Nationalismus und Fremdenhass mit der Auffassung eines fehlerhaft funktionierenden oder nicht existenten Staates (der BRD), Eliten als wahre und geheime Steuernde des Weltgeschehens und dem Gefühl, zur Rettung der Nation den Staatsstreich auch mit Gewalt vollziehen zu müssen. Je nach Gruppierung und geistiger Strömung zeigen sich die aufgeführten Aspekte mehr oder weniger stark oder es kommen weitere wesentliche Gedankengüter, wie Antisemitismus, hinzu.

Die Zahl der politisch rechts motivierten Gewalttaten hat insgesamt zugenommen. Nach der Flüchtlingskrise im Jahr 2015 ist insbesondere für das rechte Spektrum eine zunehmende Radikalisierungstendenz auszumachen (Bundeskriminalamt, 2023a). Eine Einschätzung hinsichtlich des Anschlagspotenzials lässt sich aus öffentlich zugänglichen Quellen eher abstrakt herleiten. Demnach hat es in der Vergangenheit zahlreiche rechtsextremistisch motivierte Gewalttaten gegeben, die aber nur in Ausnahmefällen die Dimension eines Großschadensereignisses erreicht haben. Wenngleich die Wahrscheinlichkeit eines Anschlags im Inland und gegen die eigene Bevölkerung in dieser Szene niedrig wirkt, spielen politische Würdenträger und staatliche Institutionen aus Sicht solcher Gruppierungen eine entscheidende Rolle. Wie beispielsweise der Fall des Franko A. zeigt, beabsichtigen Extremisten aus dem rechtsideologischen Bereich eher die gezielte Eliminierung von politischen Würdenträgern. Dennoch spielen in diesen Kreisen auch Fantasien zum Umsturz der gesamten Regierung eine Rolle. Hierzu wird es als legitim erachtet, die Innere Sicherheit zunächst zu destabilisieren, auch unter Inkaufnahme unbeteiligter Opfer, um die Unfähigkeit der Regierung vor Augen zu führen und sich nachfolgend selbst als fähige Sicherheitsgaranten darzustellen. (Bundesamt fuer Verfassungsschutz, 2020b).

Die neuen Entwicklungen in der rechtsextremistischen Szene, dargestellt in Tab. 3.2, führen dazu, dass diese stark partikularisiert und wenig strukturiert ist. Dieser Umstand erschwert die Übersicht über die Szene (Bundesamt fuer Verfassungsschutz 2022; Bundesministerium des Innern und für Heimat und Bundesamt für Verfassungsschutz 2023; Europol, 2023).

Tab. 3.2 Rechtsextremistisches Gefährdungspotenzial in Deutschland

Rechtsextremistisches Personenpotenzial	Anzahl Gefährder	Straf- und Gewalttaten	Besonderes Anschlagspotenzial
38.800 Davon: 14.000 gewaltbereit	70	20.967	anteigendes Personenpotenzial, teils legaler Zugang zu Waffen (Sicherheitskreise/ Jagdschein)

Quelle: Eigene Darstellung basierend auf (Verfassungsschutzbericht 2022 vorgestellt 2023)

Für das Jahr, 2020 verzeichnet das Bundesamt für Verfassungsschutz (2019) 19.000 „Reichsbürger und Selbstverwalter", von denen 1.000 Mitglieder (2019, S. 950) als rechtsextrem eingestuft werden. Auf der Social-Media-Plattform Telegram hingegen weisen offene „Reichsbürger"-Kanäle (Stand: Juni, 2021) mehr als 60.000 Abonnentinnen auf. Diese Diskrepanz verdeutlicht, dass es zusätzlich zu den gängigen Erhebungen sozialwissenschaftlicher Studien bedarf, um die tatsächliche Größe des Milieus zu ermitteln (Rathje, 2021).

Vor diesem Hintergrund muss auch im Bereich der politisch motivierten Gewaltkriminalität von nicht erkannten Potenzialen ausgegangen werden. Das Gefährdungspotenzial ist in Bezug auf politisch motivierte Straftaten hoch. Eine Anschlagsgefahr besteht auch in dieser Szene, wie zurückliegende Anschläge (Bsp. Hanau 2020, Bpb 2024) zeigen, durch radikalisierte Einzeltäter. Mit Zunahme des gewaltbereiten Personenpotenzials steigt auch diese Gefahr. In Bezug auf Waffen, Taktiken und Vorgehen der Täter lässt sich aufgrund des versprengten Gefüges rechtsextremistischer Gruppierungen kaum eine verlässliche Ableitung treffen. Die bisher von Einzeltätern verübten Anschläge zeichnen das klassische Bild der Amoklage unter Verwendung von Schusswaffen.

Die um Franko A. und in der Reichsbürgerszene aufgeklärten Gruppierungen bergen ein hohes Gefährdungspotenzial für komplexe und staatsstreichähnliche Anschlagsszenarien. Jedoch ist wenig über die detaillierten Vorhaben bekannt – auch weil diese Taten durch die sorgfältige Arbeit der Sicherheitsbehörden im Vorfeld aufgedeckt und vereitelt wurden.

III. Linksextremismus

Wie in Tab. 3.3 dargestellt, ist der Linksextremismus in Deutschland, mit rund 8000 gewaltbereiten Anhängern, weiterhin ein nicht zu unterschätzendes Phänomen. Nach Einstufung des Verfassungsschutzes ist die Gefahr, die von linksextremistischen Gruppen ausgeht, als hoch einzuschätzen.

Beachtlich ist in diesem Phänomenbereich die hohe Gewaltbereitschaft auch gegen Personen. Gewalt ist ein legitimes Mittel und richtet

Tab. 3.3 Linksextremistisches Gefährdungspotenzial in Deutschland

Linksextremistisches Personenpotenzial	Anzahl Gefährder	Straf- und Gewalttaten	Besonderes Anschlagspotenzial
36.500 Davon: 8300 gewaltbereit	9	3847	Hohe Anzahl an Gewalttaten

Quelle: Eigene Darstellung basierend auf (Verfassungsschutzbericht 2022 vorgestellt 2023)

sich über Krawallnächte in Szeneschwerpunkten hinausgehend zunehmend gegen relevante Infrastrukturen wie Elektrizität (es kam mehrfach zu Stromausfällen aufgrund linksextremistischer Anschläge auf entsprechend kritische Infrastruktur) und gegen Bahnanlagen. Gewalt gegen Personen adressiert insbesondere als rechts empfundene Personengruppen, im Rahmen des sogenannten antifaschistischen Kampfes, nimmt aber auch Würdenträger aus Politik und Gesellschaft ins Ziel.

Waffen und Wirkmittel der linken Szene sind eher unkonventionell. Es handelt sich meist um improvisierte Hilfsmittel körperlicher Gewalt, wozu auch Steine, Flaschen oder sonstige, geeignet erscheinende Gegenstände zweckentfremdet oder modelliert werden. Als weiteres Anschlagsmittel werden Brandsätze verwendet. Insgesamt findet sich in der linken Extremistenszene ein breites Spektrum an Gruppierungen. Die Organisation in Kleingruppen ist üblicher als größere Zusammenschlüsse.

3.2.3 Bedrohungspotenzial anderer Kriminalitätsbereiche

Organisierte Kriminalität

Im Bereich der organisierten Kriminalität sind keine deutlichen Zunahmen zu verzeichnen. Die Anzahl der entsprechenden Ermittlungsverfahren bewegt sich seit dem Jahr 2000 bis, 2022 auf einem relativ gleichbleibenden Niveau.(Statista, 2024b).

Organisiert kriminelles Anschlagspotenzial
Die Motivation, Anschläge durchzuführen, um dadurch einen kriminell erwirtschafteten Vorteil zu erzielen oder das staatliche Gewaltmonopol zur Begünstigung eigener Zwecke zu unterminieren, spielt in Deutschland kaum eine Rolle. Der gängigen Charakteristik „geschäftstüchtiger Krimineller" nach liegt es eher im Interesse von Kriminellen, sich dem öffentlichen Blick und erst recht von staatlichen Institutionen zu entziehen.

Gleichwohl zeigen sich Tendenzen zu solchen Unternehmungen im Bereich des Cyberterrorismus.

Kriminalität in der Allgemeinbevölkerung
Die Kriminalität in der Allgemeinbevölkerung hat gegenüber der Vorjahreserfassung um fast 20 % zugenommen und ist damit so hoch wie seit zehn Jahren nicht mehr. (Bundeskriminalamt, 2024b).

Anschlagspotenzial durch psychisch kranke Einzeltäter und persönlich motivierte Gewalttäter
Das Phänomen persönlich motivierter und psychisch kranker Einzeltäter ist teils schwierig gegenüber extremistischen Taten abzugrenzen. Nicht selten finden sich Hinweise auf entsprechende Ideologien des Täters. So wurde lange ermittelt und darüber diskutiert, ob der Münchner Amoklauf von 2016 ein rechtsextremistischer Anschlag gewesen sei. Es gab zahlreiche Hinweise darauf, dass sich der Täter mit solchen Ideologien auseinandergesetzt hat. (Bayerische Staatsregierung, 2024).

Das unterscheidende Momentum bleibt das nicht ideologische, sondern das persönliche Motiv (Bsp.: Rache), das tatleitend ist, und/oder die durch psychische Erkrankung verzerrte Realität, die den Täter die Schwelle zur Gewaltanwendung überschreiten lässt. (Hoffmann, 2003).

Das Potenzial dieser Personen, die ausschließlich aus Rachemotiven handeln, ist möglicherweise geringer als das von Tätern, die sich in organisierten Strukturen bewegen. Ausschlaggebend ist der Umstand, dass Täter zur Planung und Vorbereitung der Tat auf Erfahrung und ein funktionierendes Netzwerk zurückgreifen können. Die entsprechenden Beschaffungsmaßnahmen (Bsp.: Waffe) werden dadurch leichter entdeckt. Dennoch kommen diese Taten dann vor, wenn impulsiv gehandelt wird und Tatmittel einfach zugänglich sind (Fahrzeug-Bsp.: Amokfahrt in Münster, 2018; Axtangriff Zug, Düsseldorf 2023).

Da sich beide Personengruppen in der Regel jenseits der klassischen Überwachungsstrukturen bewegen und nicht selten still und eher zurückgezogen agieren, fallen sie den Ermittlern weniger auf (Bpb, 2022). Zur Feststellung eines entsprechenden Bedrohungspotenzials benötigt es die Erfassung einer Grundgesamtheit, sprich des Personenpotenzials, aus dem eine Bedrohung hervorgeht. Ein solches lässt sich aus öffentlichen Quellen weder für Anschläge aufgrund psychischer Störungen noch aufgrund von Rachemotiven, die mitunter auch in impulsive Tathandlungen führen und ungeplant geschehen, ableiten. Sicher ist, dass dieses Phänomen gegenwärtig ist und es insbesondere auf soziale Kontrollmechanismen ankommt, um eine sich konkretisierende Gefährdung rechtzeitig zu erkennen.

Cyberkriminalität und Cyberterrorismus
Cyberangriffe nehmen aufgrund hybrider Bedrohungen durch autoritäre Staaten, insbesondere China und Russland, zu. Die Gefahr von Cyberattacken auf kritische Infrastruktur ist damit ebenfalls hoch. Neben staatlichen Akteuren, die insbesondere Destabilisierungsabsichten verfolgen, spielt in diesem Zusammenhang die (organisierte) Cyberkriminalität eine entscheidende Rolle. Bemerkenswert ist, dass die Attacken der Häufigkeit nach insbesondere auf das deutsche Gesundheitswesen abzielen (Deutsches Ärzteblatt, 2023). In vielen Fällen geht es um Datendiebstahl und entsprechende Lösegeldforderungen, aber bei Weitem nicht ausschließlich. Explizit durch den Angriffskrieg Russlands gegen die Ukraine wurden Hackerkollektive sowohl auf pro-russischer als auch auf pro-ukrainischer Seite aktiv. Diese Kollektive bestehen weniger als formelle oder informelle Organisationen, vorwiegend handelt es sich um lose Zusammenschlüsse. Feststellbar ist, dass sich neben den Personen auch die Motivationen der Angriffe vermischen. So sind Sabotageakte häufig nicht klar von kriminell-wirtschaftlichem Interesse abgrenzbar, weil die Cyberangriffe beide Ziele parallel bedienen. Die Gefahr für kritische Infrastruktur in Deutschland hat zugenommen. Insgesamt wird die Cyberbedrohung für die deutsche Sicherheitslage seitens des

BKA als hoch eingestuft. Solche Angriffe könnten auch im Rahmen hybrider Anschlagsszenarien relevant werden (Europol, 2024, 2023; Bundeskriminalamt, 2023b).

Bewertung der Bedrohungslage
Insgesamt ist eine Verschärfung der Bedrohungslage für die öffentliche Sicherheit und Ordnung aus verschiedenen Phänomenbereichen zu beobachten (Bundeskriminalamt 2024a). Dennoch ist und bleibt Deutschland eine der stabilsten Demokratien der Welt. Der Erfolg der Strafverfolgungsbehörden, insbesondere in der Prävention und Vereitelung von Anschlagslagen, leistet einen wesentlichen Beitrag dazu. Teils werden die einzelnen Phänomenbereiche in den Fokus der politischen Diskussion gerückt. Gemessen an den tatsächlich erfolgten Anschlagsszenarien im Sinne einer Großschadenslage sprechen einige Experten von politischem Alarmismus, der die tatsächliche Bedrohung zwar aufgreife, aber letztlich instrumentalisiere, um Law-and-Order-Programmatiken zu rechtfertigen. Die insgesamt erhöhte Bedrohungslage führe somit gegebenenfalls in eine Antizipationsfalle und sei Zeichen einer nervösen Staatlichkeit (Tristan, 2022).

Aus den hier zugrunde gelegten offenen Quellen, die u. a. Informationen des BKA, des Verfassungsschutzes und weiterer auch internationaler Sicherheitsbehörden wie EUROPOL sowie diverse wissenschaftlichen Quellen umfassen, lässt sich eine hinreichende Übersicht über die Situation generieren.

Alarmismus ist ein subjektives Empfinden, das sich messbar und in Zahlen widerlegen lässt. Das Personenpotenzial aus allen Phänomenbereichen ist erheblich. Vereitelte und stattgehabte Anschlagslagen zeigen, dass die Bedrohung real ist. Insbesondere die Gefahr auch sich selbst radikalisierender Einzeltäter erweist sich im Hinblick auf einen tatsächlichen Terroranschlag als besonders relevant.

3.2.4 Folgerung

Insgesamt scheint ein Anschlag in Deutschland zum gegenwärtigen Zeitpunkt eher eine Frage des Wann als des Ob zu sein. Durch alle

Phänomenbereiche hinweg ist das Wording der Sicherheitsbehörden relativ gleichbleibend. Die Gefahr wird als real, gegenwärtig, wenn auch wenig konkret im Hinblick auf Ort und Zeitpunkt, aber zugleich als „hoch" eingestuft.

Vor diesem Hintergrund muss man in allen Bereichen der organisierten Hilfe und staatlichen Daseinsvorsorge von der verantwortlichen Politik über Sicherheitsbehörden bis hin zum Ehrenamt darauf vorbereitet sein, dass es zu einem Anschlag auch im Sinne einer Großschadenslage kommen kann. Um einer solchen Lage effizient zu begegnen, ist weiterhin die Präventivarbeit der Sicherheitsbehörden das Bollwerk, das die Bürgerinnen und Bürger am effektivsten schützt. Für den Fall der Fälle kommt es darauf an, dass alle Organisationen bestmöglich nicht nur für sich, sondern insbesondere im gemeinsamen Wirken gegen die Lage aufeinander abgestimmt sind.

Literatur

Auswärtiges Amt. (2023). Nationale Sicherheitsstrategie: Wehrhaft. Resilient. Nachhaltig. Integrierte Sicherheit für Deutschland. https://www.nationalesicherheitsstrategie.de/Sicherheitsstrategie-DE.pdf. Zugegriffen: 13. Apr. 2024.

Bayerische Staatsregierung. (2024). Herrmann zum Abschluss der Ermittlungen zum OEZ-Attentat – Bayerisches Landesportal. Zugegriffen: 24. Mai 2024.

Bpb. (2020). Corona-Krise. Bundeszentrale für politische Bildung. https://www.bpb.de/shop/zeitschriften/apuz/314355/corona-krise/. Zugegriffen: 24. Mai 2024.

Bpb. (16. Dezember 2022). „Lone Wolf"-Terrorismus. In: *Bundeszentrale für politische Bildung.* https://www.bpb.de/themen/rechtsextremismus/dossier-rechtsextremismus/516448/lone-wolf-terrorismus/. Zugegriffen: 24. Mai 2024.

Bpb. (2024). 19. Februar 2020: Anschlag in Hanau. In: *Bundeszentrale für politische Bildung.*https://www.bpb.de/kurz-knapp/hintergrund-aktuell/505333/19-februar-2020-anschlag-in-hanau/. *Zugegriffen: 24. Mai 2024.*

Bundeskriminalamt. (2023a). Bundesweite Fallzahlen 2023 – Politisch motivierte Kriminalität. https://www.bmi.bund.de/SharedDocs/downloads/DE/veroeffentlichungen/nachrichten/2024/pmk2023-factsheets.pdf;jsessionid=0B0864

5304BF872E89E0A39E1BAEEB66.live861?__blob=publicationFile&v=2. Zugegriffen: 24. Mai 2024.

Bundeskriminalamt. (2024a). Listenseite für Pressemitteilungen 2023 – Veröffentlichung Bundeslagebild: über 130.000 Fälle von Cybercrime in 2022. https://www.bka.de/DE/Presse/Listenseite_Pressemitteilungen/2023/Presse2023/230816_PM_BLB_Cybercrime.html. veröffentlicht am 16.04.2024. Zugegriffen: 17. Apr. 2024.

Bundeskriminalamt. (2024b). BKA – BKA-Herbsttagung 2023 – Aktuelle Entwicklung: Deutlicher Anstieg der Gewaltkriminalität im 1. Halbjahr 2023. https://www.bka.de/DE/AktuelleInformationen/Publikationen/BKA-Herbsttagungen/2023/Gewaltkriminlitaet/Gewaltkriminalitaet.html. Zugegriffen: 24. Mai 2024.

Bundeskriminalamt. (23. November 2023d). BKA-Herbsttagung 2023. Rede von Bundesministerin des Innern und für Heimat Nancy Fraser [sic!]. In: *Bundesministerium des Innern und für Heimat.* https://www.bmi.bund.de/SharedDocs/reden/DE/2023/faeser-20231123-bka.html. Zugegriffen: 24. Mai 2024.

Bundeszentrale für politische Bildung. (2022). *Das Zusammenwachsen von innerer und äußerer Sicherheit.* Bundeszentrale für politische Bildung. https://www.bpb.de/themen/innere-sicherheit/dossier-innere-sicherheit/190542/das-zusammenwachsen-von-innerer-und-aeusserer-sicherheit/. Zugegriffen: 24. Mai 2024.

Bundeszentrale für politische Bildung. (2023). Zahlen zur islamistischen Szene in Deutschland. Bundeszentrale für politische Bildung. https://www.bpb.de/themen/infodienst/337749/zahlen-zur-islamistischen-szene-in-deutschland/. Zugegriffen: 24. Mai 2024.

Bundesamt für Verfassungsschutz. (2020a). Islamismus und islamistischer Terrorismus. https://www.verfassungsschutz.de/DE/themen/islamismus-und-islamistischer-terrorismus/islamismus-und-islamistischer-terrorismus_node.html. Zugegriffen: 24. Mai 2024.

Bundesamt für Verfassungsschutz. (2020b). Reichsbürger und Selbstverwalter. https://www.verfassungsschutz.de/DE/themen/reichsbuerger-und-selbstverwalter/reichsbuerger-und-selbstverwalter_node.html. Zugegriffen: 24. Mai 2024.

Bundesamt für Verfassungsschutz. (2020c). Spionage- und Proliferationsabwehr. https://www.verfassungsschutz.de/DE/themen/spionage-und-proliferationsabwehr/spionage-und-proliferationsabwehr_node.html. Zugegriffen: 24. Mai 2024.

Bundesamt für Verfassungsschutz. (2020d). Zahlen und Fakten. https://www.verfassungsschutz.de/DE/themen/islamismus-und-islamistischer-terrorismus/zahlen-und-fakten/zahlen-und-fakten_node.html. Zugegriffen: 16. Mai 2024.

Bundesamt für Verfassungsschutz. (2021a). Presse – Auswirkungen des Terrorangriffs der HAMAS gegen Israel auf die Sicherheitslage in Deutschland. https://www.verfassungsschutz.de/SharedDocs/pressemitteilungen/DE/2023/presseinformation-2023-8-nahost.html, zuletzt aktualisiert am 01.03.2021, zuletzt geprüft am 24.05.2024.

Bundesamt für Verfassungsschutz. (2021b). *Presse – Auswirkungen internationaler Krisen und Ereignisse auf die Sicherheitslage in Deutschland.* https://www.verfassungsschutz.de/SharedDocs/pressemitteilungen/DE/2024/pressemitteilung-2024-bfv-symposium.html. *Zugegriffen: 24. Mai 2024.*

Bundesamt für Verfassungsschutz. (2021c). Presse – Statement von BfV-Präsident Thomas Haldenwang anlässlich des 20.Symposiums des Bundesamtes für Verfassungsschutz am 22. April 2024 in Berlin. https://www.verfassungsschutz.de/SharedDocs/statements/DE/2024/2024-04-22-rede-haldenwang.html. Zugegriffen: 24. Mai 2024.

Die Bundesregierung informiert. (2024). Weißbuch zur Sicherheitspolitik und zur Zukunft der Bundeswehr. https://www.bundesregierung.de/breg-de/service/publikationen/weissbuch-zur-sicherheitspolitik-und-zur-zukunft-der-bundeswehr-729848. Zugegriffen: 17. Apr 2024.

Deutsches Ärzteblatt. (2023). Cyberangriffe im Gesundheitswesen: Gefahren und Gegenmaßnahmen. https://www.aerzteblatt.de/archiv/235298/Cyberangriffe-im-Gesundheitswesen-Gefahren-und-Gegenmassnahmen. Zugegriffen: 24. Mai 2024.

Europol. (2021). *European Union Terrorism Situation and Trend Report 2019.* Online verfügbar unter https://www.europol.europa.eu/cms/sites/default/files/documents/tesat_2019_final.pdf (zuletzt geprüft am 24.05.2024)

Europol. (2023). European Union Terrorism Situation and Trend report 2023. https://www.europol.europa.eu/cms/sites/default/files/documents/European%20Union%20Terrorism%20Situation%20and%20Trend%20report%202023.pdf. Zugegriffen: 24. Mai 2024.

Europol. (2024). The threat from terrorism in the EU became more complex in 2018 | Europol. https://www.europol.europa.eu/media-press/newsroom/news/threat-terrorism-in-eu-became-more-complex-in-2018. Zugegriffen: 24. Mai 2024.

Freudenberg, D. (2019). *Terrorismus als hybride Bedrohung des 21. Jahrhunderts.* Springer Fachmedien Wiesbaden.

Hoffmann, J. (2003). Amok – ein neuer Blick auf ein altes Phänomen. In: *Polizei & Psychologie,* S. 397–414. https://www.researchgate.net/publication/315665218_Amok_-_ein_neuer_Blick_auf_ein_altes_Phanomen. Zugegriffen: 24. Mai 2024.

Müller, J. (19. April 2022). Freiheit, Gleichheit, Zusammenhalt – oder: Gefährdet „Identitätspolitik" die liberale Demokratie? – Essay. In: *Bundeszentrale für politische Bildung.* https://www.bpb.de/shop/zeitschriften/apuz/zustand-der-demokratie-2021/335435/freiheit-gleichheit-zusammenhalt-oder-gefaehrdet-identitaetspolitik-die-liberale-demokratie-essay/. Zugegriffen: 24. Mai 2024.

Rathje, J. (2021). „Reichsbürger" und Souveränismus. In *Bundeszentrale für politische Bildung.* https://www.bpb.de/shop/zeitschriften/apuz/verschwoerungstheorien-2021/339286/reichsbuerger-und-souveraenismus/. Zugegriffen: 24. Mai 2024.

Statista. (2024a). *Organisierte Kriminalität – Anzahl der Ermittlungsverfahren bis 2022.* Statista. https://de.statista.com/statistik/daten/studie/160151/umfrage/ermittlungsverfahren-im-bereich-organisierte-kriminalitaet-seit-2000/. Zugegriffen: 24. Mai 2024.

Statista. (2024b). *Politisch motivierte Straftaten bis 2022.* Statista. https://de.statista.com/statistik/daten/studie/5726/umfrage/politisch-motivierte-kriminalitaet-seit-2001/. Zugegriffen: 24. Mai 2024.

Tagesschau. (2023). *Verfassungsschutz warnt vor russischer Propaganda und Sabotage.* tagesschau.de. https://www.tagesschau.de/inland/verfassungsschutz-sabotage-russland-china-afd-100.html. Zugegriffen: 24. Mai 2024.

Tagesschau. (2023a). *Verfassungsschutz warnt vor russischer Propaganda und Sabotage.* tagesschau.de. https://www.tagesschau.de/inland/verfassungsschutz-sabotage-russland-china-afd-100.html. Zugegriffen: 24. Mai 2024.

Tagesschau (2023b). *Nach Hamas-Terror in Israel: BKA rüstet sich für verschärfte Sicherheitslage.* tagesschau.de. https://www.tagesschau.de/inland/innenpolitik/faeser-hamas-sicherheitslage-100.html. Zugegriffen: 24. Mai 2024.

Tristan, B. (2022). *Der Pandemiestaat als nervöser Staat.* In: *Bundeszentrale für politische Bildung.* BPB. https://www.bpb.de/shop/zeitschriften/apuz/freiheit-und-sicherheit-2022/511504/der-pandemiestaat-als-nervoeser-staat/. Zugegriffen: 24. Mai 2024.

4

Umweltfaktoren

Zusammenfassung Dieses Kapitel befasst sich mit den Umweltfaktoren, die bei Anschlagslagen eine wichtige Rolle spielen. Es werden drei Hauptkategorien diskutiert: Wetterfaktoren, Tages- bzw. Nachtzeit und örtliche Begebenheiten/Gelände. Dieses Kapitel befasst sich mit den Umweltfaktoren, die bei Anschlagslagen eine wichtige Rolle spielen. Es werden drei Hauptkategorien diskutiert: Wetterfaktoren, Tages- bzw. Nachtzeit und örtliche Begebenheiten/Gelände. Der Text erläutert, wie Wetterbedingungen wie Temperatur, Wind und Niederschlag sowohl die Einsatzkräfte und Opfer als auch die Täter und das eingesetzte Material beeinflussen können. Es wird betont, wie wichtig es ist, diese Faktoren bei der Einsatzplanung zu berücksichtigen, insbesondere bei längeren Einsätzen. Die Auswirkungen von Tages- und Nachtzeit auf Anschlagsszenarien werden analysiert, wobei auf die jeweiligen Vor- und Nachteile für Einsatzkräfte und Täter eingegangen wird.

Als Umweltfaktoren werden Begebenheiten verstanden, die als äußere Rahmenbedingungen am Ort des Anschlagsgeschehens Einfluss auf die Entwicklung der Lage nehmen können. Dazu zählen klimatische Faktoren wie Wind, Außentemperaturen, ggf. Wassertemperaturen, Licht- und

Sichtverhältnisse, Tageszeit, Niederschlag sowie die Merkmale und die Beschaffenheit des Geländes. (Auerbach et al., 2017)

4.1 Wetterfaktoren

Wetterfaktoren wirken sich auf die Menschen und das Material in der Lage (Einsatzkräfte, Opfer, Täter und Einsatzmittel) sowie ihre Einsatzmöglichkeiten aus.

Das Wetter kann weiterhin auf die Lage selbst Einfluss nehmen bzw. auf deren Entwicklung. Dabei ist nicht nur das Wetter in der initialen Situation zu berücksichtigen, sondern insbesondere bei Großschadenslagen muss auch die voraussichtliche Entwicklung angemessen und vorausschauend betrachtet werden. Bei Großschadenslagen, unabhängig davon, ob es sich um einen Anschlag oder eine andere Lage handelt, wird ein größeres Kräftedispositiv über einen längeren Zeitraum als üblich an der Einsatzstelle gebraucht und den (ggf. wechselnden) Wetterfaktoren ausgesetzt sein. (Auerbach et al., 2017)

Die jeweiligen Wetterfaktoren können einschränkend oder begünstigend wirken, sich gegenseitig potenzieren oder abmildern. Für den Menschen und das Material sind die *physiologischen* Einflüsse des Wetters entscheidend. (NAEMT, 2011)

I. Zu Berücksichtigende Wettereinflüsse auf Menschen und Material in Anschlagslagen

Sowohl heißes als auch kaltes Wetter eignen sich dazu, die Durchhaltefähigkeit der Einsatzkräfte zu beeinflussen. Wind und Regen bedingen eine schnellere Auskühlung und einen höheren Energiebedarf. Hitze stellt insbesondere im Hinblick auf die Dehydration des Personals einen entscheidenden Faktor dar. (NAEMT, 2011)

Personal, das diesen Phänomenen ausgesetzt ist, muss ggf. zur Erhaltung der Einsatzkraft und zur Vermeidung von Erschöpfungszuständen häufiger durchgewechselt bzw. mit hinreichenden Ruhezeiten gestärkt werden. Es leiten sich folglich auch organisatorische Implikationen, wie ein grundsätzlich höherer Personalbedarf in Abhängigkeit von der

Beständigkeit des Wetters und der voraussichtlichen Dauer des Einsatzes, ab. Zudem muss die Versorgung der eingesetzten Kräfte in Form von Nahrung und Flüssigkeitszufuhr hinreichend sichergestellt sein. (NAEMT, 2011)

Räume, die einen Wetterschutz bieten und der Regeneration dienen, müssen organisiert werden. Diese organisatorischen Aspekte sollten, insbesondere bei extremem Wetter, frühzeitig mit in den Führungsprozess implementiert werden, um mit einem belastbaren Kräftedispositiv handlungsfähig zu bleiben. (NAEMT, 2011)

In Bezug auf Opfer und Betroffene müssen im weiteren Verlauf der Lage Räume geschaffen werden, die ebenfalls dem Wetterschutz dienen. Um weitere Opfer zu verhindern, müssen die physiologischen Auswirkungen auch auf die Betroffenen entsprechend berücksichtigt werden. In Großschadenslagen betrifft dieser Aspekt insbesondere physisch (scheinbar) unversehrte Personen, die sich im Raum der Anschlagslage befinden und der Betreuung bzw. Überwachung im Hinblick auf möglicherweise noch nicht erkannte Schäden bedürfen. Dieses Personendispositiv stellt nicht selten den größten Umfang der Betroffenen dar. Entsprechend sollte auch hier frühzeitig nach geeigneten Räumlichkeiten zur Unterbringung, Betreuung und Registrierung der Betroffenen Ausschau gehalten werden. Insbesondere bei Anschlagslagen ist es essenziell, alle Personen aus dem Gefahrenbereich herauszubringen.

Die Täter stehen gleichermaßen unter dem Einfluss der Witterungsbedingungen wie das Einsatzpersonal. Aufseiten der Täter liegt grundsätzlich ein Planungsvorteil, das Überraschungsmoment trifft Opfer und die organisierte Hilfe, die zu den herrschenden Rahmenbedingungen ad hoc auf den Anschlag reagieren muss. Das gilt auch für die Berücksichtigung und Anpassung an die Witterungsbedingungen.

Neben den Menschen ist das Material der Witterung ausgesetzt. Die Funktionsfähigkeit technischer, insbesondere mit Akku betriebener Geräte ist von der vorherrschenden Witterung beeinflusst. Akkulaufzeiten verkürzen sich nicht selten in kalten Umgebungen, da eine raschere Entladung erfolgt. Eine Überhitzung der Geräte führt ebenfalls in Funktionseinschränkungen (Wiesspeiner, 2024). Auch wenn unter den regulär herrschenden Bedingungen hinreichende Erfahrungswerte durch Personal und Führung in Bezug auf die Leistungsfähigkeit von elektronischen Geräten unter Witterung bestehen, sollte insbesondere bei Extremwetterlagen daran gedacht werden, dass es zu Einschränkungen der Funktion kommen kann (Diensthandys, Funkgeräte etc.) und entsprechende Rückfallebenen etabliert werden sollten.

Unter Material werden ebenfalls Fahrzeuge und Fluggeräte verstanden. Der Einsatz von Drohnen kann bei starkem Wind eingeschränkt sein, sodass frühzeitig daran gedacht werden muss, dass es einmal mehr auf die eingesetzten Kräfte oder die Nutzung ohnehin vorhandener Überwachungseinrichtungen ankommt, um ein gutes Lagebild zu erzeugen. Der Einsatz von Hubschraubern, entweder zu Aufklärungs- und Überwachungszwecken oder zur Unterstützung von Löscharbeiten, zur Personalverbringung oder Evakuierung von Erkrankten oder Verletzten ist ebenfalls witterungsabhängig. Auch vorübergehende Einschränkungen sollten bedacht und die Beurteilung der Möglichkeiten des eigenen Handelns vorausschauend eingebracht werden.

II. Einfluss des Wetters auf die Dynamik des Schadensereignisses

Wie im Hinblick auf Menschen und Material beeinflusst das Wetter ebenfalls den Verlauf des eigentlichen Geschehens in Abhängigkeit von der Art des Anschlags.

Hitze bzw. Trockenheit und Wind begünstigen die Ausbreitung von Feuer, während Regen den Einsatzkräften in dieser Hinsicht eine Unterstützung bieten kann. Beim Einsatz von CBRNE-Mitteln sollte zwingend, insbesondere bei der Freisetzung gesundheitsschädlicher Stoffe, die Windrichtung berücksichtigt werden und so früh wie möglich in die Einsatztaktik einfließen. Dies betrifft die Anfahrt von nachrückenden Kräften, die nicht in einer sich ausbreitenden Gefahrstoffwolke erfolgen sollte, und die Planung von Räumen wie beispielsweise der Behandlungsplatz oder Bereitstellungsraum, um Schaden von Betroffenen und Einsatzkräften abzuwenden. (Freudenberg, 2019)

In dieser Hinsicht spielt ebenfalls die frühzeitige Information der Bevölkerung eine erhebliche Rolle. Hier gilt es, die drohende Gefahr korrekt einzuschätzen, angemessen zu informieren, der Bevölkerung geeignete Selbstschutzmaßnahmen (Schließen von Fenstern und Türen) zu vermitteln und in jedem Fall Panik zu vermeiden.

4.2 Tages- bzw. Nachtzeit

Die Tages- bzw. Nachtzeit bildet ebenso wie das Wetter eine maßgebliche Rahmenbedingung. Je nach Situation wirken die Tages- bzw. Nachtzeit begünstigend oder negativ auf die Möglichkeiten des eigenen Handelns ein. Wie auch im Hinblick auf das Wetter kommt es darauf an, einschränkende Faktoren zu beachten sowie ihren zeitlichen Charakter und die Vorteile für die eigene Situation und Feindlage korrekt einzuschätzen.

Die Tageszeit ist eng mit dem sozialen Leben und seinen Organisationsformen verbunden. Tagsüber findet Berufstätigkeit statt, daher kann a) mit einer höheren Anzahl an Durchgangspublikum an öffentlichen Orten gerechnet werden und b) ein höheres Verkehrsaufkommen die Anfahrt von Kräften deutlich verzögern. Positiv wirkt sich die Tageszeit in dem Sinne aus, dass grundsätzlich mehr Kräfte schneller zur Verfügung stehen als zu Nachtzeiten. Unter taktischen Aspekten spielt die Tageszeit dahingehend eine entscheidende Rolle, dass in Abhängigkeit von der Örtlichkeit keine zusätzlichen Mittel benötigt werden, um klare Sichtverhältnisse zu schaffen. (Land Nord-Rhein-Westfalen: Innenministerium, 2024)

Die Nachtzeit begünstigt dahingegen grundsätzlich zunächst die Täter, da der Schutz der Dunkelheit einen Rückzugsraum bietet und sich taktisch für das Überraschungsmoment, etwa beim Angriff auf nachrückende Kräfte, nutzen lässt. Auch die Flucht oder taktische Bewegungen der Täter werden grundsätzlich durch die Dunkelheit (weniger Verkehr, schnellere Flucht, ungesehen bleiben) begünstigt. Dieser Aspekt greift insbesondere in dynamischen, komplexen Anschlagsszenarien. (National Officers Association, 2018)

Der taktische Vorteil kann bei Dunkelheit insbesondere dann aufseiten der Polizei liegen, wenn die Täter lokalisiert sind und sich an einem Ort aufhalten. Der Schutz der Dunkelheit kann dann zur Verschleierung der Annäherung durch Polizeikräfte dienen. Des Weiteren kann, insofern die Täter nicht über gleiche Mittel verfügen, der technische Vorteil der Nachtsichtfähigkeit durch entsprechend ausgerüstete Kräfte genutzt werden. Nachtsehfähigkeit ist ein entscheidender taktischer Gewinn. Der initiale Vorteil der Täter wird in einen eigenen Vorteil umgekehrt. Die Nachtsichtfähigkeit kann einen so entscheidenden Vorteil bringen, dass sie sich er sich dazu eignet, die Grundlage dafür zu bieten, dass eine Entscheidung (Zugriff) herbeigeführt werden kann. (National Officers Association, 2018).

Nachteilig kann sich die Nachtzeit insbesondere auf nichtpolizeiliche Kräfte und die Patientenversorgung auswirken. Hier müssen unter Umständen erst Beleuchtungsmöglichkeiten geschaffen werden, um die Arbeit von Rettungskräften zu ermöglichen. Insbesondere bei bestehender Gefahr durch sich im Raum befindliche Täter kann es erforderlich sein, Lichtdisziplin walten zu lassen, um die Aufklärung eigener Kräfte als potenzielles Ziel zu erschweren.

4.3 Örtliche Begebenheiten und Gelände

Die örtlichen Begebenheiten bzw. das Gelände sind eine weitere entscheidende Determinante. Räumliche Strukturen wie Bebauung, Vegetation und Bodenbeschaffenheit müssen berücksichtigt, wo möglich genutzt und vorausschauend in die frühe Einsatzplanung einbezogen werden. (Auerbach et al., 2017; Land Nord-Rhein-Westfalen: Innenministerium, 2024)

I. Urbanes Gelände

Urbane Strukturen kanalisieren die Wege, bodengebundene Einheiten entlang von Verkehrswegen und Bebauungsstrukturen bereits auf der Anfahrt. Gleiches gilt für den Einsatz bzw. die Landung von luftgestützten Einheiten, da diese auf entsprechend vorhandene Freiflächen angewiesen sind, insofern Landungen zum Auftrag dazugehören (Absetzen von Kräften oder Material, Aufnahme von Patienten). Es gilt, die Beschaffenheiten der Bebauung so zu nutzen, dass die eingesetzten Mittel sich im richtigen Raum zum richtigen Zeitpunkt auswirken können.

Entsprechende Räume wie Verfügungsräume und Behandlungsplätze müssen frühzeitig unter Berücksichtigung der Lage und weiterer Umweltfaktoren so eingerichtet werden, dass Kräfte diese Orte gut erreichen, zügig von ihnen aus- oder abrücken können und an ihnen den Raum vorfinden, der sich begünstigend auf die Auftragserfüllung auswirkt. Im Einzelnen sind damit für nichtpolizeiliche Kräfte folgende Aspekte gemeint: hinreichender Platz, Schutzmöglichkeiten (Witterung/Querschläger/Gefahrstoffe – Windrichtung), die Möglichkeit zum verdeckten Auffahren und aufgelockerten Verweilen der Kräfte (2nd Hit-Gefahr), begünstigende infrastrukturelle Begebenheiten (einfache An- und Abfahrtswege, Zugang zum Stromnetz, Anbindung an Hydranten), eine hinreichende Distanz zum Gefahrenbereich, Übersichtlichkeit und die Verfügbarkeit des Raumes (Bsp.: Tagesveranstaltungen auf ansonsten nutzbaren Freiflächen). (Freudenberg, 2019)

Diese Optionen sind durch das Gelände häufig nicht so gegeben, dass alle Faktoren entsprechend erfüllt sind. Die Räume sollten daher so gewählt werden, dass die dem Auftrag entsprechenden wesentlichen Voraussetzungen erfüllt sind oder den zielgerichteten Einsatz zumindest nicht verhindern (Land Nord-Rhein-Westfalen: Innenministerium, 2024). Für Anschlagslagen ist der Schutzaspekt eigener Kräfte besonders wichtig. Daher sei herausgestellt: Concealment is not cover.

Mit anderen Worten: Bewuchs bietet häufig keinen hinreichenden Schutz vor Querschlägern oder Beschuss. Es ist zwar sinnvoll, hinter Sichtschutz zu bleiben, um dadurch einem Beschuss entgegenzuwirken, sodass man kein offenkundiges sichtbares Ziel hergibt. Allerdings geschieht dies besser hinter harten Bebauungsstrukturen, die auch in der Lage sind, einen physischen Schutz zu bieten (Bsp.: Mauerwerke). (National Tactical Officers Association, 2024b)

In der initialen Phase eines Anschlags lassen sich die Räume weniger gut planen, weil wesentliche Bestandteile der Lage unter Umständen noch unbekannt sind. Dennoch sollte frühzeitig an eine entsprechende Raumordnung unter Berücksichtigung von vermuteter Lageentwicklung, örtlichen Begebenheiten und Umwelteinflüssen gedacht werden. Eine gute Raumstruktur schafft nicht nur die Gelegenheit für die beteiligten Organisationen, ihren jeweiligen Auftrag zu erfüllen, sondern ermöglicht eine Orientierung als wesentliches Wirkmittel gegen das initiale Chaos.

II. Natürlicher Raum

In nicht bebautem Gelände werden Anschläge in aller Regel weniger stattfinden, jedoch kann auch die Begebenheit infrastrukturell schwacher Räume von Tätern gezielt gewählt werden, um das Anlaufen der Rettungskette zu erschweren und sich der Strafverfolgung besser entziehen zu können. Im Rahmen von Anschlägen, die primär das Ziel der Sabotage bedienen, können die Ziele (kritische Infrastruktur/ Kraft- oder Atomwerke) in ländlichen Räumen disloziert sein. Geht es um die besondere Öffentlichkeitswirksamkeit, dann können Open-Air-Festivals, die auf natürlichen Freiflächen stattfinden, ein für Täter attraktives Ziel darstellen.

Die Räume werden hier nun weniger von Gebäuden kanalisiert als vielmehr durch Geländecharakteristika, wie Bewaldung, Höhenzüge und die Bodenbeschaffenheit. Insbesondere beim Aufbau sowie dem Einsatz von Fahrzeugen ist die Bodenbeschaffenheit von erheblicher Bedeutung. Sie ist jahreszeit- und witterungsabhängig. Fahrzeuge laufen Gefahr, in Feldern oder Wiesen stecken zu bleiben, insofern die Bereifung nicht entsprechend geländefähig und der Boden beispielsweise von Regen aufgeweicht ist. Das Vorrücken der Kräfte, insbesondere regulärer Einsatzfahrzeuge ohne Allradantrieb, kann dadurch erheblich beeinträchtigt werden. Diese Umstände sollten rechtzeitig in der Planung der An- und Abfahrtswege und entsprechender Räume so berücksichtigt werden, dass möglichst vermieden wird, dass steckengebliebene Einsatzfahrzeuge den weiteren Hilfsablauf blockieren. Ersatzrouten sollten gerade bei nur geringen Zufahrtsmöglichkeiten für den Fall der Fälle auf Gangbarkeit erkundet werden. Gegebenenfalls sollte sowohl für die Schaffung einer Raumordnung als auch für etwaige An- und Abfahrtswege frühzeitig an den Einsatz von Kräften (THW/Bundeswehr Panzerfaltstraße) gedacht werden, die in der Lage sind, Räume nutzbar bzw. gangbar zu machen. Hierzu kann ebenfalls das Überwinden natürlicher Hindernisse zählen, die den Anmarsch eigener Kräfte blockieren oder verzögern (umgefallene Bäume/Gewässer).

Literatur

Auerbach, P. S., Cushing, T. A., & Harris, N. S. (Hrsg.). (2017). *Auerbach's wilderness medicine* (7. Aufl.). Elsevier.

Freudenberg, D. (2019). *Terrorismus als hybride Bedrohung des 21. Jahrhunderts*. Springer Fachmedien Wiesbaden.

Land Nord-Rhein-Westfalen: Innenministerium. (2024). *FwDV 100. Runderlass des IM NRW vom 23.12.1999*. Zugegriffen: 24. Mai 2024.

NAEMT. (Hrsg.). (2011). *PHTLS. Military. Prehospital Trauma Life Support*. Unter Mitarbeit von Salomon P. Jeffrey & Pons T. Peter. *NAEMT* (7. Aufl.). MOSBY JEMS Elsevier.

National Tactical Officer Association (NTOA). (21. Mai 2024b). *Active Shooter Incident Management Checklist Endorsed by the NTOA as National Standard*. NTOA. https://www.ntoa.org/active-shooter-incident-management-checklist-endorsed-as-national-standard/. Zugegriffen: 24. Mai. 2024.

Wiesspeiner, G. (2024). Ladetechnik zwischen Zuverlässigkeit und Lebensrettung. https://www.bticcs.com/pub/D+E-97.pdf . Zugegriffen: 24. Mai 2024.

5
Einsatzkräfte und Einsatzgrundsätze

Zusammenfassung Dieses Kapitel beschäftigt sich mit den Einsatzkräften und Einsatzgrundsätzen. Hierbei wird auf die Einsatzziele, die Einsatzgrundsätze und die Ressourcen der Feuerwehr, des Rettungsdienstes, des Technischen Hilfswerks (THW), der Notfallseelsorge und der Polizei eingegangen und insbesondere in Hinblick auf Großschadenlagen beschrieben. Somit werden in diesem Kapitel zum einen ehrenamtliche Einsatzkräfte wie das THW, die Freiwillige Feuerwehr oder die Notfallseelsorge und zum anderen hauptamtliche Akteure wie die Polizei oder die Berufsfeuerwehr beleuchtet.

Ein wichtiger Unterschied zwischen den hier vorzustellenden Einsatzkräften ist die Organisationsstruktur. Während die Feuerwehr sehr dezentral und föderalistisch organisiert ist, lassen sich bei der Polizei mit der Bundespolizei auch vom Bund aus agierende Einheiten feststellen. Die Notfallseelsorge und das THW sind grundsätzlich dezentral organisiert, verfügen aber beide über Zentralen, die grundsätzliche Leitlinien für die Arbeit der Organisationen festlegen. Das ist im Falle des THW die Zentrale in Bonn. Bei den Rettungsdiensten ist das Beispiel der

Malteser anzuführen, die ihre Koordinationsstelle in Köln haben. Diese Zentralen sind wichtige Akteure in der Koordination. Ein weiterer wichtiger Akteur in Bereich der Koordination zwischen den einzelnen Einsatzkräften ist das Bundesamt für Bevölkerungsschutz und Katastrophenhilfe (BBK). Es wurde im Jahr 2004 nach einer kontinuierlichen Entwicklung des Bevölkerungsschutzes in Deutschland seit den 1950er Jahren gegründet. (Bundesamt für Bevölkerungsschutz und Katastrophenhilfe, 2024b).

Seit 2004 fungiert es als die maßgebliche Institution des Bundes für den Bevölkerungsschutz in Deutschland. Es wurde gegründet, um sämtliche Bereiche der zivilen Sicherheitsvorsorge ganzheitlich zu koordinieren und somit ein effektives Schutzsystem für die gesamte Bevölkerung zu gewährleisten. Als solches übernimmt das BBK nicht nur die Funktion einer Fachbehörde des Bundesministeriums des Innern und für Heimat (BMI), sondern bietet auch kompetente Beratung und Unterstützung für andere Bundes- und Landesbehörden bei der Erfüllung ihrer jeweiligen Aufgaben im Bereich des Bevölkerungsschutzes.

Um zu den Einsatzkräften selbst ist anzumerken, dass einige der hier vorgestellten Einsatzkräfte, wie beispielsweise die Rettungsdienste oder das THW, im Christentum ihre Motivation und das Leitbild für ihre Arbeit finden. Gerade im Bereich der Rettungsdienste handelt es sich mehrheitlich um kirchliche Träger, während Feuerwehr und Polizei staatlich finanziert und organisiert sind. Auch interessant ist, dass die Einsatzkräfte alle in gewisser Form eine internationale Komponente haben. Der Deutsche Feuerwehrverband gehört zu einer Internationalen Föderation, dem Weltfeuerwehrverband *Comité technique international de prévention et d'extinction du feu* (CTIF). Das THW und die Träger der unterschiedlichen Rettungsdienste sind in vielen Fällen auch mit Mandaten im Katastrophenfall oder bei humanitären Notlagen im Ausland ausgestattet.

Abschn. 5.1 beschäftigt sich mit den Einsatzkräften und Grundsätzen der Feuerwehr. Im Anschluss wird in Abschn. 5.2 auf Rettungsdienste wie die Malteser oder das Deutsche Rote Kreuz im Detail eingegangen. Danach werden die Einsatzgrundsätze, -ziele und Ressourcen der Polizei beleuchtet und abschließend werden das Technische Hilfswerk und die Notfallseelsorge vorgestellt. Zum Schluss werden die Ergebnisse dieses Kapitels in einem Zwischenfazit zusammengefasst.

5.1 Einsatzziele, -grundsätze und Ressourcen der Feuerwehr

Dieses Unterkapitel geht auf die Feuerwehr in Deutschland ein. Besonders wird den Einsatzzielen, den Einsatzgrundsätzen und den Ressourcen der Feuerwehr Aufmerksamkeit geschenkt. Die Feuerwehr in Deutschland ist föderal organisiert, was bedeutet, dass sie auf Bundes-, Landes- und kommunaler Ebene unterschiedliche Strukturen und Zuständigkeiten hat. Jedes Bundesland hat seine eigenen Feuerwehrgesetze und -verordnungen, die die Organisation, Ausbildung, Ausrüstung und Einsatzbereitschaft der Feuerwehren regeln.

Darüber hinaus gibt es nationale Organisationen wie den Deutschen Feuerwehrverband (DFV), die die Interessen der Feuerwehren auf Bundesebene vertreten und den Austausch zwischen den Ländern fördern. (Deutscher Feuerwehrverband (1), 2024) Der Deutsche Feuerwehrverband e. V. (DFV) wurde am 10. Juli 1853 gegründet und fungiert als Fachverband für die deutschen Feuerwehren. Als Dachverband repräsentiert der Deutsche Feuerwehrverband 16 Landesfeuerwehrverbände und die Bundesgruppen der Berufsfeuerwehr und Werkfeuerwehr. Gemäß seiner Satzung ist die Deutsche Jugendfeuerwehr (DJF) ein integraler Bestandteil des Deutschen Feuerwehrverbands. Der DFV repräsentiert die deutschen Feuerwehren, zu denen etwa 1,3 Mio. Feuerwehrangehörige gehören, im Weltfeuerwehrverband CTIF seit dessen Gründung am 16. August 1900. Darüber hinaus ist der DFV der Herausgeber der Deutschen Feuerwehr-Zeitung, die monatlich unter dem Titel „BRANDSchutz" veröffentlicht wird. Sowohl der Verband als auch seine Mitglieder sind aktiv im Deutschen Bundestag, in verschiedenen Gremien und Ausschüssen sowie bei Anhörungen vertreten, um die Positionen des deutschen Feuerwehrwesens zu verteidigen und zu fördern. (Deutscher Feuerwehrverband (4), 2024).

In der Regel sind die Feuerwehren jedoch auf lokaler Ebene am stärksten aktiv und werden von den Städten und Gemeinden verwaltet. Sie sind für den Brandschutz, technische Hilfeleistungen und den Katastrophenschutz in ihrem jeweiligen Zuständigkeitsbereich verantwortlich. Die lokale Feuerwehr wird von freiwilligen, hauptberuflichen

Feuerwehrleuten oder einer Kombination aus beiden betrieben, abhängig von den örtlichen Gegebenheiten und den Vorschriften des jeweiligen Bundeslandes. (Bayrisches Staatsministerium des Inneren, für Sport und Integration (1), 2024) Für die nachfolgende Beschreibung der Einsatzziele, Ressourcen und Einsatzgrundsätze der Feuerwehr wird auf die Regelungen in Bayern Bezug genommen, da zu der bayrischen Feuerwehr im Vergleich zu den anderen die meiste Literatur vorhanden ist. Geregelt sind die Belange der Feuerwehr in Bayern im Bayrischen Feuerwehrgesetz, das zuletzt unter dem bayrischen Innenminister Joachim Hermann, 2020 reformiert wurde, gemeinsam mit einem generellen Reformpaket der bayrischen Feuerwehr. (Bayrische Staatsregierung, 2017).

5.1.1 Einsatzziele der Feuerwehr

Hinsichtlich der Einsatzziele der Feuerwehr wird beispielhaft die Rechtslage in Bayern herangezogen. Das Bayrische Feuerwehrgesetz spricht nicht unmittelbar von den Einsatzzielen der Feuerwehr, wohl aber in Artikel 4 des Gesetzes von ihren Aufgaben:

> Arten und Aufgaben der Feuerwehren
> (1) Der abwehrende Brandschutz und der technische Hilfsdienst werden durch gemeindliche Feuerwehren (Freiwillige Feuerwehren, Pflichtfeuerwehren, Berufsfeuerwehren) und nach Maßgabe des Art. 15 durch Werkfeuerwehren besorgt. 2Die gemeindlichen Feuerwehren sind öffentliche Einrichtungen der Gemeinden.
> (2) Die Feuerwehren sind verpflichtet, Sicherheitswachen zu stellen, wenn dies von der Gemeinde angeordnet oder aufgrund besonderer Vorschriften notwendig ist und die Sicherheitswache rechtzeitig angefordert wird. 2Das Absichern, Abräumen und Säubern von Schadensstellen ist nur insoweit ihre Aufgabe, als es zur Schadensbekämpfung oder Verhinderung weiterer unmittelbar drohender Gefahren notwendig ist.
> (3) Andere Aufgaben dürfen die Feuerwehren nur ausführen, wenn ihre Einsatzbereitschaft dadurch nicht beeinträchtigt wird. (Bayern, Recht (1), 2024)

Daraus ergibt sich, dass die Feuerwehr vorrangig für den abwehrenden Brandschutz und den technischen Hilfsdienst verantwortlich ist. Nachrangig spricht das Gesetz auch vom Aufräumen, Absichern und Säubern von Schadensstellen, da dies nur zu den Aufgaben der Feuerwehr zählt, solange es die Schadensbekämpfung tangiert oder zur Verhinderung unmittelbar drohender Gefahren gehört. Vor Ort darf die Feuerwehr – abgesehen von denen in Absatz 1 und 2 des Bayrischen Feuerwehrgesetzes genannten – nur dann weitere Aufgaben übernehmen, wenn dies ihre Einsatzkapazität bei ihrer Kernaufgabe, dem abwehrenden Brandschutz, nicht beeinträchtigt. Zudem wird im Internetauftritt des DFV deutlich, dass Prävention, Aufklärung und Brandschutzerziehung ein wichtiges Ziel der Feuerwehr ist, wozu der DFV sogar einen eigenen Fachausschuss gebildet hat. (Deutscher Feuerwehrverband (3), 2024).

5.1.2 Einsatzgrundsätze der Feuerwehr

Hinsichtlich der Einsatzgrundsätze legt die Feuerwehr höchsten Wert auf den Schutz von Leben und Eigentum sowie die Sicherheit der Einsatzkräfte. Die bayrischen staatlichen Feuerwehrschulen fassen konkrete Einsatzgrundsätze in dem Schulungsdossier „Einsatzgrundsätze – Einfaches Retten und Sichern" wie folgt zusammen:

Es ist die komplette persönliche Schutzausrüstung zu tragen. Bei Arbeiten mit Seilen ist insbesondere das Tragen von Handschuhen geboten. Ausnahme: In der Wasserrettung ist der Feuerwehrhelm nur optional zu benutzen.
Anschlagpunkte von Ausrüstungsgegenständen sind auf Festigkeit zu beurteilen.
Befestigungsknoten sind mit Spierenstich sichern.
Auf- und Abseilgeräte dürfen nur von unterwiesenen Personen genutzt werden.
Die Verwendung von Auf- und Abseilgeräten ist entsprechend den Herstellerangaben zu dokumentieren.
Beim Halten, Selbstretten und Retten muss sich der Sicherungs-/Umlenkpunkt oberhalb der zu sichernden Person befinden.

Seile und Leinen sind durchweg straff zu halten, um im Falle eines Sturzes Verletzungen zu minimieren.
Bei der Sicherung einer Einsatzkraft ist dauerhafter Blickkontakt zu gewährleisten.
Bei Rettungsübungen mit Lebewesen gilt eine maximale Übungshöhe von 8 Metern.
Bei Rettungsübungen und Einsätzen ist auf Redundanz achten.
Eine Redundanz ist vorzugsweise mit dem Gerätesatz Absturzsicherung durchzuführen.
Falls der Gerätesatz Absturzsicherung nicht verfügbar ist, kann eine zweite Sicherung mit der Feuerwehrleine und dem Feuerwehr-Haltegurt aufgebaut werden. (Staatliche Feuerwehrschulen, 2020)

Die genannten Einsatzgrundsätze der Feuerwehr zielen darauf ab, die Sicherheit der Einsatzkräfte bei Arbeiten in erhöhten oder gefährlichen Positionen zu gewährleisten. Es geht also darum, die Ausstattung ordnungsgemäß zu benutzen, alle notwendigen Sicherheitsvorkehrungen zu treffen und Redundanzen sind zu vermeiden. Zusammenfassend unterstreicht das Dossier, dass letztendlich die Wahl des Vorgehens immer im Ermessen des Einsatzleiters liegt und lageabhängig geprüft werden muss. (Staatliche Feuerwehrschulen, 2020) Der Einsatzleiter ist in der Regel eine erfahrene Führungskraft, die während eines Einsatzes die Verantwortung für die Koordination und Durchführung der Rettungs- und Löscharbeiten trägt. Diese Person ist für die Organisation des Einsatzes, die Einsatzleitung vor Ort, die Koordination der Einsatzkräfte und die Kommunikation mit anderen beteiligten Organisationen verantwortlich. Der Einsatzleiter kann je nach Größe und Komplexität des Einsatzes ein ranghoher Feuerwehrbeamter, ein leitender Feuerwehrmann oder ein erfahrener Feuerwehrmann sein, der von den Einsatzkräften vor Ort ausgewählt wird. (Staatliche Feuerwehrschulen, 2020).

5.1.3 Ressourcen der Feuerwehr

Die Ressourcen der Feuerwehr umfassen ausgebildetes Fachpersonal, Ausrüstung, moderne Technologien und Ausbildungsinfrastruktur. Hinsichtlich des Fachpersonals ist bei der Feuerwehr bemerkenswert, dass es sich in mehrere Gruppen aufspaltet: die Freiwillige Feuerwehr, die Berufsfeuerwehr, die Jugendfeuerwehr und die Werkfeuerwehr. „Zum Stand 31.12.2021 gab es in Deutschland 23.977 Freiwillige Feuerwehren, 111 Berufsfeuerwehren, 22.898 Jugendfeuerwehren und 754 Werkfeuerwehren", beschreibt die Statistik des DFV. (Deutscher Feuerwehrverband (2), 2021) Insgesamt kommt der DFV damit auf 1.385.406 Mitglieder aus den Berufs-, Jugend-, Werk- und freiwilligen Feuerwehren. (Deutscher Feuerwehrverband (2), 2021) Im Folgenden werden die verschiedenen Feuerwehrarten erläutert:

Berufsfeuerwehren sind rund um die Uhr einsatzbereit. Sie verfügen oft über spezialisierte Teams und Ausrüstung für spezielle Rettungsaktionen, wie Höhenrettung, Rettung aus engen Räumen, chemische Notfälle oder Wasserrettung. Die Feuerwehrleute der Berufsfeuerwehr werden kontinuierlich ausgebildet und trainiert, um auf verschiedene Notfallsituationen vorbereitet zu sein, und sind für die Wartung und Pflege der Ausrüstung sowie der Feuerwachen verantwortlich.

Die Freiwillige Feuerwehr unterstützt die Berufsfeuerwehr bei größeren Einsätzen oder in Situationen, in denen zusätzliche Kräfte benötigt werden. Sie leistet Erstmaßnahmen bei Bränden, Unfällen und anderen Notfällen, bis die Berufsfeuerwehr eintrifft, und ist oft die erste Einsatzkraft bei kleineren Bränden. Die Freiwillige Feuerwehr unterstützt auch bei technischen Hilfeleistungen wie der Befreiung von Personen aus Fahrzeugen oder bei Hochwassereinsätzen. Darüber hinaus engagiert sie sich oft in der Brandschutzerziehung und Aufklärung der Bürger und Bürgerinnen über Brandsicherheit und präventive Maßnahmen. In vielen Gemeinden arbeiten Berufsfeuerwehr und Freiwillige Feuerwehr eng zusammen, um die Sicherheit der Gemeinschaft zu gewährleisten. (Deutscher Feuerwehrverband (1), 2024).

Werkfeuerwehren hingegen sind staatlich anerkannte Feuerwehren, die einem Betrieb oder einer anderen Einrichtung angehören. Sie müssen dieselben Anforderungen wie die Freiwilligen Feuerwehren erfüllen. Artikel 14 des Bayrischen Feuerwehrgesetzes legt fest, dass staatlicherseits die Gründung einer Werkfeuerwehr im Falle von besonders brand- oder explosionsgefährdeten Gebäuden, in denen in einem Schadensfall viele Menschen gefährdet werden, angeordnet werden kann. (Bayern. Recht (2), 2024).

Den Kinder- und Jungendfeuerwehren kann man in Bayern bereits ab dem 6. Lebensjahr in die Kindergruppe beitreten. Bis zum 18. Lebensjahr zählen alle Mitglieder der Feuerwehr zur Jugendfeuerwehr. Ab dem 12. Lebensjahr können sie als Feuerwehranwärter Feuerwehrdienst leisten. Dabei müssen sie sich immer außerhalb der unmittelbaren Gefahrenzone aufhalten. (Bayern. Recht (3), 2024).

Hinsichtlich der Ausrüstung der Feuerwehr ist diese bundesweit nicht einheitlich. Sie variiert sogar zwischen den Kommunen, die für die einzelnen Feuerwehrwachen verantwortlich ist. In Bayern stellt der Freistaat den Kommunen ein Förderprogramm zur Beschaffung der Ausrüstung zur Verfügung. (Bayrisches Staatsministerium des Inneren, für Sport und Integration (2), 2024) Feuerwehrgerätehäuser sind Einrichtungen, die die gesamte technische Ausstattung einer Feuerwehr beherbergen, einschließlich ihrer Fahrzeuge und Geräte. Neben Abstellmöglichkeiten für die Einsatzfahrzeuge bieten diese Gebäude auch Lagerbereiche sowie oft Schulungsräume für das Feuerwehrpersonal. In größeren Feuerwehrgerätehäusern ist normalerweise auch ein Bereich für die Wartung und Instandhaltung der technischen Ausrüstung vorhanden. Hierzu gehören spezielle Bereiche wie Schlauchpflege, Waschanlagen und Werkstätten für Atemschutzgeräte. Schulungen, praktische Anwendungen und Wartungsverfahren im Bereich Einsatztechnik und persönliche Schutzausrüstung werden ebenfalls angeboten. Dies umfasst beispielsweise die Kennzeichnung von Gasflaschen, Sicherheitsmaßnahmen bei Atemluftflaschen und die Verwendung bestimmter Materialien wie Perfluoroctansulfonate (PFOS). Die persönliche Schutzausrüstung jedes Feuerwehrdienstleistenden besteht mindestens aus einem Feuerwehrhelm, einer Einsatzjacke und -hose sowie Feuerwehrstiefeln und -handschuhen. Zusätzlich wird die Schutzausrüstung je nach spezifischen Einsatzanforderungen angepasst, sei es beispielsweise für die Brandbekämpfung oder Arbeiten mit Motorsägen. (Bayrisches Staatsministerium des Inneren, für Sport und Integration (3), 2024).

Moderne Technologien wie Wärmebildkameras und GPS-Systeme unterstützen die Feuerwehr bei ihren Einsätzen. Die Infrastruktur der Feuerwehr, bestehend aus Feuerwachen, Trainingszentren und Verwaltungseinrichtungen, bildet die Grundlage für eine effektive Arbeitsweise und die Aufrechterhaltung der Einsatzbereitschaft. (Bayrisches Staatsministerium des Inneren, für Sport und Integration (3), 2024).

Die Ausbildungsinfrastruktur der Feuerwehr untersucht Christian Niemand in seiner Dissertation „Training in virtuellen Feuerwehreinsätzen: Entwurf, Entwicklung und Erprobung zukunftsorientierter Ausbildungsmöglichkeiten für die Feuerwehr in Deutschland sowie einer Echtzeit-Brandsimulation" (2022). Dabei beschreibt er die konventionellen Ausbildungsmethoden wie Planspiele, e-Learning, Einsatzsimulation, Großübungen, Brandcontainer sowie Übungen zu Suchen und Retten. Es gibt mittlerweile aber auch die sogenannten „*Serious Games*" zu Simulation von Katastrophen und Großbränden. Bei der Brandsimulation kann auch noch zwischen Echtzeitbränden und numerischen Simulationsprogrammen unterschieden werden. (Niemand, 2022, S. 197–201).

5.2 Einsatzgrundsätze, -ziele und Ressourcen der Rettungsdienste

In diesem Kapitel sollen die Rettungsdienste vorgestellt werden. Hierbei werden die Einsatzgrundsätze, -ziele und Ressourcen der Rettungsdienste erläutert. Die Rettungsdienste in Deutschland setzen sich aus verschiedenen Anbietern zusammen. Unter anderem gibt es die Malteser, den Arbeiter-Samariter-Bund (ASB), das Deutsche Rote Kreuz (DRK) und die Johanniter-Unfall-Hilfe. Sie sind Organisationen der freien Wohlfahrtspflege sowie Hilfsorganisationen, was bedeutet (Hofinger et al., 2024, S. 19–20), dass sie in freier gemeinnütziger Trägerschaft sind. Sie sind im sozialen Bereich und im Gesundheitswesen tätig. Die freie Wohlfahrtspflege ist ein fester Bestandteil des bundesdeutschen Sozialstaats. Es handelt sich um unabhängige Träger, die mit öffentlichen Sozialleistungsträgern kooperieren. Besonders wichtig bei dieser Form der Zusammenarbeit mit staatlichen Akteuren ist das Subsidiaritätsprinzip. Es erlaubt den freien Trägern bei der Umsetzung sozialstaatlicher Aufgabenbereiche einen gewissen Vorrang, sich in organisierter Form im sozialen Bereich und im Gesundheitswesen zu betätigen

(Jura Forum, 2023). Während der Bereich Wohlfahrtspflege eher langfristige Maßnahmen umfasst, zielt der hilfsorganisatorische Bereich dieser Organisationen auf kurzfristige Maßnahmen wie den Rettungsdienst in Notsituationen ab. Die Rettungsdienste – wie beispielsweise auch die Feuerwehr – unterliegen der Gesetzgebung der Bundesländer und sind intern meist in einen Bundesverband und Landesverbände sowie regionale und lokale Gliederungen unterteilt. Die prominentesten Beispiele im Bereich der Rettungsdienste werden im Folgenden beschrieben:

Der ASB ist in verschiedene Organisationseinheiten gegliedert, darunter der Bundesverband, 16 Landesverbände, 194 Regional-, Kreis- und Ortsverbände sowie 131 GmbHs. Insgesamt beschäftigt der ASB über 50.000 hauptamtliche Mitarbeiter sowie mehr als 20.000 ehrenamtliche und freiwillige Helfer. Die ehrenamtlichen Mitglieder der gewählten Kontroll- und Beschlussgremien unterstützen die Arbeit des ASB auf Bundes-, Länder- und kommunaler Ebene. Gegründet wurde der ASB von sechs Berliner Zimmerleuten im Jahr 1888. (Arbeiter Samariter Bund, 2024).

Das DRK hat einen demokratischen Aufbau, es ist getragen von ehrenamtlichem Engagement und ein eingetragener Verein (e. V.). Er besteht aus dem Bundesverband, 19 Landesverbänden, Kreisverbänden und Ortsvereinen und dem Verband der Schwesternschaften. Es handelt sich um 31 DRK-Schwesternschaften, die aus unterschiedlichen Ländern stammen. Damit ist DRK Teil der größten humanitären Bewegung der Welt. Neben den ehrenamtlich Engagierten setzen sich hauptamtlich Beschäftigte für die Zielgruppe des DRK, Benachteiligte und Menschen in Notlagen, ein. (Deutsches Rotes Kreuz, 2024).

Seit ihrer Gründung im Jahr 1952 ist die Johanniter-Unfall-Hilfe aktiv in verschiedenen sozialen und karitativen Bereichen tätig. Sie folgt dabei den Prinzipien des evangelischen Johanniterordens, der sich seit Langem für direkte Hilfe zwischen Menschen einsetzt. Als eine der größten Hilfsorganisationen Europas und als bedeutender Akteur in der Sozialwirtschaft verfügt die Johanniter-Unfall-Hilfe über mehr als 30.000 hauptamtliche Mitarbeiter, etwa 46.000 ehrenamtliche Helfer und 1,2 Mio. Fördermitglieder. Ihre Einsatzgebiete umfassen Rettungs- und Sanitätsdienste, Katastrophenschutz, Betreuung und Pflege von älteren, kranken und geflüchteten Menschen, Fahrdienste für mobilitätseingeschränkte Personen, Arbeit mit Kindern und Jugendlichen, Hospizarbeit sowie andere karitative Hilfeleistungen. Zudem leistet die Organisation humanitäre Hilfe im Ausland, insbesondere bei Hungerkrisen und Naturkatastrophen. (Johanniter, 2024).

Der Malteser Hilfsdienst ist eine katholische Hilfsorganisation und eingetragener Verein sowie eine gemeinnützige Gesellschaft mit beschränkter Haftung (GmbH). Deutschlandweit sind die Malteser an mehr als 700 Standorten präsent. Die Gründung des Malteser-Hilfsdienstes erfolgte im Jahr 1953 durch eine Initiative des Malteserordens und des Deutschen Caritasverbandes, wobei der Dienst am nächsten nach christlichen Grundsätzen im Vordergrund steht. Die Struktur des ehrenamtlich geprägten Malteser Hilfsdienstes e. V. orientiert sich an den Diözesen der katholischen Kirche. Innerhalb des Hilfsdienstes engagieren sich die Mitglieder sowohl im Katastrophenschutz und Sanitätsdienst als auch in der Erste-Hilfe-Ausbildung und in verschiedenen ehrenamtlichen Sozialdiensten. Der Auslandsdienst unterstützt Partnerorganisationen weltweit und entsendet Fachkräfte in Gebiete von Krisen und Konflikten. Im Bereich der Hospizarbeit begleiten die Malteser Menschen in ihrer letzten Lebensphase sowie deren Familienangehörige. Darüber hinaus verbindet die Malteser Jugend über 6000 Mitglieder durch Aktivitäten wie Spiele, Sport und soziales Engagement. Die Malteser agieren als Auxiliar der Bundesregierung im humanitären Bereich in Deutschland. (Malteser (5), 2024).

Aufgrund der guten Informationslage über die Arbeit der Malteser werden im Folgenden beispielhaft an dieser Organisation Einsatzgrundsätze, Einsatzziele und Ressourcen der Rettungsdienste aufgezeigt. Die Malteser bezeichnen sich als „eine der festen Säulen der präklinischen Notfallversorgung in Deutschland". (Malteser (1), 2024) Präklinisch bedeutet in diesem Fall die Behandlung außerhalb der eigens für die medizinische Behandlung vorgesehenen Einrichtungen im Rahmen der Notfallmedizin. In Abschn. 2.2.1 werden nun die Einsatzgrundsätze gemäß der Rettungsdienste erläutert. Im Anschluss wird auf die Einsatzziele der Rettungsdienste eingegangen und zum Schluss werden ihre Ressourcen aufgelistet und erklärt.

5.2.1 Einsatzgrundsätze der Rettungsdienste

Bezüglich der Einsatzgrundsätze der Rettungsdienste kann gesagt werden, dass es vor allem darum geht, Menschenleben zu retten und weitere Gesundheitsschäden zu vermeiden. Dies geschieht durch eine schnelle und professionelle Reaktion auf Notrufe sowie eine patientenzentrierte Versorgung, die individuellen Bedürfnissen gerecht wird. Die Malteser z. B. haben seit 1998 ein flächendeckendes Qualitätsmonitoring, andere Organisationen folgten ihnen mit der Zeit nach. (Malteser (2), 2024) In Baden-Württemberg ist die Qualitätssicherung beispielsweise in § 2 des Gesetzes der Rettungsdienste festgelegt:

> Die Durchführung der Einsätze in der Notfallrettung und deren Abwicklung sind zu Zwecken der Qualitätssicherung zu dokumentieren. Die am Rettungsdienst Beteiligten sind verpflichtet, Maßnahmen durchzuführen und zu unterstützen, die die Qualität im Rettungsdienst sichern. Dies umfasst auch die Mitwirkung an der landesweiten Qualitätssicherung und die Implementierung von anerkannten Qualitätsmanagementsystemen. Anhand einer standardisierten elektronischen Datenerfassung und differenzierten Datenauswertung ist von einer zentralen Stelle eine regelmäßige Analyse der Struktur-, Prozess- und Ergebnisqualität des Rettungsdienstes vorzunehmen. Das Innenministerium regelt durch Rechtsverordnung das Nähere zur Qualitätssicherung. (Landesrecht Baden-Württemberg, 2010)

Somit besteht in Baden-Württemberg auch ein Qualitätssicherungssystem des Landes, das unter der Obhut des baden-württembergischen Innenministeriums ist. Neben dem zentralen Prinzip der Qualitätssicherung ist hinzuzufügen, dass die Motivation für den Einsatz bei den meisten in Deutschland aktiven Rettungsdiensten religiöser Natur ist. Aus dem christlichen Leitmotiv der Nächstenliebe leitet sich beispielsweise das Leitmotiv der Malteser, *„Tuitio fidei et obsequium pauperum – Bezeugung des Glaubens und Hilfe den Bedürftigen" (Malteser (4), 2024)*, ab und bietet damit die Grundlage und Motivation für die Arbeit im Rettungsdienst.

5.2.2 Einsatzziele der Rettungsdienste

Das generelle Einsatzziel der Rettungsdienste ist das Wohlbefinden der Betroffenen des Einsatzes. In Baden-Württemberg sind die Aufgaben des Rettungsdienstes im „Gesetz über den Rettungsdienst" festgelegt. Die Einsatzziele der für diese Arbeit relevanten Notfallrettung sind wie folgt:

> Gegenstand der Notfallrettung ist es, bei Notfallpatienten Maßnahmen zur Erhaltung des Lebens oder zur Vermeidung gesundheitlicher Schäden einzuleiten, sie transportfähig zu machen und unter fachgerechter Betreuung in eine für die weitere Versorgung geeignete Einrichtung zu befördern. Notfallpatienten sind Kranke oder Verletzte, die sich in Lebensgefahr befinden oder bei denen schwere gesundheitliche Schäden zu befürchten sind, wenn sie nicht umgehend medizinische Hilfe erhalten. (Landesrecht Baden-Württemberg, 2010)

Es geht also bei den Einsätzen hauptsächlich um betroffene Menschen, insbesondere um Notfallpatienten. Als Notfallpatienten gelten Menschen, sie sich in Lebensgefahr befinden oder bei denen zu befürchten ist, dass sie schwere gesundheitliche Schäden davontragen werden. Die Notfallpatienten sollen also lebenserhaltenden Maßnahmen unterzogen werden. Auch soll alles unternommen werden, um langfristige Schäden zu vermeiden. Außerdem geht es bei den Einsätzen der Rettungsdienste laut dem Baden-Württembergischen Landesrecht darum, die Notfallpatienten transportfähig zu machen. Vor allem geht es aber letztendlich darum, Menschenleben zu retten und weitere Gesundheitsschäden zu vermeiden. Dies geschieht durch eine schnelle und professionelle Reaktion auf Notrufe sowie eine patientenzentrierte Versorgung, die individuellen Bedürfnissen gerecht wird. Den Rettungskräften ist daran gelegen, den Betroffenen die bestmögliche Erst- und Notfallversorgung zukommen zu lassen, wie die Malteser auf ihrer Website ihre vorrangigen Aufgaben im Rettungsdienst beschreiben. (Malteser (3), 2024).

5.2.3 Ressourcen der Rettungsdienste

Die Malteser beschäftigen rund 8000 Mitarbeitende und zusätzlich sind zahlreiche Ehrenamtliche aktiv. Letztere kommen vor allem als Bereitschaftsdienst bei Veranstaltungen zum Einsatz. (Malteser (1), 2024) Zu den hauptamtlichen Mitarbeitenden zählen vor allem Ärzte und Rettungssanitäter. Fach- und Führungskräften im Rettungsdienst werden an zehn Standorten eine Grundausbildung sowie verschiedene Fort- und Weiterbildungsmöglichkeiten angeboten. Diese Angebote umfassen Weiterbildungen für Rettungsfachpersonal, wie beispielsweise Schulungen zur organisatorischen Leitung des Rettungsdienstes oder zur Praxisanleitung. Darüber hinaus besteht das Angebot von international zertifizierten Qualifikationen und Lehrgängen für Ärzte im Rettungsdienst an. Für die Malteser gibt es eine Bundeskoordinationsstelle in Köln, die die 289 Rettungswachen koordiniert und für bundesweite Einsätze zuständig ist. Die materiellen Ressourcen der Malteser bestehen aus Kommunikationssystemen, circa 900 Spezialfahrzeugen und einer Vielzahl an medizinischen Geräten. Dazu zählen Geräte zur Diagnostik und Therapie, wie beispielsweise das tragbare Elektrokardiogramm oder Beatmungsgeräte. Zusätzlich werden Verbandsmaterial, Notfallmedikamente, Infusionen und Geräte zum Schienen von Knochenbrüchen mitgeführt. Alle Ausrüstungsteile sind tragbar und können in Taschen und Koffern zur Patientin oder zum Patienten transportiert werden, damit eine direkte Erstversorgung zu gewährleistet werden kann. (Malteser (3), 2024) Die Kommunikationssysteme, allen voran Funkmeldegeräte, sind nicht nur relevant zur internen Kommunikation, sondern dienen auch zur Koordinierung mit anderen Einsatzkräften, dazu zählt beispielsweise die Polizei und die Feuerwehr. (Malteser (1), 2024) Die Alarmierung verläuft generell bei den Rettungsdiensten über die Leitstellen der verschiedenen Rettungsdienste, die dann über Leitstellenprogramme die betreffenden Einsatzkräfte alarmieren.

5.3 Einsatzgrundsätze, -ziele und Ressourcen der Polizei

Um die Frage nach den Einsatzgrundsätzen, Einsatzzielen und Ressourcen der Polizei klären zu können, ist zunächst einmal festzustellen, dass die Polizei in Deutschland in mehrere Arten von Polizeibehörden untergliedert ist, die sich hinsichtlich ihres Zuständigkeitsbereichs und ihrer Aufgaben unterscheiden. Die Bundespolizei agiert landesweit und ist für die Sicherheit an Bahnhöfen und Flughäfen, der Grenzen und auf See verantwortlich. Ihre Aufgaben umfassen die Grenzkontrolle, die Terrorismusbekämpfung und die Sicherstellung der öffentlichen Ordnung. Sie ist auch zuständig für die Sicherung öffentlicher Objekte sowie die Zusammenarbeit mit internationalen Polizeibehörden. Auch unterstützt sie die Bundesländer und Behörden in polizeilichen Angelegenheiten. (Bundespolizei, 2024b) Gesetzlich geregelt sind die Angelegenheiten und Aufgaben der Bundespolizei im Bundespolizeigesetz.

Die Landespolizei untersteht den für Inneres zuständigen Ministerien und ist in Flächenländern(im Gegensatz zu Stadtstaaten) in örtlich zuständige Polizeibehörden gegliedert. Sie ist für die allgemeine Gefahrenabwehr und Kriminalitätsbekämpfung innerhalb eines Bundeslandes zuständig. Sie trägt die Hauptverantwortung für die öffentliche Sicherheit, die Strafverfolgung und die Aufrechterhaltung der Ordnung. (Bundesministerium der Justiz, 2024; Art. 30 GG) Die Landespolizei umfasst zwei Ordnungseinheiten. Zum Einen die Schutzpolizei (einschließlich der Bereitschaftspolizei mit der Wasserschutzpolizei, der Polizeifliegerstaffel, der Polizeireiterstaffel und dem Diensthundewesen) und zum Anderen die Kriminalpolizei. In der Rechtssprache werden sie als „Vollzugspolizei" zusammengefasst. (Polizei in Hessen, 2024.) Einige Bundesländer haben auch eine Kommunalpolizei, die als städtische Ordnungsbehörde agiert und lokale Vorschriften durchsetzt, z. B. Parkverstöße und Lärmbelästigung. (Bundesministerium der Justiz, 2024).

Zusätzlich gibt es spezialisierte Einheiten auf Bundes- und Landesebene, wie beispielsweise Spezialeinsatzkommandos, Mobile Einsatzkommandos, Beweissicherungs- und Festnahmeeinheiten sowie die Wasserschutzpolizei, die sich auf bestimmte Bereiche der Polizeiarbeit konzentrieren. Die Zusammenarbeit der unterschiedlichen Polizeibehörden regeln das Bundespolizeigesetz und die Polizeigesetze der einzelnen Länder, wie zum Beispiel das Polizeigesetz des Landes Nordrhein-Westfalen: „(1) Die Polizei hat die Aufgabe, Gefahren für die öffentliche Sicherheit und Ordnung abzuwehren (Gefahrenabwehr). Sie hat im Rahmen dieserAufgabe Straftaten zu verhüten sowie vorbeugend zu bekämpfen und die erforderlichen Vorbereitungen für die Hilfeleistung und das Handeln in Gefahrenfällen zu treffen. Sind außer in den Fällen des Satzes 2 neben der Polizei andere Behörden für die Gefahrenabwehr zuständig, hat die Polizei in eigener Zuständigkeit tätig zu werden, soweit ein Handeln der anderen Behörden nicht oder nicht rechtzeitig möglich erscheint; dies gilt insbesondere für die den Ordnungsbehörden obliegende Aufgabe, gemäß § 1 Ordnungsbehördengesetz Gefahren für die öffentliche Ordnung abzuwehren. Die Polizei hat die zuständigen Behörden, insbesondere die Ordnungsbehörden, unverzüglich von allen Vorgängen zu unterrichten, die deren Eingreifen erfordern" (§1 PolG NRW). Im Folgenden werden die Einsatzgrundsätze der Polizei weiter erläutert.

5.3.1 Einsatzgrundsätze der Polizei

Bei Einsätzen orientiert sich die Polizei an bestimmten Grundsätzen, diese können den Dienstvorschriften der Polizei entnommen werden. Allerdings sind viele Dienstvorschriften aus taktischen Gründen und zur Wahrung der öffentlichen Sicherheit nicht öffentlich einsehbar. Diese Dienstvorschriften werden im Arbeitskreis II der Innenministerkonferenz beschlossen (Innenministerkonferenz, 2024). Des Weiteren gibt es unterschiedliche Polizeileitfäden, die durch Erlasse oder Verfügungen von Aufsichtsbehörden in Kraft gesetzt werden. Hier gibt es beispielsweise Anweisungen zur Eigensicherung und zum Umgang mit Gefahren durch chemische, radioaktive oder biologische Stoffe. (Küppers, 2022, S. 197–201). Die vorrangige Zuständigkeit beim Umgang mit diesen liegt jedoch bei den Feuerwehren.

5.3.2 Einsatzziele der Polizei

Die Bundespolizei schreibt auch ihrer Website über ihre Ziele: „Sie leistet somit einen wichtigen Beitrag für den Erhalt der inneren Sicherheit in der Bundesrepublik Deutschland." (Bundespolizei2, 2024) Laut Paragraph 1 Bundespolizeigesetz gehört zu ihren Einsatzzielen die Sicherung von Behörden, Verbänden, Einheiten und sonstigen Einrichtungen der Bundesrepublik Deutschland gegen Gefahren. Zudem ist sie für die Gefahrenabwehr zuständig und für die Verhütung von Straftaten im Einsatz. (Bundesministerium der Justiz, 2024) Allgemeiner formuliert zählt die Verbrechensprävention, die darauf abzielt, Straftaten durch Präsenz und Überwachung zu verhindern, zu den Einsatzzielen der Polizei. Zusätzlich strebt sie die Strafverfolgung an, indem sie Straftäter identifiziert und vor Gericht bringt. Die Gefahrenabwehr ist ein weiteres Ziel, bei dem die Polizei in Notfällen eingreift, um Leben zu schützen und Schäden zu minimieren. Darüber hinaus ist die Aufrechterhaltung der öffentlichen Ordnung ein wesentliches Ziel, um ein sicheres und friedliches Zusammenleben zu gewährleisten.

Die Landespolizei Hessen sieht ihre Einsatzziele folgendermaßen: Sie kümmert sich um die Sicherheit und Ordnung der Bürger. Die gesetzlichen Aufgaben, die von den Gesetzgebern festgelegt werden, umfassen die Abwehr von Gefahren für die öffentliche Sicherheit und Ordnung sowie die Aufklärung von Straftaten und Ordnungswidrigkeiten. Bei der Erfüllung dieser Aufgaben macht der hessische Gesetzgeber keinen Unterschied zwischen der Schutz- und der Kriminalpolizei. Gemäß der „Verordnung zur Durchführung des Hessischen Gesetzes über die öffentliche Sicherheit und Ordnung und des Hessischen Freiwilligen-Polizeidienst-Gesetzes" vom Dezember, 2020 werden die gesetzlichen Aufgaben auf die verschiedenen Dienstzweige der Polizei verteilt. (Polizei in Hessen, 2024).

5.3.3 Ressourcen der Polizei

Die Ressourcen der Polizei reichen von personellen Ressourcen über Ausbildungskapazitäten bis zu Ausrüstung und Infrastruktur. Das

Personal der Bundespolizei umfasst beispielsweise „54.000 Beschäftigten – von denen rund 45.000 Polizeivollzugsbeamtinnen und -beamte sind". (Bundesministerium des Inneren & für Heimat, 2024) Die Ausbildung als Polizeibeamter der Landespolizei variiert zwischen den Bundesländern. In Hessen wird die Ausbildung zum Landespolizeibeamten mit einem dreijährigen Studium absolviert. (Polizei in Hessen, 2024) Die Ausbildung für die Bundespolizei ist einheitlich. Generell können drei Qualifizierungsstufen erreicht werden: mittlerer Dienst, gehobener Dienst und höherer Dienst. (polizist-werden.de, 2021) Für den höheren Dienst gibt es die Deutsche Hochschule für Polizei in Münster, die ein Masterstudium anbietet, das Polizeibeamte nach erfolgreichem Abschluss für den höheren Dienst qualifiziert. (Deutsche Hochschule der Polizei, 2024).

Zudem verfügt die Polizei über verschiedene Fahrzeuge für den Einsatz und eine umfangreiche Ausrüstung, die von Schutzausrüstung bis hin zu Kommunikationsgeräten reicht. Die Landespolizei in Nordrhein-Westfalen verfügt beispielsweise über 10.000 Fahrzeuge. Hierzu zählen Streifenwagen und Antiterrorfahrzeuge. Auch sind rund 40.000 Waffen bei der Ausrüstung und 100.000 Uniformteile, wozu auch Schutzkleidung wie schusssichere Westen und ballistische Schutzhelme gehören. Auch zählen Instrumente zur Verkehrskontrolle wie Geschwindigkeitsmessgeräte und Kommunikationsgeräte, wie Smartphones oder Funkgeräte, zur Ausrüstung. (Landespolizei NRW, 2024) Die Infrastruktur wie Polizeiwachen und Leitstellen unterstützen die Einsatzbereitschaft der Polizei. Die Bundespolizei ist an über 200 Standorten vertreten. (Bundesministerium des Inneren & für Heimat, 2024).

5.4 Einsatz der Bundeswehr im Innern

Der primäre Auftrag der deutschen Streitkräfte ist Verteidigung der eigenen Souveränität durch den Schutz des Staatsgebietes und seiner Bürger. Grundlagen für den Auftrag und sich daraus ableitende Aufgaben sind die Vorgaben der Verfassung und die strategischen Ziele der Bundesrepublik Deutschland. (Krause, 2024).

5 Einsatzkräfte und Einsatzgrundsätze

Damit ist die Bundeswehr in erster Linie auf die äußere Sicherheit, sprich die Integrität und Unversehrtheit des eigenen Staatsgebietes, gegenüber äußeren Angriffen, sowie auf Einsätze im Rahmen von Bündnissen kollektiver Sicherheit ausgerichtet. In dieses Auftragsspektrum zählen ebenfalls Auslandseinsätze jenseits des eigenen Hoheitsgebietes, die der Durchsetzung eigener Sicherheitsinteressen dienen.

Zweifelsohne verfügt die Bundeswehr mit einer Stärke von ca. 180.000 aktiven Soldaten über ein dem Staat zur Verfügung stehendes Kräftedispositiv, dass eben nicht in Gänze und dauerhaft im Rahmen seiner Primäraufträge gebunden ist. In Zahlreichen Einsätzen hat sich die Bundeswehr daher auch im Inland als tatkräftiger Helfer erwiesen, der insbesondere Manpower zur Verfügung stellen kann. Grundlage für den Einsatz der Bundeswehr im Innern, außerhalb des Verteidigungs- oder Spannungsfalles (Art. 87a Abs. 3 i. V. m. Art. 115a GG), ist insbesondere Art. 35 GG. die sogenannte Amtshilfe.

Zwar ist der Kernauftrag der Landes- und Bündnisverteidigung wieder vermehrt in den Fokus der Streitkräfte geraten, jedoch steht auch der internationale Terrorismus immer mehr im Blickpunkt militärischer Einsatzmöglichkeiten.

Während in Bezug auf Auslandseinsätze, die den Kampf gegen den Terror umfassen, mittlerweile von einer gewissen Routine gesprochen werden kann, gestaltet sich die Frage nach dem Einsatz deutscher Streitkräfte im Inland deutlich komplizierter. Grund hierfür sind verfassungsrechtliche Regularien, die dem Einsatz des Militärs außerhalb des Verteidigungs- oder Spannungsfalles hohe Hürden setzten.

Während im Falle reiner Katastrophenhilfe der Art. 35 GG i. S. d. Amtshilfe greift, ist nicht unumstritten inwieweit dieser dazu dienen kann der Bundeswehr eine hinreichende Rechtsgrundlage für den Einsatz im Innern zu bieten. Grundlegend hierfür sind die für den Einsatz der Bundeswehr im Inneren einschlägigen, Rechtsnormen und entsprechende Urteile des BVerfG:

A) Rechtsgrundlagen die den Einsatz der Bundeswehr im Innern legitimieren, im Einzelnen:

– Art. 35 Abs. 1,2,3 GG,

- Art 87a Abs. 3 (äußerer Notstand) i. V. m. Art. 115a GG (Verteidigungsfall) und Art. 80a GG (Spannungsfall)
- Art 87a Abs. 4 (Innerer Notstand).

B) Rechtsvorschriften, die den Einsatz der Bundeswehr im Innern einschränken, im Einzelnen:

- Art. 87a Abs. 2 GG (Verfassungsvorbehalt des Einsatzes im Inneren)
- Art 91 Abs. 2 GG (Subsidiaritätsprinzip- Militär als letztes Mittel)

C) Entsprechende fallbezogene Rechtsprechung des Bundesverfassungsgerichtes, insbesondere:

- BVerfG, Beschluss vom 4. Mai 2010–2 BvE 5/07 – zum Bundeswehreinsatz beim G8-Gipfel in Heiligendamm
- BVerfG, Urteil vom 15.02.2006 (1. Senat) – 1 BvR 357/05
- BVerfG, Beschluss vom 20. März 2013–2 BvF 1/05 -, Luftsicherheitsgesetz (2. Senat)

5.4.1 Rechtsauffassung zum Inlandseinsatz der Bundeswehr

Um die gegenwärtige Rechtsauffassung zum Einsatz bzw. zur Amtshilfe der Bundeswehr im Innern in Bezug auf Terrorangriffe zielgerichtet zu skizzieren, ist zunächst eine Unterscheidung zwischen den Termini „Einsatz" und „Amtshilfe" erforderlich. Entscheidend ist, dass der Einsatzbegriff rechtlich definiert ist. Dem Einsatzbegriff sind folgende Merkmale bzw. Befugnisse implizit: A) die Verwendung militärischer Mittel, einschließlich des Einsatzes von Schusswaffen, B) die Einschränkung von Rechten Dritter, C) Ausübung (eigener) hoheitlicher Aufgaben (Bsp.: Landesverteidigung).

Demgegenüber stellt eine Amtshilfe keinen Einsatz, sondern die bloße *Verwendung* der Streitkräfte zur technisch-personellen Unterstützung der anfordernden Behörde dar. Sie geht in keinem Fall mit der Ausweitung der Kompetenzen der Bundeswehr einher. Aus dem Grund, dass die Bundeswehr jenseits ihrer verfassungsgemäßen Einsatzgrundlagen keine hoheitlich-polizeilichen Kompetenzen im Inland wahrnimmt, kann die Amtshilfe de jure und de lege lata nicht ohne Weiteres Grundlage für den Einsatz der Bundeswehr im Innern sein. Nach Auffassung des BVerfG ist die Einschränkung von Rechten Dritter bereits dann als erfüllt anzusehen, wenn nicht der tatsächliche Einsatz militärischer Mittel Dritte (Bsp.: Passanten oder Autofahrer) in der Wahrnehmung ihrer Rechte einschränkt (Straßensperre = Einschränkung des Rechtes auf Freizügigkeit im Bundesgebiet gem. Art. 11 GG), sondern sich das reine Droh- und Einschüchterungspotenzial dazu eignet (Panzer stehen zur Show of Force neben einer Straße und Bürger trauen sich nicht zu passieren). Nicht selten ist die Verwendung von Streitkräften im Inland (Amtshilfe) daher ein sorgfältig abzuwägendes Prozedere, das sich auf einem juristisch schmalen Grat bewegt. Erfolgt die Verwendung auf Anforderung einer Behörde im Sinne der Amtshilfe, gestaltet sich die tatsächliche Verwendung aber so, dass beispielsweise Rechte Dritter dabei eingeschränkt würden, läge ein Rechtsbruch vor. Schließlich steht diese Kompetenz der Bundeswehr nur im Einsatzfall zur Verfügung, im Rahmen der Amtshilfe (= Verwendung der Streitkräfte, kein Einsatz) würde sie eine unrechtmäßige Erweiterung der eigenen Kompetenzen darstellen, weil Art. 35 GG als normative Grundlage keine entsprechende Ermächtigung beinhaltet.

5.4.2 Aktuelle Entwicklung

Trotz der (auch im Vergleich zu anderen europäischen Ländern) deutlichen Einschränkungen für den Einsatz der Streitkräfte im Innern hat das BVerfG die Möglichkeiten der Verwendung der Bundeswehr mit seinem Plenarbeschluss aus dem Jahr 2012 gestärkt. Demnach ist die Verwendung militärischer Mittel nicht mehr explizites Einsatzkriterium. Des Weiteren lässt der Beschluss des BVerfG zumindest die Interpretation des Art. 35 in der Form zu, dass die Bundeswehr in Unglücksfällen besonders schweren Ausmaßes entsprechende Aufgaben mit militärischen Mitteln übernehmen darf. Die Ansichten einiger Parteien gehen offenkundig dahin, dass die Option der Verwendung von Streitkräften im Inland, insbesondere in Bezug auf Terrorlagen, in Betracht zu ziehen und durch den Plenarbeschluss des BVerfG grundsätzlich legitim sei. Der Rechtsprechung des BVerfG und dem politischen Willen folgend haben entsprechende Übungen wie die GETEX, eine gemeinsame Terrorabwehrübung unter Beteiligung der Bundeswehr, bereits stattgefunden. Dennoch ist im Sinne der staatlichen Daseinsvorsorge gegenüber den BürgerInnen kaum zu vermitteln, dass man auf verfügbare Kräfte der Bundeswehr aus verfassungsrechtlichen Prinzipien nicht zurückgreift, wenn diese ggf. schneller verfügbar sind und sich eignen, eines der höchsten verfassungsrechtlichen Güter, nämlich das Recht auf Leben und körperliche Unversehrtheit, gegen eine terroristische Bedrohung zu schützen.

Entsprechende Einsatzermächtigungen wie der innere Notstand nach 87a GG waren ebenfalls mehrfach Bestandteil politischer und fachjuristischer Diskurse. Jedoch ist ein Terrorangriff nicht zwingend einem inneren Notstand mit bürgerkriegsähnlichen Zuständen gleichzusetzen. Während sich unter der Argumentation „das Mögliche zu unternehmen", um Gefahr für Leib und Leben abzuwenden, ein entsprechender Einsatz der Streitkräfte als legitim erweist, bleibt die Frage nach der tatsächlichen Legalität von Art, Umfang, Einzelfall und insbesondere der daran orientierten Rechtsauslegung abhängig (Deutscher Bundestag, 2018).

Dem Subsidiaritätsprinzip folgend ist der Einsatz des Militärs eine *ultima ratio*. Eine wesentliche Voraussetzung für den Einsatz der Bundeswehr im Innern ist demnach, dass entweder die Mittel des Landes erschöpft, oder die benachbarten Länder oder polizeiliche Kräfte des Bundes nicht ausreichend sind. Erst dann, wenn das betroffene Land nicht fähig (oder willens) wäre, trotz der Unterstützung anderer Länder und polizeilicher Kräfte des Bundes, die gegenwärtige Gefahr zu beseitigen, könnten die Streitkräfte zum Einsatz kommen.

Kritisch angemerkt werden kann, dass sowohl die Begriffe der Katastrophe als auch des besonders schweren Unglücksfalls (grundlegend für die Amtshilfe nach Art. 35 GG) ebenso wie die Aufstandstermini des inneren Notstandes das eigentliche Phänomen eines Terroranschlags nicht eindeutig benennen. Damit bleibt die rechtliche Klarheit im Hinblick auf den Einsatz der Streitkräfte im Innern für eines der gegenwärtigsten Bedrohungsszenarien ungeklärt. Aufgrund der vorliegenden Verfassungshürden wirkt es bisweilen eher so, als sei ein entsprechendes Gesetz schwer mit der Verfassung zu vereinbaren, weswegen die etwas uneindeutige, gegenwärtige Rechtsprechung möglicherweise bewusst Grauzonen lässt, um den Einsatz im Fall der Fälle legalisierbar zu halten.

5.4.3 Unterstützungsmöglichkeiten der Bundeswehr im Sinne der Terrorabwehr

Grundsätzlich können alle verfügbaren Mittel der Streitkräfte für eine Terrorabwehr zur Verfügung gestellt werden. Im Rahmen von Terroranschlägen erlangen insbesondere folgende spezifische Fähigkeiten der Bundeswehr einen besonderen Stellenwert:

A) Sanitätsdienstliche Fähigkeiten und taktische Verwundetenversorgung

Die Bundeswehr verfügt durch ihre Erfahrungen aus zahlreichen Auslandseinsätzen über gute Konzepte und umfangreiche Erfahrungen im Umgang mit Massenanfällen von Verletzten sowie über die individualmedizinische Versorgung von typischerweise in Krisengebieten auftretenden Verletzungsmustern (Schuss-/Sprengverletzungen) bei gleichzeitig erhöhten Anforderungen an den Selbstschutz.

Zu diesem Zweck hat die Bundeswehr ebenfalls Zugriff auf entsprechende Geräte, das gerade im Rahmen von fortbestehender Bedrohung im Einsatzgebiet von erheblichem Nutzen sein kann. Insbesondere betrifft dies gepanzerte Rettungsfahrzeuge wie etwa die Sanitätsausführungen des Transportpanzers Fuchs (TPz Fuchs) oder das gepanzerte Transportkraftfahrzeug ‚Boxer' (GTK-Boxer). Diese Fahrzeuge stellen ideale Einsatzmittel dar, um bei fortbestehender oder unklarer Bedrohungslage Verletzte aus der Gefahrenzone zu evakuieren. Zudem sind diese hochgradig geländegängig.

Die sanitätsdienstliche Ausrüstung ist insbesondere auf die rasche und lebensrettende Versorgung der entsprechenden Verletzungsmuster unter Berücksichtigung taktischer Gesichtspunkte (schnelle Blutstillung zur Minimierung der Verweildauer im Gefahrenbereich) ausgelegt.

Das sanitätsdienstliche Personal ist nicht nur auf die medizinische Versorgung dieser Verletzungsmuster spezialisiert, sondern zudem taktisch ausgebildet und in der Lage, sich selbst zu schützen. Angemerkt sei, dass das Mitführen von Waffen zum Selbstschutz grundsätzlich nicht unter den Einsatzbegriff fällt. Es ist also auch im Rahmen der Amtshilfe (gem. Art. 35 GG) zulässig, Waffen mitzuführen. Das Vorhaben, Sanitätspersonal gezielt in den erwartbaren Waffeneinsatz zu schicken, könnte, je nach Situation, aber anders bewertet und als Überschreitung der Amtshilfe angesehen werden.

Da Terrorereignisse im Zivilen eine Ausnahmesituation darstellen, muss für die Bewältigung entsprechender Lagen daran gedacht werden, dass taktische Verhaltensgrundsätze in aller Regel nicht Teil der zivilen rettungsdienstlichen Ausbildung sind. Darüber hinaus sind zivile Rettungskräfte nicht dazu befähigt, sich im Fall der Fälle adäquat gegen einen bewaffneten Angreifer zur Wehr zu setzen. Zivile Rettungskräfte können daher nicht oder nur eingeschränkt im unmittelbaren Anschlagsgebiet eingesetzt werden, solange der Bereich nicht als sicher gilt. Eine Begleitung der Rettungskräfte durch die Polizei bindet wiederum polizeiliche Kräfte. Entsprechende Konzepte, wie die Tactical Emergency Medical Services (TEMS), die die Integration ziviler Rettungskräfte in spezielle Reaktionskräfte der Polizei (Spezialeinsatzkommando, Mobiles Einsatzkommando) vorsehen, um die Versorgung in der Gefahrenzone zu ermöglichen, existieren in Deutschland nicht in gleicher Weise wie beispielsweise in den Vereinigten Staaten. Die Erstversorgung während einer aktiven Bedrohungslage erfolgt in aller Regel durch speziell geschultes Personal polizeilicher Spezialkräfte (sog. Medics/taktische First Responder).

Der Einsatz von Sanitätskräften der Bundeswehr könnte in diesem Zusammenhang die Fähigkeitslücke ziviler Rettungskräfte effektiv schließen, den Schutz eingesetzter Kräfte im unmittelbaren Gefahrenbereich deutlich aufwerten (gepanzerte Fahrzeuge) und polizeiliches Personal entlasten bzw. im Hinblick auf die Versorgung Verletzter verstärken.

B) Kenntnisse und Fähigkeiten im Orts- und Häuserkampf

Neben dem Einsatz des sanitätsdienstlichen Personals käme zudem der Einsatz entsprechender Infanteriekräfte beispielsweise im Rahmen komplexer Anschlagsszenarien in Betracht. Ähnlich wie im Falle der oben aufgeführten sanitätsdienstlichen Versorgung verfügen diese Kräfte über ein gepanzertes Gerät, das den Schutz und damit die Eignung für den Einsatz dieser Kräfte erhöht. Des Weiteren sind diese Kräfte im Orts- und Häuserkampf nicht nur ausgebildet, geübt und erfahren, vielmehr zählt dieser Auftrag nach Art und Umfang von Schulung und Erfahrung eher in den Bereich militärischer als regulärer polizeilicher Kräfte.

C) Weitere spezielle Fähigkeiten

Neben den oben angesprochenen Kenntnissen und Fähigkeiten verfügt die Bundeswehr weiterhin über Kräfte, die insbesondere in Gefahrenbereichen zur CBRNE-Abwehr eingesetzt werden können. Hier könnte die Bundeswehr die polizeilichen Kräfte sinnvoll ergänzen und verstärken.

Insbesondere im Rahmen von Großveranstaltungen mit erhöhtem Gefährdungspotenzial oder bei Großschadenslagen bietet die Bundeswehr die Option, zusätzliche Aufklärungskapazitäten in Form von Drohnen oder Spähfahrzeugen (Bsp.: FENNEK) zur Verfügung zu stellen. Mit dem Urteil des BVerfG von 2012 ist zwar weiterhin mit Augenmaß zu hinterfragen, inwieweit die Zurverfügungstellung dieser Mittel die Wahrnehmung hoheitlicher Aufgaben im Sinne des Einsatzbegriffes (Einsatz von Spähfahrzeugen zur Strafverfolgung) erfüllt, jedoch kann der grundsätzliche Einsatz womöglich leichter in Erwägung gezogen werden. Die Verwendung ist dann ggf. im Einzelfall zu hinterfragen, auch um zu verhindern, dass der Einsatz militärischer Mittel eine ebenfalls unzulässige Erweiterung der Kompetenzen anfordernder Behörden darstellt.

Der Cyberraum und der Luftraum in Deutschland bilden jeweils besondere Sphären des „Staatsgebietes". Die neu gebildete Teilstreitkraft Cyber- und Informationsraum (CIR) hat sich bereits seit einigen Jahren als effektiver Hüter der Integrität von kritischer Infrastruktur im digitalen Raum etabliert. Der Einsatzbegriff greift grundsätzlich auch hier. Der Cyber- und Informationsraum stellt jedoch eine spezielle Entität der äußeren bzw. inneren Sicherheit dar, der im Rahmen dieser Betrachtung nicht hinreichend erfasst werden kann. Gleiches gilt für den

Einsatz der Bundeswehr im Luftraum. Hier gelten auch für den bewaffneten Einsatz, wie etwa beim Aufstieg von Alarmrotten, andere rechtliche Grundlagen. Die Bundeswehr stellt die luftpolizeiliche Hoheit im deutschen Luftraum sicher. Für die speziellen Bewandtnisse des Cyber- und Informationsraumes sowie für Fragen zu luftpolizeilichen Aufgaben der Bundeswehr, in Abgrenzung zu den Aufgaben der Polizei und im Kontext von Terroranschlägen in besonderer Hinsicht auf den Abschuss einer entführten Passagiermaschine (sog. ‚Maverick-Case'), sei auf die einschlägige Fachliteratur hingewiesen (Marxsen, 2017).

5.4.4 Praktische Implikationen und Folgerung

Im Hinblick auf den tatsächlichen Einsatz der Bundeswehr im Innern werden sich denkbare Szenarien erwartbar deutlich mehr auf die im Rahmen der Amtshilfe (er-)möglich(t)en Aufgaben und Mittel beziehen. Ein derartiger Schadensfall, dass deutsche Infanteriekräfte im Rahmen eines Terroranschlags deutsche Straßen sichern, ist nicht in Gänze auszuschließen. Es bleibt aber unwahrscheinlich, solange das Gefahrenausmaß das Militär nicht tatsächlich als einzige und ultimative Ratio auf den Plan bringt (Art 91. Abs. 2 GG). Unabhängig davon, welche Form des Einsatzes oder der Verwendung deutsche Streitkräfte zukünftig ereilen mag – mit einer Zunahme von Verantwortung, auch im Rahmen von Großveranstaltungen wie der Fußballeuropameisterschaft 2024, kann wohl gerechnet werden. Neben den gegenwärtigen gewordenen Bündnisverpflichtungen muss das Machbare stets im Blick behalten werden. Die Streitkräfte regulär in Szenarien wie Terroranschläge einzubinden, erfordert Übung, Schulung und insbesondere ein routiniertes Management der Schnittstellen zwischen den vor Ort eingesetzten militärischen und zivilen Kräften. Ansätze dazu sind durch verschiedene Übungen bereits gegeben und die Erfahrungen aus der reinen (Natur-) Katastrophenhilfe bieten eine solide Grundlage für den Ausbau dieser Zusammenarbeit. Allerdings sollte kritisch hinterfragt werden, inwieweit diese Übung bereits eine hinreichende Erfahrungsgrundlage für den Ernstfall darstellt. Die Standorte der Bundeswehr sind über das gesamte Bundesgebiet verteilt. Die Einplanung von Bundeswehrkräften sollte daher auch immer unter Berücksichtigung der Verfügbarkeit nach Raum und Zeit stattfinden. In anderen Worten: Es muss klar sein, wann die Bundeswehr sich mit ihren Fähigkeiten überhaupt am Einsatzort auswirken kann und ob sie im Zweifelsfall auch rechtzeitig verfügbar ist, um insbesondere die angesprochene Fähigkeitslücke zur Versorgung und Evakuierung im Gefahrenbereich zu schließen. Empfehlenswerter erscheint es, die polizeilichen Kompetenzen auszubauen bzw. Rettungskräfte entsprechend zu schulen und Einheiten der Streitkräfte in Abhängigkeit vom Fähigkeitsprofil und der räumlichen Nähe ggf. als zusätzliche Kapazität einzuplanen.

Terroranschläge auf Großveranstaltungen nehmen eine Sonderrolle ein. Im Gegensatz zu Lagen, die aus dem Alltäglichen heraus geschehen, bergen Großveranstaltungen zwar ein besonderes Gefahrenpotenzial, aber auch bessere Präventionsmöglichkeiten. Gegenüber der allgemeinen Terrorismusprävention bezieht sich die Präventionsarbeit für Großveranstaltungen auf einen vordefinierten, meist weit im Voraus bekannten Zeitraum. Des Weiteren ist durch den Ort der Veranstaltung auch der mögliche Anschlagsort bekannt. Potenzielle Anschlagsszenarien können im Vorfeld bedacht und der Umfang sowie das Fähigkeitsprofil eigener Kräfte entsprechend angepasst werden. Letzteres ermöglicht auch die geplante Vorhaltung militärischer Kräfte auf rechtlich gesicherter Basis. Verfassungsgemäße Einsatzgrundsätze können nach vorheriger juristischer Klärung gegenüber dem eingesetzten Personal vermittelt sowie Standardprozedere abgestimmt, besprochen, geplant und geübt werden. Militärische Kräfte können auf das notwendige Maß bzw. den notwendigen Fall „taylored to mission" in hinreichendem Umfang und mit klar definiertem Fähigkeits- und Aufgabenprofil vorbereitet und eingesetzt werden. Dieses Vorgehen erlaubt nicht nur im Vorfeld eine bessere – weil verlässlichere – Planung, sondern spart insbesondere im Nachgang etwaige Aufarbeitungen, insbesondere hinsichtlich legaler Fragestellungen. Zudem ermöglicht die Übung entsprechender Szenarien unter Einbeziehung rechtlich geschulter Schiedsrichter die Einstimmung des eingesetzten Personals auf etwaige inlandsbezogene Einsatz- bzw. Verwendungsregeln. Die Möglichkeit vorheriger Übungen reduziert des Weiteren Schnittstellenproblematiken.

Neben den tragenden Säulen der Einsatzkräfte, wie der Feuerwehr, der Polizei und den Rettungskräften, spielen auch das THW und die Notfallseelsorge eine entscheidende Rolle bei der Bewältigung von Großeinsätzen und Krisensituationen. Das THW als eine der wichtigsten Einrichtungen im Katastrophenschutz ist darauf spezialisiert, technische Hilfeleistungen zu erbringen und komplexe Rettungsmaßnahmen durchzuführen. Die fachkundigen Teams des THW sind mit einer Vielzahl von Spezialausrüstungen ausgestattet und verfügen über umfangreiche Expertise in Bereichen wie Bergung, Trümmerräumung, Hochwasserabwehr und dem Aufbau von Versorgungsstrukturen in Katastrophengebieten. Sie arbeiten eng mit den anderen Einsatzkräften zusammen, um die Einsatzorte zu sichern und den Betroffenen schnellstmöglich Hilfe zukommen zu lassen. Darüber hinaus leisten die Mitglieder des THW einen wertvollen Beitrag zur Prävention und Aufklärung in der Bevölkerung, indem sie Informationsveranstaltungen durchführen und auf potenzielle Gefahren hinweisen.

Im Anschluss an die Vorstellung des THW wird die Notfallseelsorge betrachtet, deren Aufgabe es ist, Menschen in Extremsituationen emotionale Unterstützung und seelische Hilfe zu bieten. Die Notfallseelsorgerinnen und -seelsorger sind speziell ausgebildete Fachkräfte, die in der Lage sind, auf einfühlsame und empathische Weise mit den Betroffenen umzugehen und ihnen in Krisensituationen beizustehen. Sie sind oft bereits frühzeitig am Einsatzort präsent und stehen den Opfern, Angehörigen und Einsatzkräften zur Seite, um sie durch schwierige Momente zu begleiten und ihnen Trost zu spenden. Darüber hinaus bieten sie auch Unterstützung bei der Bewältigung von Trauer und Verlust an und helfen den Betroffenen dabei, wieder Hoffnung und Zuversicht zu schöpfen. Die Notfallseelsorge ist somit ein unverzichtbarer Bestandteil des Krisenmanagements und trägt maßgeblich dazu bei, die psychosoziale Gesundheit der Menschen in Notsituationen zu erhalten und zu stärken.

5.5 Technisches Hilfswerk

Selbst beschreibt sich das THW auf seiner Website wie folgt: „Das THW steht in Not- und Unglücksfällen der Bevölkerung mit Technik und Know-how in Deutschland und weltweit helfend zur Seite." (THW (1), 2024) Das THW beruht im Wesentlichen auf Ehrenamtlichkeit und gehört in den Zuständigkeitsbereich des Bundesministeriums des Inneren und für Heimat. Es unterliegt dem THW-Gesetz. Das THW setzt sich aus der Bundesanstalt mit Sitz in Bonn, acht Landesverbänden und 66 Regionalstellen zusammen. 98 % der Mitarbeitende sind ehrenamtlich tätig, 2100 Hauptamtliche arbeiten in der Bundesanstalt. (THW (3), 2024) Gegründet wurde das THW 1950 vom ehemaligen Bundesinnenminister Gustav Heinemann. Das THW ist sowohl in Deutschland als auch in Notsituationen im Ausland aktiv. Prominente Beispiele im Inland sind die Flutkatastrophe im Ahr-Tal, hinsichtlich der Auslandseinsätze die Überschwemmung in Libyen oder das Erdbeben in der Türkei und Nordsyrien. (THW (8), 2024).

5.5.1 Einsatzgrundsätze des Technischen Hilfswerks

Das Schulungsmaterial des THW, die „Basisausbildung 1, Lernabschnitt 11.0 Einsatzgrundlagen", gibt Einblick in seine Einsatzgrundsätze. Das THW kommt immer dann zum Einsatz, wenn es angefordert wird. Angefordert werden kann das THW von einem Bedarfsträger, der über eine taktische Führungsstruktur verfügt. Grundsätzlich passt sich das THW den Befehlsstrukturen des Bedarfsträgers an. Zu den Bedarfsträgern gehören Bundesbehörden, Landesbehörden und kommunale Behörden sowie Polizei und Feuerwehr, die dann die ihnen entsprechenden Ebenen des THW anfordern können. Außerdem ist zu beachten, dass das THW intern zwischen der Behörden- und der Einsatzstruktur unterscheidet. (Teubner, 2006, S. 3–9) Die Behördenstruktur nimmt die Anforderungen entgegen und setzt die dazu passende Einsatzstruktur ein. Das THW ist meist nicht als einzige Einsatzkraft aktiv und muss sich deshalb mit den anderen Einsatzkräften abstimmen, besonders enger Abstimmung bedarf es im Einsatzfall mit der Feuerwehr, wie es der Artikel von Gesine

Hofinger, Mareike Mähler, Laura Künze und Robert Zinke „Interorganisationale Kooperation und Kommunikation in Großschadenslagen" (2024) analysiert. (Hofinger, Mähler und Künze 2014, S. 19).

5.5.2 Einsatzziele des Technischen Hilfswerks

Die Einsatzziele des THW umfassen in erster Linie die technischen Hilfeleistungen in Not- und Katastrophensituationen. Hierbei liegt der Fokus auf Rettungs- und Bergungsarbeiten, der Sicherung von Gebäuden und Infrastruktur sowie der Bewältigung von Naturkatastrophen. Weiterhin unterstützt das THW andere Einsatzkräfte wie Feuerwehr und Rettungsdienste bei der Durchführung ihrer Aufgaben, indem es Spezialtechnik und schweres Gerät einsetzt. Das Schützen der Bevölkerung vor Gefahren und das Minimieren der Folgen von Unfällen stehen ebenfalls im Mittelpunkt. Auf seiner Website schreibt das THW, das „unter anderem die technische Hilfe im Bevölkerungsschutz, bei Auslandseinsätzen im Auftrag der Bundesregierung sowie die örtliche Gefahrenabwehr zählt". (THW (9), 2024) Konkret beschäftigt sich Artikel 1 THW-Gesetz mit den Einsatzzielen und Aufgaben des THW:

> Nach Maßgabe der folgenden Bestimmungen leistet es technische Unterstützung insbesondere
> auf Ersuchen von für die Gefahrenabwehr zuständigen Stellen bei der Wahrnehmung ihrer Aufgaben sowie
> auf Anforderung oberster Bundesbehörden, wenn das Bundesministerium des Innern, für Bau und Heimat zustimmt.
> (2) Die technische Unterstützung nach Absatz 1 Satz 2 umfasst insbesondere
> technische Hilfe im Zivilschutz,
> Einsätze und Maßnahmen im Ausland im Auftrag der Bundesregierung,
> Bekämpfung von Katastrophen, öffentlichen Notständen und Unglücksfällen größeren Ausmaßes auf Anforderung der für die Gefahrenabwehr zuständigen Stellen sowie

Unterstützungsleistungen und Maßnahmen im Sinne der Nummern 1 bis 3, die das Technische Hilfswerk durch Vereinbarung übernommen hat. (THW (7), 2024)

Das bedeutet, dass das THW aktiv werden kann, sofern es von den für Gefahrenabwehr zuständigen Stellen wie beispielsweise der Polizei angefordert wird oder wenn oberste Bundesbehörden, insbesondere das BMI, dem Einsatz des THW zustimmen. Für Einsätze im Inland bedeutet das technische Hilfe sowie den Einsatz in der Katastrophenhilfe und der Gefahrenabwehr.

5.5.3 Ressourcen des Technischen Hilfswerks

Die Ressourcen des THW umfassen vor allem ehrenamtliche Helfer, die eine spezielle Ausbildung erhalten und sich freiwillig für den Einsatz im THW engagieren. Hierzu gehören bundesweit 66.000 ehrenamtliche Mitglieder und zudem 16.000 Nachwuchskräfte des THW Jugendverbands e. V. (THW (3), 2024) Diese spezielle Ausbildung wird an drei Ausbildungszentren angeboten: Hoya in Niedersachsen, Neuhausen in Baden-Württemberg und Brandenburg an der Havel in Brandenburg. (THW (4), 2024) Das THW organisiert sich in unterschiedlichen Einheiten und Fachgruppen u. a. in den Bereichen Bergungsarbeiten, Infrastruktur, Wasser oder Notversorgung. (THW (6), 2024).

Zudem verfügt das THW über eine breite Palette von Fahrzeugen, Spezialgeräten und technischer Ausrüstung, die für verschiedene Einsatzszenarien benötigt werden. Zu den Fahrzeugen zählen unterschiedliche Anhänger für den Transport oder in Form von Großwerkzeug, wie zur Hubarbeit, Bagger, Lastwagen und PKW. (THW (5), 2024) Zu den Spezialgeräten gehören mitunter Abstützsysteme, Dreiböcke, spezielle Bohrer und Hammer. Bezüglich der Technologien des THW können zudem Radartechnologien, Ortungsgeräte und Spezialkameras genannt werden. (THW (2), 2024) Die Ausbildung und Expertise der Einsatzkräfte sowie eine gut organisierte Logistik und Infrastruktur bilden weitere wichtige Ressourcen des THW.

5.6 Notfallseelsorge

Seit mehr als 30 Jahren steht die Notfallseelsorge Menschen in akuten Notsituationen bei: unmittelbar, überkonfessionell und professionell. Aus einer anfänglich von Einzelpersonen getragenen Initiative hat sich eine seelsorgliche Institution geformt, die heute aus unserer Gesellschaft nicht mehr fortzudenken ist. (Notfallseelsorge (1), 2024)

So stellt sich die Notfallseelsorge auf ihrer Website vor.

Die Notfallseelsorge in Deutschland ist heute ein flächendeckendes System, das Menschen in seelischen Notlagen professionelle Begleitung und Unterstützung bietet. Sie agiert in ökumenischer Verantwortung und ist über die regionalen Leitstellen für Feuerwehr, Polizei oder Rettungsdienst rund um die Uhr erreichbar. Dort stehen Rufbereitschaften bereit, um schnelle und unkomplizierte Hilfe zu gewährleisten. Die Notfallseelsorge in Deutschland befindet sich in einem ständigen Entwicklungsprozess. Dabei liegt der Fokus nicht nur auf der Optimierung der Strukturen, sondern auch auf der Aktualisierung der Inhalte, um den sich verändernden Herausforderungen gerecht zu werden. (Notfallseelsorge (1), 2024) Der Umdenkprozess bezieht sich nicht nur auf die Organisation selbst, sondern findet auch gesamtgesellschaftlich innerhalb der Einsatzkräfte und dem BBK statt. Letzteres beschreibt diesen Prozess wie folgt:

Psychosoziale Fragen der Unterstützung von direkt Betroffenen und deren Angehörigen nach Notfällen und komplexen Gefahren- und Schadenslagen sowie Prävention und Nachsorge nach psychosozialen Belastungen im Einsatzwesen fanden in den letzten Jahrzehnten im Bevölkerungsschutz zunehmend Beachtung. Sie gewinnen mit jedem weiteren schweren Unglücksfall und jeder weiteren Katastrophe an Aufmerksamkeit und Bedeutung. (Bundesamt für Bevölkerungsschutz und Katastrophenhilfe, 2024b)

Auch die Feuerwehr positioniert sich sehr deutlich in diesem Umdenkprozess, was beispielsweise an der prominenten Positionierung des Angebots der Notfallseelsorge auf der Website des DFV sichtbar wird.

Die Notfallseelsorge ist dezentral organisiert. Neben den drei Koordinierungspartnern, der Bundeskonferenz der katholischen Notfallseelsorge, der Konferenz Evangelischer Notfallseelsorger und der Akademie des Versicherers im Raum der Kirchen, sind die Landeskirchen und Bistümer für die Notfallseelsorge im Einzelfall zuständig. (Notfallseelsorge (2), 2024).

5.6.1 Einsatzgrundsätze der Notfallseelsorge

Die Einsatzgrundsätze setzen sich folgendermaßen zusammen: Auch wenn die Notfallseelsorge einen kirchlichen Träger hat, richtet sie sich an alle Menschen, unabhängig von ihrer Konfession, Religion oder Weltanschauung. Sie respektiert die religiösen Werte und Traditionen anderer Glaubensrichtungen sowie die Ausdrucksformen unterschiedlicher Weltanschauungen. Sollte sie an ihre Grenzen stoßen, verweist sie auf Unterstützung durch andere Dienste. Wichtig ist außerdem, dass die Notfallseelsorge ein freiwilliges Angebot ist. Sie drängt sich nicht auf, sondern respektiert die Entscheidungsfreiheit der Hilfebedürftigen. Jeder hat die Möglichkeit, den Dienst der Notfallseelsorge anzunehmen oder abzulehnen. Notfallseelsorger sind qualifizierte Fachkräfte, die über seelsorgerische Kompetenzen sowie spezielle Kenntnisse für die Begleitung von Menschen in Extremsituationen verfügen. Sie sind vertraut mit der Organisation von Rettungsdiensten, Feuerwehr und Polizei. Zur Professionalität gehört auch die Fähigkeit, eigene Grenzen (als Einsatzkraft in den Notfallseelsorge) zu erkennen, eigene Gefühle und Wertvorstellungen wahrzunehmen sowie die Motivation für ihren Dienst und ihre Beziehungen zu Hilfebedürftigen zu reflektieren. Regelmäßige Supervisionen dienen dazu, das Bewusstsein für die eigenen Belastungsgrenzen zu schärfen und das seelische Gleichgewicht zu wahren. Eine grundlegende Haltung der Ehrlichkeit ist in der Notfallseelsorge unerlässlich. In Extremsituationen stellen Menschen oft Fragen nach dem Sinn des Lebens und überdenken ihre bisherigen Erfahrungen. Dabei können Schuldfragen auftauchen, die die Gegenwart belasten und die Lebensenergie mindern können. Notfallseelsorger begleiten Menschen in solchen Situationen mit hoher Achtsamkeit und Respekt vor ihrer individuellen Lebensgeschichte. (Hofmeister, 2019, S. 11–12).

5.6.2 Einsatzziele der Notfallseelsorge

Die Ziele der Notfallseelsorge konzentrieren sich auf die Unterstützung derjenigen, die von einer Krise betroffen sind. Das beinhaltet die emotionale und spirituelle Unterstützung der Betroffenen. Als Betroffene zählen in diesem Fall nicht nur Menschen, die eine Extremsituation erlebt haben, sowie ihre Angehörigen, sondern auch Einsatzkräfte, die bei der besagten Situation im Einsatz waren. Es geht generell darum, der Zielgruppe bei der Bewältigung ihrer Gefühle und des Schocks zu helfen. Ebenso wichtig ist die Unterstützung der Angehörigen, denen geholfen wird, die Situation zu verarbeiten und ihre eigenen Emotionen zu bewältigen. Darüber hinaus spielt die Unterstützung der Einsatzkräfte eine Rolle, indem man ihnen bei der Verarbeitung belastender Ereignisse hilft und sie bei Bedarf entlastet. Schließlich zielt die Notfallseelsorge darauf ab, Betroffene und Angehörige gegebenenfalls an professionelle Beratungs- und Hilfsdienste zu verweisen, um langfristige Unterstützung sicherzustellen. (Notfallseelsorge (3), 2024) Die Notfallseelsorge zielt darauf ab, psychosoziale Belastungen, die nach belastenden Ereignissen oder Einsatzsituationen auftreten können, zu verhindern und frühzeitig zu erkennen. Sie bietet adäquate Unterstützung und Hilfe für betroffene Personen und Gruppen, um ihnen bei der Verarbeitung ihrer Erfahrungen zu helfen. Darüber hinaus kümmert sie sich um die angemessene Behandlung von Traumafolgestörungen. Insbesondere im Hinblick auf Einsatzkräfte legt sie Wert auf die Bewältigung einsatzbedingter psychischer Belastungen. (Bundesamt für Bevölkerungsschutz und Katastrophenhilfe, 2024b).

Generell kann gesagt werden, dass der Einsatz der Notfallseelsorge meist langwieriger ist als der der anderen hier betrachteten Einsatzkräfte, da die seelische Heilung von Einsätzen wie Amokläufen und anderen Großeinsätzen auf allen Seiten, d. h. aufseiten der Opfer, der Angehörigen und der Einsatzkräfte, viel Zeit in Anspruch nimmt, genauso, wie die gemeinsame Erarbeitung von Bewältigungsstrategien innerhalb des Angebots der Notfallseelsorge eine dauerhafte Aufgabe ist. Das BBK ergänzt diese Einsatzgrundsätze durch das folgende Zitat:

Die Philosophie der PSNV [PSNV = Psychosoziale Notfallversorgung, Anm. d. Verf.) ist somit Prävention und ein salutogenetischer Ansatz, der sich nicht an Defiziten, sondern an Fähigkeiten und Ressourcen orientiert. Die PSNV wendet sich damit ausdrücklich gegen die Pathologisierung von Notfallbetroffenen und belasteten Einsatzkräften und gegen eine Pauschalisierung der Unterstützungsbedarfe. (Bundesamt für Bevölkerungsschutz und Katastrophenhilfe, 2024b)

5.6.3 Ressourcen der Notfallseelsorge

Die Ressourcen der Notfallseelsorge umfassen geschulte Freiwillige, die speziell für den Umgang mit Krisensituationen ausgebildet werden. Die Notfallseelsorge basiert auf einer qualifizierten Ausbildung sowie kontinuierlicher Weiterbildung und Supervision. Die Ausbildung erfüllt die bundesweit geltenden Mindeststandards, die von der Notfallseelsorge zusätzlich ergänzt werden. Diese wurden im Rahmen des Konsensusprozesses von 2008 bis 2010 ausgearbeitet und festgelegt. Das BBK hat dazu eine Handreichung unter dem Titel „Psychosoziale Notfallversorgung: Qualitätsstandards und Leitlinien Teil I und II" publiziert. (Bundesamt für Bevölkerungsschutz und Katastrophenhilfe, 2012, S. 7–13) Somit setzt sich die Ausbildung aus einer theoretischen Schulung in der psychosozialen Notfallversorgung und Hospitanzen, einem Einsatzpraktikum, zusammen. (Notfallseelsorge (1), 2024) Regelmäßige Fortbildungen und Supervisionen für die Notfallseelsorger gehören auch zum Ausbildungskonzept und sollen außerdem sicherstellen, dass auch die Notfallseelsorger selbst emotional und psychisch mit den Situationen, mit denen sie während des Einsatzes konfrontiert werden, umgehen können. Neben der Versorgung direkt am Einsatzort bietet die Notfallseelsorge auch Telefonseelsorge an, die unter den Rufnummern zu 0800/111 0 111 oder 0800/111 0 222 zu erreichen ist. Die nötige Infrastruktur und das Personal hierfür gehören ebenfalls zu den Ressourcen der Notfallseelsorge, wie die deutschlandweit verteilten Anlaufstellen in den Bistümern und Landeskirchen mit entsprechendem Personal. (Notfallseelsorge (3), 2024) Hier zu erwähnen, dass es von muslimischer Seite ein separates Angebot der Notfallseelsorge gibt, das unter der

Nummer 030 44 35 09 821 zu erreichen ist und von der Organisation Muslimisches Notfalltelefon angeboten wird. (Muslimische Notfallbegleitung, 2024).

5.7 Zwischenfazit

In diesem Zwischenfazit soll ein direkter Vergleich der in diesem Kapitel vorgestellten Einsatzkräfte hinsichtlich der Einsatzgrundsätze, der Einsatzziele und der Ressourcen der einzelnen Einsatzkräfte gezogen werden. Zuerst folgt eine generelle Beschreibung der einzelnen Einsatzkräfte. Die Notfallseelsorge bietet in Deutschland seit über 30 Jahren Menschen in akuten Notsituationen unmittelbare, überkonfessionelle und professionelle Unterstützung an und ist selbst eine ökumenische Organisation. Das THW definiert sich selbst als Organisation, die der Bevölkerung in Not- und Unglücksfällen in Deutschland und weltweit mit Technik und Know-how zur Seite steht. Die Polizei in Deutschland ist in verschiedene Behörden unterteilt, darunter die Bundespolizei, die landesweit agiert und für die Sicherheit zuständig ist, sowie die Landespolizei, die für die allgemeine Gefahrenabwehr innerhalb der Bundesländer verantwortlich ist. Die Rettungsdienste in Deutschland, darunter die Malteser, der ASB und die Johanniter-Unfall-Hilfe, sind Teil der freien Wohlfahrtspflege und gleichzeitig Hilfsorganisationen. Sie verfolgen das Ziel, Leben zu retten und Gesundheitsschäden zu vermeiden, indem sie schnell auf Notrufe reagieren und eine patientenzentrierte Versorgung gewährleisten. Die Feuerwehr in Deutschland ist föderal organisiert und operiert auf Bundes-, Landes- und kommunaler Ebene. Jedes Bundesland hat eigene Gesetze und Verordnungen zur Organisation, Ausbildung und Ausrüstung der Feuerwehr. Sie setzt sich aus Berufs-, Werk-, Jugendfeuerwehr und der Freiwilligen Feuerwehr zusammen.

In Hinblick auf die Einsatzgrundsätze der hier vorgestellten Einsatzkräfte kann Folgendes zusammengefasst werden: Die Grundsätze der Notfallseelsorge betonen ihre Offenheit für Menschen aller Konfessionen und Weltanschauungen sowie ihre Freiwilligkeit. Die Notfallseelsorger sind hochqualifizierte Fachkräfte, die über seelsorgerische Kompetenzen und spezielle Kenntnisse für die Begleitung von Menschen in Extremsituationen verfügen. Regelmäßige Supervisionen helfen dabei, die eigene Belastungsgrenze zu erkennen und das seelische Gleichgewicht zu wahren. Die Einsatzgrundsätze des THW betonen seine Reaktion auf Anforderungen durch Bedarfsträger mit taktischen Führungsstrukturen. Diese Bedarfsträger können Bundesbehörden, Landesbehörden, kommunale Behörden sowie Polizei und Feuerwehr sein. Die Einsatzgrundsätze der Rettungsdienste betonen das Qualitätsmonitoring, das sicherstellen soll, dass die Einsätze professionell und effizient durchgeführt werden. Motiviert sind die Rettungsdienste oft von religiösen Überzeugungen, wie das christliche Leitmotiv der Nächstenliebe. Die Einsatzgrundsätze der Polizei betonen die Einhaltung der Rechtsstaatlichkeit und Verhältnismäßigkeit. Die Einsatzgrundsätze der Feuerwehr betonen den Schutz von Leben und Eigentum sowie die Sicherheit der Einsatzkräfte.

Was die Einsatzziele betrifft, umfassen diese bei der Notfallseelsorge die emotionale und spirituelle Unterstützung von Betroffenen, Angehörigen und Einsatzkräften. Dazu gehört ebenfalls die Vermittlung an professionelle Hilfsdienste bei Bedarf. Die Notfallseelsorge zielt darauf ab, psychosoziale Belastungen zu verhindern, frühzeitig zu erkennen und angemessen zu behandeln. Die Einsatzziele des THW konzentrieren sich auf technische Hilfeleistungen in Not- und Katastrophensituationen, bei Rettungs- und Bergungsarbeiten, der Sicherung von Gebäuden und Infrastruktur sowie die Unterstützung anderer Einsatzkräfte. Das THW ist bestrebt, die Bevölkerung vor Gefahren zu schützen und die Folgen von Unfällen zu minimieren. Die Einsatzziele der Polizei umfassen die Sicherung von Behörden und Einrichtungen, die Verbrechensprävention, Strafverfolgung, Gefahrenabwehr und Aufrechterhaltung der öffentlichen Ordnung und Sicherheit. Die Einsatzziele der Feuerwehr umfassen den abwehrenden Brandschutz, technische Hilfeleistung und Sicherheitswachen.

Auch die Ressourcen variieren stark zwischen den unterschiedlichen Einsatzkräften: Die Ressourcen der Notfallseelsorge umfassen geschulte Freiwillige, qualifizierte Ausbildungen, Supervisionen und telefonische Beratungsdienste. Die Ressourcen des THW bestehen hauptsächlich aus ehrenamtlichen Helfern, die eine spezielle Ausbildung durchlaufen und in verschiedenen Einheiten und Fachgruppen organisiert sind. Zudem verfügt das THW über eine Vielzahl von Fahrzeugen, Spezialgeräten und technischer Ausrüstung, die für verschiedene Einsatzszenarien benötigt werden. Die Ausbildung und Expertise der Einsatzkräfte sowie eine gut organisierte Logistik und Infrastruktur sind weitere wichtige Ressourcen des THW. Die Ressourcen der Polizei bestehen aus personellen Ressourcen und Ausbildungskapazitäten. Die Ausbildung variiert je nach Bundesland und umfasst den mittleren, gehobenen und höheren Dienst. Die Polizei verfügt über eine Vielzahl von Fahrzeugen, Waffen, Schutzausrüstung und Kommunikationsgeräten sowie eine umfangreiche Infrastruktur von Polizeiwachen und Einsatzzentralen, um ihre Aufgaben zu erfüllen. Die Ressourcen der Feuerwehr umfassen ausgebildetes Fachpersonal, Ausrüstung, moderne Technologien und Ausbildungsinfrastrukturen.

Literatur

Arbeiter Samariter Bund. (2024). *Über uns.* asb.de. https://www.asb.de/ueber-uns/der-arbeiter-samariter-bund. Zugegriffen: 13. Apr. 2024.

Bayern. Recht (1). (2024). *Art. 1 Arten und Aufgaben der Feuerwehren.* gesetze-bayern.de. https://www.gesetze-bayern.de/Content/Document/BayFwG-1. Zugegriffen: 27. März 2024.

Bayern. Recht (2). (2024). *Art. 15 Werkfeuerwehr.* gesetze-bayern.de. https://www.gesetze-bayern.de/Content/Document/BayFwG-15. Zugegriffen: 27. März 2024.

Bayern. Recht (3). (2024). *Art. 7 Kinder- und Jugendfeuerwehr.* In: Gesetze-bayern.de. https://www.gesetze-bayern.de/Content/Document/BayFwG-7. Zugegriffen: 27. März 2024.

Bayrische Staatsregierung. (2017). *Änderung des bayrischen Feuerwehrgesetzes.* In: Bayern.de. https://www.bayern.de/aenderung-des-bayerischen-feuerwehrgesetzes/. Zugegriffen: 14. Apr. 2024.

Bayrisches Staatsministerium des Inneren, für Sport und Integration (2). (2024). *Förderung im Feuerwehrwesen.* In: Stmi.bayern.de. https://www.stmi.bayern.de/sus/feuerwehr/foerderung/index.php. Zugegriffen: 27. März 2024.

Bayrisches Staatsministerium des Innern, für Sport und Integration (3). (2024). *Ausstattung*. In: Stmi.bayern.de. https://www.stmi.bayern.de/sus/feuerwehr/austattung/index.php#:~:Text=Jeder%20Feuerwehrdienstleistende%20verf%C3%BCgt%20%C3%BCber%20eine,Feuerwehrstiefel%20und%20-handschuhen%20bestehen%20muss. Zugegriffen: 27. März 2024.

Bundesamt für Bevölkerungsschutz und Katastrophenhilfe. (2012). *Psychosoziale Notfallversorgung: Qualitätsstandards und Leitlinien Teil I und II*. Bundesamt für Bevölkerungsschutz und Katastrophenhilfe.

Bundesamt für Bevölkerungsschutz und Katastrophenhilfe. (2024b). *PSNV Qualitätssicherung*. In: Bbk.bund.de. https://www.bbk.bund.de/DE/Themen/Krisenmanagement/Mensch-und-Gesellschaft/psnv-qualitaetssicherung/psnv-qualitaetssicherung_node.html Zugegriffen: 5. Apr. 2024.

Bundespolizei. (2024b). *Unsere Aufgaben*. In: Bundespolizei.de. https://www.bundespolizei.de/Web/DE/03Unsere-Aufgaben/unsere-aufgaben_node.html. Zugegriffen: 27. März 2024.

Bundespolizei (2). (2024). *Unser Auftrag*. In: Bundespolizei.de. https://www.bundespolizei.de/Web/DE/05Die-Bundespolizei/01Unser-Auftrag/Unser-Auftrag_node.html. Zugegriffen: 27. März 2024.

Bundesministerium der Justiz. (2024). *Bundespolizeigesetz*. In: Gesetze-im-internet.de. https://www.gesetze-im-internet.de/bgsg_1994/__1.html. Zugegriffen: 27. März 2024.

Bundesministerium des Innern und für Heimat. (2024). *Die Bundespolizei*. In: Bmi.bund.de. https://www.bmi.bund.de/SharedDocs/behoerden/DE/bpol.html. Zugegriffen: 27. März 2024.

Deutscher Bundestag. (2018). Deutscher Bundestag 19. Wahlperiode Drucksache 19/30800 Abschlussbericht 1. Untersuchungsausschuss 2018. Online verfügbar unter https://dserver.bundestag.de/btd/19/308/1930800.pdf. Zugegriffen: 24. Mai 2024

Deutscher Feuerwehrverband (1). (2024). Deutscher Feuerwehrverband, Einer für alle, alle für einen. *feuerwehrverband.de*. https://www.feuerwehrverband.de/dfv/. *Zugegriffen: 27. März 2024*.

Deutscher Feuerwehrverband (2). (2021). Statistische Entwicklungen. *feuerwehrverband.de*. https://www.feuerwehrverband.de/presse/statistik/. Zugegriffen: 27. März 2024.

Deutscher Feuerwehrverband (3). (2024). Brandschutzerziehung und Brandschutzaufklärung. *feuerwehrverband.de*. https://www.feuerwehrverband.de/veranstaltungen/forum-beba/. Zugegriffen: 27. März 2024.

Deutscher Feuerwehrverband (4). (2024). Einer für alle, alle für einen. *feuerwehrverband.de*. https://www.feuerwehrverband.de/dfv/. Zugegriffen: 13. Apr. 2024.

Deutsche Hochschule der Polizei. (2024). Die Hochschule. In: Deutsche Hochschule der Polizei. https://www.dhpol.de/die_hochschule/index.php. Zugegriffen: 27. März 2024.

Deutsches Rotes Kreuz. (2024). *Das DRK*. drk.de. https://www.drk.de/das-drk/. Zugegriffen: 13. Apr. 2024.

Hofinger, G., Mähler, M., Künze, L., & Zinke, R. (2014). Interorganisationale Kooperation und Kommunikation in Großschadenslagen. In: Ellebrecht Jenki & Kaufmann (Hrsg.), *Organisationen und Experten des Notfalls. Zum Wandel von Technik und Kultur bei Feuerwehr und Rettungsdiensten*, (S. 85–106). LIT.

Hofmeister, G. (2019). *Notfallseelsorge, Erste Hilfe für die Seele*. In: Akademie des Versicherers im Raum der Kirchen in Zusammenarbeit mit der Konferenz Evangelische Notfallseelsorge in der EKD und der Bundeskonferenz Katholische Notfallseelsorge (Hrsg.), dreiwerk, Detmold.

Innenministerkonferenz. (2024). *Aufgaben*. innenministerkonferenz.de. https://www.innenministerkonferenz.de/IMK/DE/aufgaben/aufgaben-node.html;jsessionid=EA23CFA07AB935B4D840900FD1CF567A.live242. Zugegriffen: 27. März 2024.

Johanniter. (2024). *Die Johanniter Unfallhilfe*. johanniter.de. https://www.johanniter.de/johanniter-unfall-hilfe/. Zugegriffen: 13. Apr. 2024.

Jura Forum. (2023). *Behörden und Organisationen mit Sicherheitsaufgaben (BOS) in Deutschland*. In: Juraforum.de. https://www.juraforum.de/lexikon/behoerden-und-organisationen-mit-sicherheitsaufgaben. Zugegriffen: 27. März 2024.

Küppers, J.-P. (2022). Rechtliche Grundlagen, Dienstvorschriften und Leitfäden der Polizei. In J.-P. Küppers (Hrsg.), *Polizei als lernende Organisation* (S. 197–201). Springer VS.

Krause, U. (2024). *Der Einsatz der Bundeswehr im Innern. Der Einsatz der Bundeswehr im Innern. Ein Überblick über eine aktuelle, kontroverse politische Diskussion*. https://link.springer.com/book/10.1007/978-3-658-17401-9, veröffentlicht am 16.05.2024. Zugegriffen: 24. Mai 2024.

Landesrecht Baden-Württemberg. (2010). *Gesetz über den Rettungsdienst*. landesrecht-bw.de. https://www.landesrecht-bw.de/bsbw/document/jlr-RettDGBW2010rahmen/part/X. Zugegriffen: 12. Apr. 2024.

Landespolizei NRW. (2024). *Ausstattung*. polizei.nrw. https://polizei.nrw/ausstattung. Zugegriffen: 16. Apr. 2024.

Malteser (1). (2024). *Rettung und Notfallvorsorge.* malteser.de. https://www.malteser.de/rettung-notfallvorsorge.html. Zugegriffen: 8. Apr. 2024.
Malteser (2). (2024). *Rettung und Notfallversorgung.* malterser.de. https://www.malteser.de/rettung-notfallvorsorge.html. Zugegriffen: 12. Apr. 2024.
Malteser (3). (2024). *Sanitätsdienst.* malteser.de. https://www.malteser.de/sanitaetsdienst.html. Zugegriffen: 12. Apr. 2024.
Malteser (4). (2024). *Leitbild.* malteser.de. https://www.malteser.de/spenden-helfen/transparenz/leitbild.html. Zugegriffen: 12. Apr. 2024.
Malteser (5). (2024). *Über uns.* malteser.de. https://www.malteser.de/ueber-uns.html. Zugegriffen: 13. Apr. 2024..
Marxsen, C. (2017). Verfassungsrechtliche Regeln für Cyberoperationen der Bundeswehr: Aktuelle Herausforderungen für Einsatzbegriff und Parlamentsvorbehalt. *JuristenZeitung, 72*(11), 543–552. http://www.jstor.org/stable/44867314.
Muslimische Notfallbegleitung. (2024). *Muslimische Notfallbegleitung.* muslimische-notfallbegleitung.de. https://www.muslimische-notfallbegleitung.de/. Zugegriffen: 16. Apr. 2024.
Niemand, C. (2022). *Training in virtuellen Feuerwehreinsätzen Entwurf, Entwicklung und Erprobung zukunftsorientierter Ausbildungsmöglichkeiten für die Feuerwehr in Deutschland sowie einer Echtzeitbrandsimulation.* Universität Kassel, Kassel, Deutschland.
Notfallseelsorge (1). (2024). *Über uns.* In: Notfallseelsorge.de. https://notfallseelsorge.de/ueber-uns/. Zugegriffen: 2. Febr. 2024.
Notfallseelsorge (2). (2024). *Kontakt.* In: Notfallseelsorge.de. https://notfallseelsorge.de/kontakt/. Zugegriffen: 2. Apr. 2024.
Polizist-werden.de. (2021). *Polizeiausbildung.* In polizist-werden.de. https://polizist-werden.de/polizei-ausbildung/
Polizei in Hessen (2024). *Aufgaben und mehr.* In: Polizei.hessen.de. https://www.polizei.hessen.de/Die-Polizei/Aufgaben-und-mehr/. Zugegriffen: 12. Apr. 2024.
Staatliche Feuerwehrschulen. (2020). *Einfaches Sichern und Retten, Winterschulung 2020/2021.* In: Feuerwehr-lernbar.de. https://www.feuerwehr-lernbar.bayern/fileadmin/downloads/Winterschulung/2020-2021/FlipBook_Basisunterlage/index.html. Zugegriffen: 27. März 2024.
THW (1). (2024). *Einsätze im Inland.* thw.de. https://www.thw.de/SiteGlobals/Forms/Suche/Meldungssuche/Meldungssuche_Formular.html?cl2Categories_DocType=einsatz&cl2Categories_Land=inland. Zugegriffen: 27. März 2024.

THW (2). (2024). *Geräte.* thw.de. https://www.thw.de/DE/Im-Einsatz/Ausstattung/Geraete/geraete_node.html?cms_gtp=54086_Dokumente%253D2#searchresults. Zugegriffen: 27. März 2024.

THW (3). (2024). *Bundesanstalt.* thw.de. https://www.thw.de/DE/THW/Organisation/Bundesanstalt/bundesanstalt_node.html. Zugegriffen: 27. März 2024.

THW (4). (2024). *Ausbildungszentren.* thw.de. https://www.thw.de/DE/THW/Organisation/Bundesanstalt/Ausbildungszentren/ausbildungszentren_node.html. Zugegriffen: 27. März 2024.

THW (5). (2024). *Fahrzeuge.* thw.de. https://www.thw.de/DE/Im-Einsatz/Ausstattung/Fahrzeuge/fahrzeuge_node.html. Zugegriffen: 27. März 2024.

THW (6). (2024). *Einheiten und Fachgruppen.* thw.de. https://www.thw.de/DE/Im-Einsatz/Einheiten-Fachgruppen/Einheiten-Inland/einheiten-inland_node.html. Zugegriffen: 27. März 2024.

THW (7). (2024). *Gesetzlicher Auftrag.* thw.de. https://www.thw.de/DE/THW/Organisation/Bundesanstalt/Gesetz/gesetz_node.html. Zugegriffen: 27. März 2024.

THW (8). (2024). *Einsätze und Übungen.* thw.de. https://www.thw.de/SiteGlobals/Forms/Suche/Meldungssuche/Meldungssuche_Formular.html?cl2Categories_DocType=einsatz&cl2Categories_Land=ausland. Zugegriffen: 27. März 2024.

THW (9). (2024). *Organisation.* thw.de. https://www.thw.de/DE/THW/Organisation/organisation_node.html. Zugegriffen: 27. März 2024.

Teubner, M. (2006). *Basisausbildung 1, Lernabschnitt 11.0 Einsatzgrundsätze.* Bundesanstalt Technisches Hilfswerk.

6
Schnittstellenproblematiken und das Führen im Chaos

Zusammenfassung Dieses Kapitel befasst sich mit der Führungstheorie und erläutert ein grundlegendes Verständnis von Führung in Chaoslagen. Wichtige Führungsmerkmale werden herausgestellt und einfache Handlungsempfehlungen gegeben, die dazu beitragen, durch das eigene Auftreten zielführend zu agieren. Ein ausgewähltes Modell des Führungsprozesses wird vorgestellt, um Ordnung und Struktur in die Führungsabläufe zu bringen. Das Modell des Führungssystems wird ebenfalls erläutert. Ein besonderer Schwerpunkt liegt auf Schnittstellenproblematiken, die insbesondere bei der Zusammenarbeit unterschiedlich organisierter Institutionen relevant sind. Beispiele und Empfehlungen aus realen Anschlagsszenarien verdeutlichen die Herausforderungen und notwendige Maßnahmen, um in solchen Lagen erfolgreich zu führen und zu kooperieren.

Zur Veranschaulichung des Führens im Chaos wir die Führung in Großschadenslagen anhand eines Terroranschlags in München dargestellt. Es wird beschrieben, wie Einsatzkräfte chaotische Situationen durch klare Zielsetzung, Strukturierung und hierarchische Steuerung ordnen und koordinieren müssen. Wichtig sind zielgerichteteFührung, eine starke Kommunikation und eine stetige Anpassung an dynamische Entwicklungen.

Die Polizeikräfte übernehmen anfänglich die Sicherung, während der Rettungsdienst eine abwartende Position einnimmt. Als thematischer Schwerpunkt wird die Kooperation mit polizeilichen Einsatzkräften bei der Verwundetenversorgung in Bedrohungsszenarien beleuchtet. Das TCCC. Konzept (Tactical Combat Casualty Care) gliedert sich in drei Phasen: „Care under Fire", „Tactical Field Care" und „Tactical Evacuation Care". Diese Phasen orientieren sich an taktischen und medizinischen Anforderungen. In der ersten Phase wird die Feuerüberlegenheit angestrebt, um Verletzte zu versorgen. Die zweite Phase erlaubt stabilere Behandlungen in Deckung, und die dritte Phase umfasst die Evakuierung. Herausforderungen in der polizeilich-medizinischen Zusammenarbeit bestehen in Ressourcenknappheit und Kommunikationsproblemen. Innovative Technologien wie Drohnen erweitern die Versorgung unter Gefahrenbedingungen. Zunächst befasst sich dieses Kapitel mit der Führungstheorie, um das hier zugrunde gelegte Führungsverständnis vorzustellen und entscheidende Führungsmerkmale hervorzuheben. Darauf aufbauend gibt dieses Kapitel ein paar einfache Handlungsempfehlungen, die dazu beitragen, Führung durch das eigene Auftreten in einer Chaoslage zielführend zu gestalten. Ferner wird der Führungsprozess anhand eines ausgewählten Modells vorgestellt, das sich gut eignet, um Ordnung und Struktur in die Führungsabläufe zu bringen. Weiterhin wird das Modell des Führungssystems erläutert. Schnittstellenproblematiken, die gerade in der Zusammenarbeit unterschiedlich aufgebauter Organisationen von Bedeutung sind, werden betrachtet.

6.1 Führen im Chaos: Theorie der Führung

Schüsse hallen an einem Julinachmittag durch die Münchner Straßen. Es ist 17:51 Uhr, bereits eine Minute später gehen erste Notrufe bei der Polizei ein. Fünf Menschen ringen zu diesem Zeitpunkt schon um ihr Leben. Gleichzeitig verlässt der Täter den in einem Schnellrestaurant gelegenen ersten Anschlagsort. Entlang der Hanauer Straße fallen weitere Menschen den Schüssen zum Opfer, einige davon werden tödlich getroffen. Der Täter bewegt sich fußläufig durch das Stadtgebiet und feuert wahllos um sich.

Polizeikräfte rücken aus und eine Streife entdeckt den Täter wenige Minuten später um 18:04 Uhr in der Nähe eines Parkhauses. Ein Beamter feuert, aber der Täter wird nicht getroffen und kann fliehen. Die Polizisten verlieren ihn aus den Augen. Eine ganze Maschinerie an Kräften wird mobilisiert. Es wird von mehr als einem Täter ausgegangen. Überregionale Hilfeleistung wird angefordert: Die tschechische Polizei sichert die Landesgrenze zu Bayern, Spezialeinsatzkräfte verschiedener Bundesländer rücken nach München aus oder übernehmen die Gebietsabsicherung im nordbayerischen Raum. Unterstützungskräfte aus Sankt Augustin (GSG 09 der Bundespolizei) und Einheiten des Einsatzkommandos Cobra aus Österreich kommen ebenfalls nach München. Zudem werden Feldjägerkräfte der Bundeswehr und nahegelegene Einheiten des Sanitätsdienstes der Bundeswehr in Alarmbereitschaft versetzt.

Es bleibt fraglich, ob dies alles für einen Einzeltäter erforderlich war. Werden die zugrunde gelegten rechtlichen Voraussetzungen für einen Einsatz der Streitkräfte in Betracht gezogen, wird deutlich, wie sehr das Erfordernis, vor die Lage zu kommen, die Führungsetage an diesem Tag unter Druck gesetzt haben muss. Vielmehr aber zeigt sich, was Fehlinformationen oder einfach nur Ungewissheit in einer Großschadenslage bewirken können.

Im ersten Kapitel dieses Buches wurden die Merkmale beschrieben, die die initiale Phase eines Anschlagsgeschehens kennzeichnen. In einem Satz: Es herrscht Chaos. Organisierte Hilfen, gleich welcher Art, ob Feuerwehr, Polizei oder Rettungsdienst, haben die Aufgabe, das Chaos nicht nur zu beenden, sondern sie müssen die Lage rasch erfassen, Prioritäten setzen, Strukturen schaffen und Betroffene so leiten, dass diese zu einem Teil ihres Prozesses werden. Für das Führungspersonal der jeweiligen Organisationen liegt im Rahmen von Anschlagslagen ein besonderes Augenmerk auf der richtigen Einschätzung von Art und Umfang der Gefahr, die auch für die eigenen Kräfte besteht. In München zeigte sich eine Chaosphase extremen Ausmaßes. Die Polizei musste statt von einer einzelnen von einer Vielzahl an Bedrohungslagen ausgehen. Grundsätzlich gilt: je größer die Gefahr, desto größer die Führungsherausforderung. (Paschen & Dihsmaier, 2014)

6.1.1 Führungsdefinition und Merkmale von Führung

Was macht Führung im Chaos nun aus und worauf kommt es an, um gut in solchen Lagen anzuleiten?

Um sich dieser Frage zu nähern, ergibt es Sinn, ganz vorne anzufangen, nämlich mit dem, was Führung eigentlich ist. Paschen und Dihsmaier beschreiben Führung in Anlehnung an ihren etymologischen Ursprung in der deutschen Rechtschreibung als Ableitung von „Fahren" und deduzieren, dass Führung die Bestimmung von Bewegung ist (Paschen & Dihsmaier, 2014).

Stellen wir uns vor, wir selbst wären nun in der Pflicht, in einer Chaoslage, einem Anschlag, unter Gefahr für Mensch und Material und nicht zuletzt auch für uns selbst, zu führen.

Sicherlich wollen wir uns nicht damit zufriedengeben, etwas oder jemanden einfach nur „bewegt" zu haben. Bewegung wird es in solchen Lagen genug geben. Nicht umsonst werden sie als dynamisch beschrieben. Sondern wir werden die Güte der Führung nach unserem Gelingen beurteilen, die schädliche Dynamik einzudämmen, zu kontrollieren und den Geschehnissen eine neue Dynamik zu geben, die unserer eigenen Absicht folgt. Dies bringt uns zu unserem ersten wichtigen Führungsmerkmal:

1) **Führung ist zielbestimmt. Sie benötigt eine klare Absicht.** Das Ziel der Führung gibt uns den Erwartungshorizont dessen, was unsere Eingriffe in einer Situation bewirken sollen – wozu oder wohin wir führen. Das Erreichen dieser Zielbestimmung ist ein maßgebliches Gütekriterium von Führung. Das eigene Bewusstsein über das Ziel von Führung ist dabei die erste Voraussetzung dafür, dass ein Führungserfolg eintreten kann. Erst dadurch, dass Führung ein bewusstes Ziel erhält, kann sie zielgerichtet geschehen.

Die Aufgabe der Führenden besteht demnach darin, die ihnen zur Verfügung stehenden Mittel zu nutzen, um Menschen dazu zu bewegen, das zu machen, was der eigenen Absicht dient und zur Erreichung des Führungserfolges beiträgt. Im Kontrast zu Chaos als dem Inbegriff von Unordnung schafft Führung Ordnung entlang physischer, formeller und informeller, beispielsweise gedanklicher, Strukturen. Wenn Führung dem Chaos entgegenwirken will, muss sie also selbst geordnet sein, um Ordnung schaffen zu können. Um diese Voraussetzung zu erfüllen, gibt es unterschiedliche Führungsprozessmodelle, die mehr oder weniger spezifisch eine Ordnungsvorlage entlang validierter Kriterien schaffen. Im Einzelnen werden die Schemata des Führungsprozesses zwischen den einzelnen Behörden und Organisationen mit Sicherheitsaufgaben bereits detailliert vordefiniert sein und sich entlang des Kernauftrags der jeweiligen Organisation unterschiedlich ausgestalten. So wird es das oberste Ziel der Sicherheitsbehörden sein, die Beendigung beispielsweise einer terroristischen Bedrohung zu erreichen und mit dem Führungsprozess solche Strukturen zu schaffen, deren tatsächliche Abläufe an der Überwältigung des Täters oder der Täter orientiert sind. Der Rettungsdienst hat eine völlig andere Aufgabe. Hier gilt es, das Chaos nicht durch die Beendigung der Gefahrensituation zu erzielen, sondern dadurch, dass eine geordnete und priorisierende Versorgung der Verletzten erfolgen kann. Diese differenten Zielausrichtungen unter den BOS werden in Teilen zu Widersprüchen führen. Darauf soll später noch einmal näher eingegangen werden. Zunächst ist es unabhängig von der Organisation, ob es sich um eine Führung durch die Einsatzleitung gegenüber dem eingesetzten Personal handelt oder um Anweisungen von Helfern gegenüber Betroffenen. Die erste Struktur, die Führung benötigt und von der aus sich Führung im Sinne gezielter Bewegung überhaupt erst etablieren lässt, ist eine Hierarchie. Führung braucht ein Machtgefälle mit dem zumindest informell gesicherten Anspruch auf das, was folgt. Wenn nicht erkennbar ist, wer führt, ist auch nicht klar, wer folgt. Damit kommen wir zu einem weiteren wesentlichen Aspekt von Führung:

2) **Führung ist Steuerung. Sie benötigt Macht,** um durch eine Hierarchie den Anspruch auf Folge zu gewährleisten. Mit einer klaren Absicht oder auch Zielvorstellung und der Fähigkeit, Dritte im Sinne dieser Absicht einzusetzen, wandelt sich das bloße Bewegen in eine zielgerichtete Steuerung. (Paschen & Dihsmaier, 2014)

Führung ist, um die vorherigen Ausführungen zusammenzufassen, also eine absichtsvolle Steuerung entlang eines Machtgefälles, die dazu dient,

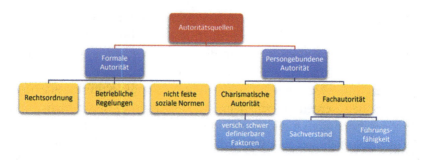

Abb. 6.1 Unterschiedliche Autoritäts- bzw. Machtquellen. (Quelle: Veermans, 2016)

mit dem Anspruch auf Kooperation eine solche Ordnung zu schaffen, die das Erreichen der Führungsziele ermöglicht.

Macht benötigt Machtquellen. Abb. 6.1 stellt einen Auszug an Machtquellen dar. Grundsätzlich können formelle (rechtliche Vorgaben und Befugnisse) und informelle Mittel (Kompetenz, Ausstrahlung) Macht generieren. Grundsätzlich gilt dabei: Je definierter und damit verbindlicher eine Führungsstruktur ist (durch Vorschriften, Bsp.: Weisungsbefugnis des Einsatzleiters, Gesetze – Bsp.: Die Polizei darf Personen anweisen, den Bereich zu verlassen.), desto weniger benötigt es informelle Machtmittel, um eine Hierarchie aufzubauen und/oder den Führungsanspruch durchzusetzen. In Gefahrensituationen kann es gerade gegenüber Betroffenen aber einmal mehr darauf ankommen, Autorität auszustrahlen. Die Uniformen helfen in der Regel dabei, den Anspruch auf Kooperation gut einfordern zu können. Sie sind äußere Merkmale der dahinterstehenden Funktionen und ihrer Befugnisse. Gleiches gilt für die Kennzeichnung von Führungspersonal in Großschadenslagen. Es ist von grundlegender Bedeutung, dass Führungspersonal offensichtlich gekennzeichnet wird, damit klar ist, wer in welcher Funktion agiert und über die entsprechenden Mittel und Möglichkeiten verfügt. Allerdings sollte diese Aufteilung nicht zu kleinteilig erfolgen. Je mehr Führungspersonal mit entsprechenden Westen gekennzeichnet an einer Einsatzstelle ist, desto schwieriger wird es werden, den Überblick darüber zu behalten, wer auf welcher Führungsebene agiert. Zumal gerade in der Zusammenarbeit verschiedener Organisationen zusätzlich davon ausgegangen werden darf, dass die entsprechenden Bezeichnungen nicht immer die gleiche Funktion bedeuten oder dass mit derselben Funktion die gleichen Aufgaben und Befugnisse einhergehen.

Wir kommen damit zu einem weiteren relevanten Aspekt, der insbesondere für die Arbeit in der Gefahrenabwehr von besonderer Bedeutung ist: Information und Wissenstransfer. Führung ist in Chaoslagen kein Selbstzweck. Sie bedient ein Ziel (Bsp.: die Wiederherstellung der öffentlichen Sicherheit und Ordnung). Dieses wird durch Maßnahmen erreicht, die eine Struktur schaffen, die auf das Ziel hinführt.

Gerade in einer Anschlagslage bzw. im Chaos herrschen äußere Bedingungen vor, die sich auf die Möglichkeiten des eigenen Handelns auswirken: Hierzu zählen Faktoren, die sich aus den in Kap. 2, 3 und 4 beschriebenen Tatsachen (Bsp.: Anschlagstyp: Wird geschossen? Umweltfaktoren: Wird Beleuchtung benötigt?) und weiteren Faktoren (Einsatz anderer Kräfte im eigenen Zuständigkeitsbereich) ableiten lassen. Die Summe der Tatsachen und Bedingungen, die sich aus der Situation ergeben, wird grob als „Lage" beschrieben. Zunächst ist es also erforderlich, zu einer Lagefeststellung zu gelangen. Erst dann kann der Auftrag vor dem Hintergrund der Lage ausgewertet und die auf diese Lage zugeschnittenen Möglichkeiten eigenen Handelns vor dem Hintergrund des eigenen Fähigkeitsspektrums beurteilt werden.

Führung ist folglich auf Informationen angewiesen, um hinreichendes Wissen für bewusste Führungsentscheidungen herzustellen.

3) **Führung ist informationsabhängig,** sie benötigt Informationen, um zielgerichtete Maßnahmen anweisen zu können. Der Führungsprozess ist folglich von einem Ringen um Information begleitet, um das erforderliche Wissen für zielgerichtete Entscheidungen erzeugen zu können. Der Unterschied zwischen Wissen und Information sollte hier ebenfalls klar herausgestellt werden.

Wissen ist im hiesigen Verständnis auf Zustände (Bsp.: Es regnet.) und Tatsachen (Bsp.: Das Einsatzteam verfügt über drei Funkgeräte und einen Ersatzakku.) bezogen. Informationen sind die Puzzleteile, aus denen sich das abgeschlossene Gesamtbild formt (Notrufmeldungen: Es wurden Schüsse gehört. Menschen würden weglaufen. Eine Person liege am Boden. Es habe vorher eine Explosion gegeben.) Am Beispiel der Münchner Anschlagslage lässt sich der Unterschied gut beschreiben. Wie im Kapitel zur Presse- und Öffentlichkeitsarbeit noch genauer ausgeführt werden wird, gab es eine Vielzahl an Meldungen an diesem Tag über andere Einsatzlagen. Diese Informationen, die die Polizei in Form von Notrufen ereilten, stellten sich als nicht zutreffend heraus: Tatsächlich hat es nur einen Anschlag an diesem Tag gegeben. Es zeigt sich, wie wichtig die Informationsbeschaffung ist, wie sehr es auf gesicherte Erkenntnisse ankommt und wie wenig verlässlich Informationen teilweise sind. Es geht im Führungsprozess daher nicht nur um Informationen an sich, sondern darum, sie möglichst zu Erkenntnissen zu verdichten. Erkenntnisse sind Folgerungen aus Informationen, die aber noch nicht dem Wissen entsprechen. Es folgt ein Beispiel: Die neuen Informationen sind, dass ersteintreffende Kräfte bisher keine Verletzten ausmachen konnten, auch keine Explosionsstelle, die Situation stellt sich initial ruhig dar. Die Erkenntnis daraus lautet, dass es sich um einen Fehlalarm handeln könnte. Häufig kann der ersehnte Wissensstand nicht zum gewünschten Zeitpunkt erreicht werden.

Als Beispiel können Wettervorhersagen betrachtet werden: Es werden von unterschiedlichen Wetterstationen Informationen zusammengetragen, die sich schließlich zu einem Lagebild verdichten. Daraus kann die Erkenntnis gewonnen werden, dass es ab 18:00 Uhr regnet. Ob es regnen wird, wissen wir jedoch erst um 18:00 Uhr. Teil des Führungsprozesses ist es also, die gewonnenen Informationen und Erkenntnisse – auch vor dem Hintergrund etwaiger Unwägbarkeiten – so zu verwenden, dass sie der Auftragserfüllung den richtigen Nutzen bringen, auch dann, wenn sich die Information als falsch herausstellt. So wäre es fatal gewesen, wenn die Münchner Polizei an jenem Julinachmittag nicht auf massive überregionale und internationale Hilfe zurückgegriffen hätte und sich die weiteren kommunizierten Schießereien nicht als Fehlalarme herausgestellt hätten.

Das Informieren ist ebenfalls der Prozess (im Sinne von informierender Kommunikation), der erforderlich ist, um Informationen so zusammenzutragen, dass die daraus gewonnenen Erkenntnisse eine hinreichend sichere Basis liefern, um eine Entscheidung treffen zu können.

Die Lage ist ein dynamisches, kein statisches Konzept. Sie weist also das Merkmal der Veränderung über die Zeit auf. Daraus folgt, dass

Informationen in Abhängigkeit von der tatsächlichen Entwicklung der Lage unbrauchbar oder unzutreffend werden können, sie unverändert bleiben oder neue Informationen hinzukommen. Sowohl das Ziel bzw. der Auftrag, den die Führung von einer übergeordneten Führungsinstanz erhält oder sich und ihrem Team gemessen am grundsätzlichen Auftrag (Rettung von Menschenleben) gibt, als auch die Möglichkeiten, dieses Ziel zu erreichen, wandeln sich ggf. durch eine veränderte Informationslage. Die Maßnahmen und Strukturen müssen also zwingend vor dem Hintergrund der Lageentwicklung überprüft und notwendigerweise angepasst werden, insofern dies erforderlich wird. Führung ist demzufolge kein einmaliger Vorgang, sondern ein dauerhafter, sich an äußere Bedingungen zum Zweck der Auftragserfüllung wiederholt anpassender Prozess. Die Angleichung bedeutet in keinem Fall eine ständige Veränderung. Vielmehr meint sie ein Überprüfen weiterhin bestehender Angepasstheit der Maßnahmen an die Lage. Das Reevaluieren erlaubt es, die Notwendigkeit tatsächlicher Veränderung frühzeitig zu erkennen.

4) **Führung ist ein ständiger Prozess, basierend auf Wissen und Information**

Führung ist nicht abgeschlossen. Sie kann mehr oder weniger stark erforderlich sein, allerdings befindet sie sich fortwährend in einem Prozess. Die Art und die Erforderlichkeit von Führung hängen maßgeblich von äußeren Umständen (Neuer Auftrag, Lageveränderung etc.) ab. Es mag Phasen geben, in denen Führung weniger sichtbar hervortritt, dennoch findet sie statt. Solange der Führende in der Verantwortung steht zu führen, obliegt es letztlich ihm selbst zu entscheiden, wie Führung gestaltet wird. Auch dann, wenn das Personal keine Anweisungen erhält, Pause macht, ist es eine Führungsentscheidung ruhigere Phasen zu nutzen, bspw., um das Personal zu Kräften kommen zu lassen. Die in der Führungsverantwortung stehende Person muss, auf Basis von Wissen und Informationen, fortwährend evaluieren, welche Maßnahmen geeignet sind, um das Ziel zu erreichen. Ein wichtiges Hilfsmittel dafür sind Schemata, die den Führungsprozess in sich wiederholenden Zyklen darstellen. Entlang der vier Grundannahmen darüber, was Führung ist und was sie – auf das Gröbste heruntergebrochen – benötigt, um im

Chaos effektiv und ordnend wirken zu können, wenden wir uns nun beispielhaft dem Führungsprozess zu. Ein geordnet ablaufender Führungsprozess ermöglicht es, zielgerichtetes Handeln zu initiieren und nachfolgend, auf Basis der Lageentwicklung, steuernd zu adjustieren.

6.1.2 Der Führungsprozess und die strukturierende Befehlsausgabe

Um einen Führungsprozess plastisch zu gestalten, haben sich zahlreiche Modelle herausgebildet. Das hier aufgeführte Beispiel des Führungsprozesses ist nur ein mögliches von vielen. Genauso wie Führung selbst ein eher abstraktes Vorgangs-Konstrukt ist, das wir hier im Sinne eines ordnungsschaffenden Zielprozesses verstehen, sind auch die Modelle versatil. Sie bauen jedoch auf den gleichen Prinzipien auf. In jedem Fall basieren sie auf den zuvor erörterten Grundannahmen über Führung (siehe Abb. 6.2).

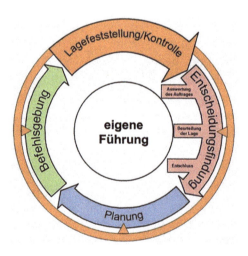

Abb. 6.2 Beispiel eines Führungsprozesses. Unterschiedliche Autoritäts- bzw. Machtquellen. (Quelle: Grafik: Amt für Heeresentwicklung, ESUT – Europäische Sicherheit & Technik 2020) (ESUT – Europäische Sicherheit & Technik 2020; Butler, 2019; Veermans, 2016)

Zunächst erfolgt im Führungsprozess die Betrachtung der äußeren Umstände, der situativen Lage. Die Herausforderung für die organisierte Hilfe besteht von Anfang an in der Informationsgewinnung. Nur sie erlaubt die möglichst korrekte Einschätzung und kann entlang des Auftrags in eine Zielformulierung – die Entscheidung – münden (Müller, 2018). Das Wissen um die Lage und den Auftrag bildet bereits wichtige Ordnungsstrukturen. Hieraus formulieren sich dann der „Ist-Zustand" (Lage) und die Vorgaben für einen „Soll-Zustand" (Auftrag). Die daraus hervorgehende zweite Führungsleistung (nach der möglichst präzisen Einschätzung der Lage und entsprechender Informationsbeschaffung beispielsweise durch Informationen der Leitstelle, anderer Kräfte, Erkundung und Aufklärung) ist die Entscheidung. Sie bildet die maßgebliche Synthese aus Ist und Soll, indem sie das oder die zu erreichenden Ziele für die Ebene des Anwenders und seines unterstellten Bereiches festlegt. Als unterstellter Bereich können sowohl die tatsächlich normativ unterstellten Einsatzkräfte verstanden werden als auch eine räumliche Dimension, für die dem Führenden die Verantwortung obliegt (dann ggf. auch gegenüber nicht formell unterstellten Personen, wie Betroffenen oder Schaulustigen, die sich in dem zugewiesenen Verantwortungsbereich aufhalten). (Bundesministerium für Inneres. Staatliches Krisen- & Katastrophenschutzmanagement, 2006).

Im Folgenden geschieht die Planung: Sie stellt im Führungsprozess eine wesentliche Kreativleistung dar, weil sie nun neben Lage und Auftrag eigene Ressourcen in detaillierter Form ins Spiel bringt, zeitliche Erfordernisse berücksichtigen muss und zusammenfassend die Verfügbarkeit eigener Mittel nach Raum und Zeit so beachtet, dass das Einsatzziel realistisch zu erfüllen ist. Die Befehlsgebung oder Auftragserteilung formulieren schließlich die einzelnen Aufgaben und Ziele, die für die unterstellten Kräfte aus der Planung hervorgehen, um das übergeordnete Ziel (den Auftrag) zu erfüllen. Dieser Part der Befehlsgebung kann auf sechs wesentliche Elemente heruntergebrochen werden:

Wer macht was wann wie wo und wozu?
Diese Abfolge schafft Struktur, indem sie steuernd auf das Verhalten der Einsatzkräfte einwirkt und eine klare Zielvorstellung schafft. Das „Wer" kann einzelne Personen oder mehrere Einheiten betreffen, das „Was"

mehrere Aufgaben umfassen und das „Wann" Zeiträume und Fristen beinhalten, das „Wie" geht auf etwaige Auflagen, die zu berücksichtigen sind, ein und gibt ggf. bei einigen Aufgaben eine Reihenfolge oder zu verwendende Mittel vor, das „Wo" legt den Ort fest und ermöglicht der Führung damit eine räumliche Übersicht über die ggf. verteilt eingesetzten Kräfte und das „Wozu" gibt den Sinn hinsichtlich des Ziels der Handlung vor.

Nachdem betrachtet worden ist, wie sich Führung idealerweise zeigt und welche Faktoren essenzielle Voraussetzungen von zielgerichtetem Führen sind, wurden mit dem Führungsprozess und den sechs „W's" der Befehlsausgabe strukturelle Möglichkeiten vorgestellt, um dem Chaos eine Ordnung sinnvoll aufzuzwingen.

Wie herausgestellt wurde, ist Führung ein Steuerungsprozess, der von Information, Wissen und Folge abhängig ist und ein Ziel im Sinne der Auftragserfüllung erreichen will.

Als wesentliches Merkmal von Anschlagslagen ist die potenzielle Lebensbedrohlichkeit für alle Beteiligten einschlägig. Dieser Aspekt wird in Bezug auf Führung deswegen wichtig, weil die Führungsvoraussetzungen von Folge und Information von menschlichen Faktoren abhängen. Betrachten wir den Aspekt der Gefolgschaft, dann wird klar, dass Führung auf ein Bezugssystem aus Führendem und zu führenden Personen aufbaut. Eine besondere Herausforderung besteht in der Abhängigkeit des geführten Personals von der Güte der Entscheidungen des Führungspersonals in einer lebensbedrohlichen Situation. Führung hat in diesem Sinne auch die Aufgabe, den eigenen Führungsanspruch durchzusetzen, um das Wirken des Personals zielorientiert und funktionsfähig zu halten und innere emotionale Widerstände (Wunsch, sich der Gefahr zu entziehen) aufzulösen. Vielmehr noch sollten intrinsische Ressourcen beim Personal gefördert werden (Bestärkung des Gefühls, handlungsfähig zu sein und zur Bewältigung der Gefahrensituation beitragen zu können). (Lasogga & Gasch, 2011; Paschen & Dihsmaier, 2014).

Nun soll sich dem Aspekt des zwischenmenschlichen *Modus Operandi* zugewendet werden. In der Literatur werden unterschiedliche Führungsstile beschrieben. Wenngleich vielseitige und weiter ausdifferenzierte Modelle existieren, lassen sich im Wesentlichen drei grundlegende Führungsstile unterscheiden (Frehner, 2023):

1) der autoritative Führungsstil: betont den Führungsanspruch.
2) der kooperative Führungsstil: bezieht Geführte stärker mit ein, ohne den Führungsanspruch zu verlieren.
3) der Laissez-Faire-Führungsstil: wenig invasiver Führungsstil, der eher beobachtenden Aspekten folgt und den Geführten weitgehend Freiräume in der Auftragsgestaltung und Zielerreichung lässt.

Für die genaueren Definitionen sei auf die entsprechende Fachliteratur verwiesen (Paschen & Dihsmaier, 2014; Lasogga & Gasch, 2011).

Entscheidend ist, dass das jeweils angemessene Stil-Instrument gewählt wird. Nun handelt es sich bei Anschlägen nicht um eine alltägliche Situation. Sie liegen außerhalb der Routine und erfordern dennoch eine hohe Konzentration auf die Auftragserfüllung. Während sich in regulären Arbeitssituationen von BOS die Ausnahme schon als Normallfall darstellt (Polizisten, Feuerwehrleute und der Rettungsdienst erleben solche Situationen als Berufsalltag, die für die meisten Menschen Ausnahmesituationen darstellen würden), kommt es nun darauf an, die Außergewöhnlichkeit der Anschlagssituation möglichst ebenso routiniert zu bewältigen.

Für die Geeignetheit eines bestimmten Führungsstils gibt es keine grundlegende Formel. Sicher ist allerdings, dass sowohl die Einsatzkräfte als auch die im Raum befindlichen Betroffenen von Bedürfnissen geleitet sind:

- dem Bedürfnis nach Sicherheit sowie
- dem Bedürfnis, handlungsfähig zu sein.

Menschen tendieren in Notlagen dazu, solchen Personen zu folgen, die sich primär durch Willensstärke, Charisma und Durchsetzungskraft auszeichnen – sogar dann, wenn es offenkundig wirkt, dass eine andere Person über ein umfangreicheres Wissen verfügen könnte (Paschen & Dihsmaier, 2014).

Diese Erkenntnis folgt menschlichen Instinkten, nicht nur in Notsituationen, sondern auch im Alltäglichen. Wir zeigen zumindest die Tendenz, einem Macher die Führung eher zuzutrauen als einem reflektierenden Wissenschaftler. Wir trauen Letzterem weniger zu, dass er uns sicher durch eine gefahrenreiche Situation führt. Basierend darauf folgen wir unserer instinktiven Annahme, dass ein Persönlichkeitstypus, den wir sonst ggf. sogar als unattraktiv, weil etwas selbstherrlich empfinden, die Gruppe in einer Gefahrensituation tatkräftig beschützen kann (Paschen & Dihsmaier, 2014). Folgende Handlungsempfehlungen lassen sich für das Führen im Chaos daraus ableiten:

- Gehen Sie als Beispiel voran. Zeigen Sie in Ihrem Auftreten, dass Sie das Chaos „anpacken". Sprechen Sie klar an, was Sie denken, aber versuchen Sie die emotionale Ebene im laufenden Geschehen außen vorzulassen. (Lasogga & Gasch 2011)
- Machen Sie Ihren Führungsanspruch deutlich, denn Sie stehen in der Verantwortung. Diese ist nicht teilbar. Zudem stärkt ihr Selbstvertrauen die Gruppe, nicht in dem Sinne, dass es überheblich wirkt, aber so, dass die Botschaft ankommt: „Ich weiß, was zu tun ist" (spricht das Bedürfnis an, handlungsfähig bleiben zu wollen). Sie machen dadurch ebenfalls den Nutzen deutlich, den Menschen davon haben, dass sie Ihnen folgen. Erzeugen Sie Bindung an Ihren Willen. (Paschen & Dihsmaier, 2014)
- Setzen Sie Beispiele mit ausgewähltem Personal. Gerade bei einer Gruppe Ihnen wenig vertrauter Menschen können sie erste Aufträge an dieses Personal verteilen, dem sie vertrauen. Sie geben somit ein praktisches Beispiel dafür, dass Ihnen gefolgt wird. Es stärkt Ihre Autorität und die hierarchische Ordnung. Hierarchie ist nicht nur ein Machtgefälle, das benötigt wird. Generell beschleunigen hierarchische Strukturen die Prozesse (Paschen & Dihsmaier, 2014)
- Führen Sie mit kräftiger Stimme, aber strahlen Sie dennoch Ruhe aus. Das vermittelt einen Halt.
- Langsam ist flüssig und flüssig ist schnell. Bringen Sie Ruhe in sich selbst und auch in Ihr Sprechtempo.
- Formulieren Sie präzise, denn das schafft klare Erwartungshorizonte und vermeidet Missverständnisse.

An der Schnittstelle zwischen Führenden und Geführten ist es weiterhin nicht nur wichtig, dass sie führen und als Beispiel vorangehen, sondern auch, dass ihre Anweisungen oder Befehle (um dem Chaos entgegenzuwirken) verständlich und verbindlich sind. Johann Wolfgang von Goethe stellte bereits im Jahr 1792 bei seinen Beobachtungen der Kanonade von Valmy fest, dass gute Führer sich durch klare Begriffe auszeichnen. Es ist demnach von Bedeutung, dass die Führenden eindeutige und am besten einfache Begriffe verwenden, um sich zum Ausdruck zu bringen. Das erleichtert das Verständnis – auch vor dem Hintergrund, dass äußere Faktoren wie Lärm und Bewegung zu erheblicher Ablenkung bei der Befehlsausgabe beitragen können.

„Wer klare Begriffe hat, kann befehlen" (Johann Wolfgang von Goethe, vgl.: Deutsche Gesellschaft für Wehrmedizin und Wehrpahrmazie 2011). Jedoch kommt es fast noch mehr darauf an, dass die Führenden sich nicht nur verständlich und konzise mit der entsprechenden Verbindlichkeit (schafft Bindung an ihren Willen) zum Ausdruck bringen, sondern auch, dass sie verstanden worden sind. Der Auftrag kann gegebenenfalls wiederholt werden. Es sollte sich gegenseitig vergewissert werden, dass sich alle im Klaren darüber sind, wer was, wann, wie, wo und wozu zu machen oder auch zu lassen hat.

Des Weiteren ist für einen bewussten Führungsprozess entscheidend, dass die Person mit der Führungsverantwortung sich ihrer eigenen Fehlbarkeit – insbesondere im Antlitz von Gefahr – bewusst ist. Unbewusst kann es in Überlastungssituationen zu zahlreichen Mechanismen kommen, die die Aufmerksamkeit des Führenden in eine leichter zu bewältigende Ecke fokussieren, die jedoch nicht prioritär zu behandeln sein sollte. Auch ein ballistisches Verhalten, wie Lasogga es beschreibt, nämlich das stumpfe Durchziehen von einmal getroffenen Entscheidungen ist nicht zielführend, wenn der Entschluss nicht in die Lage passt. Anhand des Führungsprozesses sollte fortwährend evaluiert werden, ob die erteilten Aufträge, erkannten Schwerpunkte und Prioritäten zweckmäßig im Sinne der Auftragserfüllung sind (Lasogga & Gasch 2011).

6.1.3 Führungssystemebenen und Schnittstellen

Die Möglichkeit des ordnenden und zielgerichteten Handelns ist von den Führungsfaktoren Zielgerichtetheit, Steuerung basierend auf Machtmöglichkeiten, Macht basierend auf formeller und/oder informeller Hierarchie und Information als Voraussetzung für Zielgerichtetheit abhängig. Im Weiteren, wie oben beschrieben, kommt es auf die Führungsperson und deren Fähigkeit an, diese Faktoren umzusetzen. Die Möglichkeit dazu ist ihrerseits davon abhängig, wie die Führung selbst organisiert ist. Insbesondere dann, wenn mehrere Führungsebenen vorhanden sind, ist eine entsprechende Organisation von Relevanz.

Führungssystem und Führungsebenen
Die formelle Führungsstruktur oder Führungsorganisation ist in diesem Sinne nicht nur eine Grundlage von legitimer Macht, weil sie eine Hierarchie implementiert. Sondern auch sie selbst ist im Hinblick auf ihre Funktionsfähigkeit ein Teil des Führungssystems, weil sie Zuständigkeiten und Aufgabenbereiche festlegt. Grob lässt sich das Führungssystem in drei Bereiche untergliedern: die eben angesprochene Führungsorganisation, die zur Verfügung stehenden Führungsmittel (Lagekarte, Funkkreise, Informationen) und den Führungsvorgang (Syn. zum Führungsprozess). (Cimolino, 2009)

Zusammenfassend kann festgehalten werden: Führung in Einsatzlagen ist eine Mehrebenen-Systematik (siehe Abb. 6.3). Das System der Führung besteht aus der Führungsorganisation. Sie bildet formelle Strukturen aus, legitimiert Machtverhältnisse, ermöglicht Steuerung durch Hierarchie und legt Zuständigkeiten und Aufgaben fest. Die Führungsmittel sind all jene Mittel, die sicherstellen, dass der

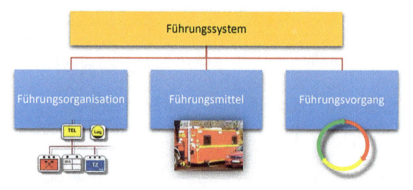

Abb. 6.3 Das Führungssystem und seine Bestandteile. (Quelle: Butler, 2019)

Führungsprozess insgesamt, sprich ebenenübergreifend und innerhalb der jeweiligen Ebenen und Zuständigkeiten, erfolgen kann. Dazu zählen insbesondere Mittel wie Übersichtskarten, die der Aufbereitung von Informationen dienen, und Mittel, die den Informationsfluss unterstützen, wie beispielsweise Funk. Auf die genauen Führungsebenen wird in dieser alle BOS-Organisationen betrachtenden Sichtweise nicht näher eingegangen. Dies kann damit begründet werden, dass die Organisationsstrukturen der jeweiligen Organisationen mitunter stark voneinander abweichen. (Elbe, 2020; Hofinger & Heimann, 2016 Kern et al., 2020; Neitzel & Ladehof, 2012)

Das ist im Sinne der Auftragserfüllung auch zweckmäßig. Mitunter sind gleiche Begrifflichkeiten derart verschieden besetzt, dass es sich als sehr umfangreich gestalten würde, die jeweiligen Unterscheidungen herauszustellen. Zudem – und damit zu einem entscheidenden Kriterium – unterliegen die Organisationsstrukturen und dadurch die Vielfalt, Aufgaben, Bezeichnungen und hierarchischen Ordnungen sowie normativen Grundlagen in Deutschland den föderalistischen Prinzipien. (Land Bayern, 2022; Ministerium des Innern des Landes Nordrhein-Westfalen, Referat 14 2024)

Meist sind die Strukturen auch innerhalb von Bundesländern nach kommunaler Organisation verschieden (Wissenschaftliche Dienste [Deutscher Bundestag] 2016). Daher wird diese Betrachtung mit den oben aufgeführten allgemeingültigen Annahmen abgeschlossen, denn jedes Führungssystem baut auf mehreren Ebenen auf und setzt sich aus den gleichen Kategorien von Organisationen (Struktur), Mitteln und dem Führungsprozess zusammen. Wichtig ist und bleibt einzig die Frage, inwiefern die jeweilige Organisation funktionsfähige Strukturen schafft und wie resilient oder auch – an den richtigen Punkten – flexibel diese sind, um in unterschiedlichen Lagen eine funktionierende Ordnung auf allen Ebenen zu ermöglichen. Ein wichtiger Bestandteil der Funktionsfähigkeit eines Führungssystems ist das Management von Schnittstellen. Nachfolgend sollen daher grundsätzliche Herausforderungen des Schnittstellenmanagements intra- und interorganisational genauer betrachtet werden.

Schnittstellen

Führung in Anschlags- oder Großschadenslagen ist ein verwobener Prozess. Die erste Schnittstelle finden wir bereits an dem Punkt zwischen dem jeweiligen Führer und seinem unterstellten Bereich. Weitere Schnittstellen ergeben sich aus den Verbindungen zu anderen Organisations- bzw. Führungsbereichen sowie aus der Schnittstelle zur übergeordneten Führung (Bsp.: Gruppenführer – übergeordnete Führungsebene: Zugführer). Die Systematik von Führungsebenen bedingt in der Führung eine Herausforderung, die es ab der ersten Führungsebene gibt: das Führen und gleichzeitiges Folgen bzw. Geführt-Werden (Paschen & Dihsmaier, 2014). Führung benötigt in diesem Zusammenhang die richtige Mischung aus Kontrolle und Zutrauen. Micromanagement über am besten gleich mehrere Führungsebenen hinweg in einem kontrollsüchtigen Top-Down-Approach führt in Chaoslagen mit ziemlicher Sicherheit in eine ‚Sackgasse'. Ein kompetenter Führer wird sich auch von oben so leicht nicht die Verantwortung über seinen Bereich entziehen lassen und das auch nicht unberechtigt. Wie im Vorhinein beschrieben, ist Führung von Information und Wissen abhängig, damit sie funktionieren kann. Die Wissensvermittlung ist das Resultat von Wechselseitigkeit (Müller, 2018). Eine übergeordnete Führung wird in keinem Fall über das gleiche Wissen verfügen können wie der eingesetzte Führer über eine untergeordnete Führungsebene – gerade dann nicht, wenn sie von ihren unterstellten Führungsebenen räumlich disloziert ist. Daraus ergibt sich ein wechselseitiges Informationsbedarfs- und Abhängigkeitsverhältnis. Untergeordnete Führungsebenen sind auf den Erhalt von Informationen zum übergeordneten Lagebild angewiesen, weil sie diese aus ihrem eigenen Bereich nicht umfassend generieren können. Um sich auftragsgerecht in der Lage zu orientieren, ist es aber erforderlich, möglichst auch in übergeordneten Zusammenhängen denken und handeln zu können. Die möglichen Auswirkungen eigener Entscheidungen und die Filterung der selbst gesammelten Informationen, nach relevant oder irrelevant für die nächste Führungsebene, hängen maßgeblich davon ab, inwieweit eine Führungsebene über das Gesamtgeschehen im Bilde ist.

Für beide Richtungen gilt, dass das Maß der Information so schmal wie möglich, aber so umfangreich wie notwendig für die Auftragserfüllung und die dafür grundlegende Orientierung in der Gesamtlage ist.

Führer, die sich zu sehr um untergeordnete Ebenen kümmern, insofern dazu im Sinne des Führungsprozesses (Kontrolle/adjustieren) keine Veranlassung besteht, laufen Gefahr, die Dynamiken ihrer eigenen Ebene aus dem Blick zu verlieren. Der Faktor Mensch spielt hierbei eine maßgebliche Rolle. Die Kapazitäten für die Aufnahme und zielgerichtete Verarbeitung von Informationen sind begrenzt. In Anschlagslagen gilt das einmal mehr, weil ggf. intensive Sinneseindrücke (Wahrnehmung von umfangreichem Leid, Tod und Verwundung) auch auf die Führungskräfte wirken (Lasogga & Gasch, 2011). Der Schaden potenziert sich dadurch, dass nicht nur das für die eigene Ebene relevante Lagebild zum Teil verloren geht, sondern auch dadurch, dass die weiteren auf Information angewiesenen untergeordneten Ebenen ein Lagebild reduzierter Qualität erhalten, wenn eine übergeordnete Führungsebene zu sehr in die Belange einer ihr unterstellten Ebene eingebunden ist.

Wichtiger als kleinteilige Kontrolle ist es, den Zusammenhang des Handelns zu wahren und Schwerpunkte zu setzen. Organisationsintern sind die Voraussetzungen dafür, dass der Zusammenhang und korrekte platzierte Handlungsschwerpunkte effizient gestaltet werden, gut. Das Personal ist ggf. ebenenübergreifend miteinander vertraut, hat in mehreren Einsätzen bereits zusammengewirkt, in jedem Fall aber sind Begriffe, Tätigkeiten, Aufgaben, Taktiken und Strukturen in der Regel allen Führungskräften bekannt. Dies ermöglicht eine klare Orientierung im eigenen Organisationsumfeld an der Einsatzstelle. Die vertikalen Schnittstellen zeichnen sich eher durch Probleme im Informationsfluss und der zwischenmenschlichen Kommunikation aus. Die Ursachen können technischer Natur (Bsp.: schlechter Funk) oder wie oben beschrieben im hohen Stresslevel der Beteiligten und einer Überforderung mit der Informationsflut begründet sein (Lasogga & Gasch, 2011).

Schnittstellen, die organisationsübergreifend sind, stellen vor dem Hintergrund verschiedener interner Abläufe, Definitionen und Verständnisse eine besondere Herausforderung dar. Intraorganisatorische Schnittstellen haben eine vertikale Ebene im Sinne eines Über- bzw. Unterordnungsverhältnisses. Auch wenn zwei Einheiten auf gleicher Ebene operieren, gibt es für beide meist eine gemeinsame übergeordnete Ebene, die über Entscheidungskompetenz für beide Einheiten verfügt. Interorganisatorisch verlaufen die Strukturen vielmehr parallel.

Zwei Organisationen mit ihrer eigenen internen Struktur arbeiten unter verschiedenen Aufträgen an der gleichen Situation. Die parallelen Handlungsabläufe können sich jedoch in die Quere kommen oder der weitere Handlungsablauf der einen Organisation ist vom Fortschreiten des Handlungsablaufs einer anderen Organisation abhängig. Beispielsweise kann der Rettungsdienst erst dann in eine Gefahrenzone vorrücken, wenn dieser Bereich als gesichert gilt. Es können allerdings differente Auffassungen darüber vorliegen, was gesichert bedeutet.

Auch Kompetenzen bzw. die Frage, welche Organisation in welcher Situation Vorrang hat, ist nicht immer klar. Ggf. müssen sie kooperativ und in der Situation Kompromisse eingehen und aushandeln, damit die weiteren Prozesse möglichst reibungslos verlaufen können.

Schnittstellenproblematiken sind aus zahlreichen großen Lagen und für Anschlagslagen insbesondere zwischen Polizei und Rettungsdienst bekannt. So zeigten sich entsprechende Probleme in der Kooperation zwischen den Organisationen in den Anschlägen von Brüssel (2016), Paris (2015) und San Bernardino (2015). Um dem entgegenzuwirken, wurde in Bayern insbesondere für den Rettungsdienst ein eigenes Konzept für Anschlagslagen, das unter dem Namen REBEL firmiert, entwickelt. Aufbauend darauf wurde das REBEL-II-Konzept vorgestellt, das auch weitere Organisationen und die Zusammenarbeit mit der Polizei im Detail betrachtet. Als wesentliche Erkenntnis kann hervorgehoben werden, dass die Gefahrenlage die Aufklärung der Situation für alle außerpolizeilichen Kräfte erheblich erschwert. Es kommt daher darauf an, dass die Kommunikation mit der Polizei besonders gut funktioniert. Die nichtpolizeilichen Kräfte können im Rahmen solcher Lagen nur eingeschränkt am Ort des Geschehens agieren. Daher sind sie in gewisser Weise blind. Abseits vom Ort des Geschehens in Bereitstellung gehaltene Kräfte können sich kein eigenes Lagebild machen. Es kommt daher auf die Weitergabe der Informationen durch die Polizei an. Diesbezüglich heißt es:

> Einsätze bei lebensbedrohlichen Einsatzlagen können durch die nichtpolizeiliche Gefahrenabwehr nur bei rechtzeitiger Lageinformation und Lagebewertung durch die Polizei den Erfordernissen des Einzelfalls entsprechend durchgeführt werden. (Bayerisches Staatsministerium des Innern & für Integration, 2018)

In diesem Sinne ist es hilfreich, wenn die Polizei die Art und den Umfang der Informationen, die von den weiteren Kräften benötigt werden, gut einschätzen kann. Ihr obliegt es in solchen Fällen, die Wahrung der Vertraulichkeit der gesammelten Informationen, die ggf. aus polizeitaktischen Gründen erforderlich erscheint, gegen den Informationsbedarf der anderen Organisationen abzuwägen. Das REBEL-Papier des bayerischen Staatsministeriums ist eine notwendige Ableitung aus vorangegangenen Einsatzerfahrungen. Die sehr grundlegende Natur des Konzeptes zeigt auf, dass für solche Situationen auch selbstverständliche Handlungsweisen einer klaren Konzeption bedürfen. So legt das Papier noch einmal insbesondere fest, dass der Einsatz des Rettungsdienstes in lebensbedrohlichen Einsatzlagen ausschließlich nach Maßgabe der Polizei erfolgt. Den ersteintreffenden Kräften kommt in dieser Hinsicht eine besondere Rolle zu.

6.2 Führen im Chaos: Ersteintreffende Kräfte

Ersteintreffende Kräfte stehen vor der besonderen Herausforderung, dem Momentum gegenwärtiger Gefahr geistig zu trotzen und unter Berücksichtigung des Eigenschutzes die ersten notwendigen Entscheidungen zu treffen sowie erste Strukturen zu schaffen.

Aus dem Bayerischen Staatsministerium heißt es dazu:

> Die Besonderheit der Anfangsphase von lebensbedrohlichen Einsatzlagen liegt in der durch das Täterhandeln bedingten akuten Lebensgefahr für alle im Einwirkungsbereich der Täter befindlichen Personen. (Bayerisches Staatsministerium des Innern & für Integration, 2018)

6.2.1 Ersteintreffende Kräfte der Polizei

Reguläre Polizeikräfte sind in der Regel die ersten Kräfte vor Ort. Das Fähigkeitsspektrum regulärer Polizeikräfte deckt die Festnahme bzw. Überwältigung geschulter und bewaffneter Täter im Vergleich zu den Kompetenzen von Spezialeinsatzkräften nur in geringem Maße ab. Diese Aufgabe soll daher, sofern sie in Ortsnähe sind, polizeilichen

Abb. 6.4 SEK bei einer Übung. (Quelle: Eigene Darstellung (siehe auch Zand-Vakili, 2022 zum Vergleich))

Spezialkräften überlassen werden, die über eine entsprechende Ausbildung, Erfahrung und Ausrüstung verfügen (siehe Abb. 6.4).

In der Regel ist es jedoch so, dass diese Kräfte erst mit Verzögerung zur Verfügung stehen. Die Zeit bis zum Eintreffen muss daher zwingend effizient überbrückt werden, aber bei einer Gefährdung von Kindern und erwachsenen Personen obliegt es auch regulären Polizeikräften, einzuschreiten und die bewaffneten Täter angriffsunfähig zu machen. Es ist daher von höchster priorität, dass sich alle polizeikräfte der verschiedenen Lagen und Zonen an gefährlichen einsatzorten bewusst sind.

Da es sich um eine Stresssituation handelt, auch dann, wenn die Bedrohungslage noch unklar erscheint, ist es für die ersteintreffenden Kräfte und nach der Sicherung des Nahbereichs essenziell, möglichst rasch zu einem ersten Lagebild zu gelangen (siehe Abb. 6.5). Dazu eignen sich stressresistente, standardisierte Vorgehensweisen, wie etwa das SICK-Schema: **S** – Scene Safety, **I** – Impression, **C** – Critical Bleeding, **K** – Kinematics.

Das SICK-Schema ermöglicht eine ebensolche priorisierte Herangehensweise an eine Anschlagslage für ersteintreffende Kräfte. Zunächst

6 Schnittstellenproblematiken und das Führen im Chaos

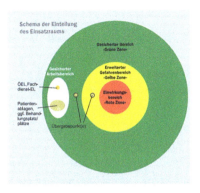

Abb. 6.5 Raumstruktur nach Gefahrenlage. (Quelle: Brandwacht. Bayern, 2018)

gilt es, die Sicherheit der Situation einzuschätzen und die Entscheidung zu treffen, ob das Vorrücken oder der Aufenthalt eigener oder nachrückender Kräfte geschehen kann. Der Faktor Impression adressiert weniger eine rationale Instanz als das Bauchgefühl. Dieser arbeitet mit der Tatsache, dass unsere Sinneswahrnehmung zunächst unbewusst geschehen kann. Es geht in diesem Zusammenhang darum, in sich hineinzuhorchen, ein „ungutes Gefühl" zu lokalisieren und den darauf basierenden Versuch der Bewusstmachung zu unternehmen: Was genau stimmt in dieser Situation nicht? Impression betrifft ferner den Gesamteindruck von der sich darstellenden Lage: Passt die vorgefundene Situation zum Alarmierungsgrund? Primär geht es darum, in der Eile des Momentes möglicherweise wesentliche Details nicht zu übersehen. Critical Bleeding steht für initial behandelbare Verletzungen, wie Blutungen aus den Extremitäten. Die primäre Aufgabe der Polizei ist die Sicherung des Umfeldes. Wann immer es möglich ist, sollte aber auch die Erste Hilfe gegenüber Verletzten erfolgen. Mitgeführte Tourniquets können rasch angelegt werden und verhindern unter Umständen weitere Todesopfer. Dennoch dürfen individualmedizinische Maßnahmen die Aufmerksamkeit nicht vom Primärauftrag ablenken. Kinematisch bezieht sich auf sichtbare Hinweise auf eine erfolgte oder drohende Gewalteinwirkung: Liegen die ersten Opfer mit Schussverletzungen am Boden? Hat eine Explosion stattgefunden? Aus den so gesammelten Informationen kann eine konzise erste Lagerückmeldung gegeben werden.

Diese ist entscheidend für das weitere Vorgehen und insbesondere für nachrückende Kräfte der nichtpolizeilichen Gefahrenabwehr, um je nach Art und Ausmaß der Gefahr geeignete (sichere) Bereitstellungsräume anfahren zu können.

Möglicherweise werden ersteintreffende Kräfte unmittelbar in den Feuerkampf verwickelt. Hier gilt es rasch, das Feuer zu erwidern, Feuerüberlegenheit herzustellen oder – wenn dies nicht möglich ist – unter Feuer auszuweichen, um eigene Verluste gering zu halten und erst mit verstärkten Kräften erneut gegen die Situation anzutreten. Durch eine zügige Rückmeldung gilt es nachrückende Kräfte so zu koordinieren, dass diese nicht ahnungslos in den Gefahrenbereich einfahren.

Im Folgenden kommt es durch die Polizei darauf an, allen wartenden Kräften eine Raumstruktur zu vermitteln, die sich an der Sicherheitslage orientiert. Beispielgebend ist die Aufschlüsselung in konzentrische Zonen, wie in Abb. 6.5 dargestellt: Die rote Zone beschreibt den unmittelbaren Gefahrenbereich, auch Einwirkungsbereich genannt. Hier geschehen Kampfhandlungen, es kann oder ist zu Explosionen und/oder Feuer gekommen. Im Rahmen von CBRN-Lagen handelt es sich um den unmittelbar kontaminierten Bereich. Die gelbe Zone stellt den erweiterten Gefahrenbereich dar. Dieser Raum liegt nicht mehr im unmittelbaren Wirkbereich von Schusswaffen oder Explosivmitteln. Es kann aber zumindest nicht ausgeschlossen werden, dass sich Geschosse, Querschläger, Trümmer oder andere gefährliche Stoffe (CBRN) in diesem Bereich bewegen oder ausbreiten. Die grüne Zone stellt einen weitestgehend sicheren Bereich dar, der relativ frei von Gefährdungen scheint und den nichtpolizeilichen Kräften, insbesondere denen des Rettungsdienstes, die Arbeit am Patienten erlaubt. Initial muss eine Raumordnung geboten werden, die den eingesetzten Kräften einen angemessenen Schutz gibt. Eine solche Raumordnung ist im weiteren Verlauf an die Bedrohungslage (nach Zugewinn weiterer Informationen und Erkenntnisse) anzupassen. Insbesondere bei bedrohlichen Lagen mit sich bewegender Täterschaft oder verschiedenen Anschlagslagen in räumlicher Nähe ist eine initiale Raumordnung nur eine erste Orientierung. Ggf. muss sich das Modell so verändern, dass es sich mit den Tätern bewegt. Wie am Beispiel von San Bernardino deutlich wird (s. u.), eignet sich das konzentrische Konzept besonders dann nicht, wenn unklar ist, wo sich die Täter aufhalten.

6.2.2 Ersteintreffende Kräfte des Rettungsdienstes

Für den ungewöhnlichen Fall, dass ein Rettungsmittel ersteintreffend am Anschlagsort ist, kann das SICK-Schema durch die Rettungskräfte angewandt werden, um eine Lageübersicht zu generieren. Bei offensichtlich bestehender Gefahr hat sich das Rettungsmittel unverzüglich aus der Gefahrensituation zu entfernen. Eine zügige Rückmeldung an die Leitstelle hat oberste Priorität. Alle Handlungen des Rettungsdienstes erfolgen nach Maßgabe der Polizei.

Sollten ein Absitzen, eine erste Aufklärung und Verletzten-Sichtung bereits initial möglich sein, gilt Folgendes: Der ersteintreffende Notfallsanitäter übernimmt in aller Regel die Funktion des Organisatorischen Leiters Rettungsdienst (OrgL RD), bis zum Eintreffen des tatsächlichen Amtsinhabers. Gleiches gilt für den ersteintreffenden Notarzt. Er hat dann die Funktion des Leitenden Notarztes (LNA) bis zum Eintreffen des amtlich bestellten LNAs. Die oberste Priorität gilt der rettungsdienstlichen Lagefeststellung, dann der Triagierung und schließlich der individualmedizinischen Behandlung. Entsprechende Schemata wie der mSTaRT-Triage-Algorithmus erlauben die gleichzeitige Durchführung einer Triage mit dem Umsetzen einfacher lebensrettender Maßnahmen (Tourniquet/stabile Seitenlage). Die Anwendung setzt eine Schulung und Übung voraus, um insbesondere bei kombinierter Tätigkeit nicht den Überblick (wie viele Verletzte wurden gezählt?) und damit wesentliche Lageinformationen zu verlieren.

In aller Regel werden polizeiliche Kräfte bei entsprechender Alarmierung vor dem Rettungsdienst an der Einsatzstelle sein, da die Rettungsmittel idealerweise zunächst einen nahegelegenen Verfügungsraum beziehen und auf die Freigabe für das Vorrücken warten oder aufgefordert werden, Behandlungsräume wie im obigen Schema dargestellt, in einem relativ gefahrlosen Bereich abseits des Anschlagsortes einzurichten.

Zunächst hat der Rettungsdienst eine abwartende Rolle, wenn eine aktive Bedrohungslage vorliegt. Diese Zeit kann durch das eingesetzte Führungspersonal effektiv genutzt werden, um Raumplanungen vorzunehmen, das Dispositiv nachrückender Kräfte vor dem Hintergrund der sich initial darstellenden Lage zu evaluieren und weitere Vorbereitungen zu treffen.

Rettungsmittel, die über das REBEL-Einsatzpaket verfügen (ein speziell für Anschlagslagen und entsprechende Verletzungsmuster ausgelegter Rucksack) sollten prüfen, ob diese Ausrüstung oder einzelne Teile daraus (Tourniquets) an Polizeikräfte zu übergeben sind, um die Erstversorgung im Gefahrenbereich zu unterstützen. Je nach Inhalt sollte darauf geachtet werden, dass keine Behandlungsmöglichkeiten (ganzer Rucksack) aus der Hand gegeben werden, die nicht durch Polizeikräfte zum Einsatz kommen können. Es ist unwahrscheinlich, dass Rettungsdienstkräfte das Material wiedersehen werden. Die eigene Handlungsfähigkeit sollte nicht beeinträchtigt werden.

Es sollte zügig geklärt werden, wo mögliche Übergabepunkte an den Rettungsdienst liegen und welche Kräfte den Transport nicht gehfähiger Verletzter oder Erkrankter übernehmen. Insbesondere muss klar sein, bis wohin die Rettungskräfte ggf. unter Polizeischutz vorrücken.

6.2.3 Ersteintreffende Kräfte der Feuerwehr

Für ersteintreffende Kräfte der Feuerwehr gilt das Gleiche wie für alle anderen Kräfte der nichtpolizeilichen Gefahrenabwehr. Bei Gefahr im Verzug, etwa durch einen aktiven Schützen, haben sich die Kräfte getreu dem Motto „Selbstschutz vor Fremdschutz" aus dem Gefahrenbereich zurückzuziehen. (Bayerisches Staatsministerium des Innern & für Integration, 2018).

Auf Basis der Lageinformationen durch die Polizei sollte eine erste Übersicht gewonnen und eine erste Struktur geschaffen werden. Für alle Kräfte eignet es sich in solchen Stresssituationen, auf bewährte Hilfsmittel zurückzugreifen. Nach dem angewandtem SICK-Schema kann das Prinzip „10-Seconds-for-10-Minutes" den ersten Zyklus des Führungsprozesses einleiten: In einem kurzen Time-out, das sprichwörtlich zehn Sekunden dauert, muss die Führung festlegen, was in den nächsten zehn Minuten zu tun, zu prüfen und zu entscheiden ist. (Rall & Lackner, 2010; Pierre & Breuer, 2013; Neitzel & Ladehof, 2012).

Idealerweise sind alle auch nichtpolizeilichen Kräfte zumindest grundlegend im taktischen Verhalten bei Anschlagslagen geschult und geübt (Bundesministerium für Inneres. Staatliches Krisen- & Katastrophenschutzmanagement, 2006).

6.3 Führen im Chaos: taktische Medizin und die Zusammenarbeit mit polizeilichen Einsatzkräften

Nachdem die besonderen Anforderungen an ersteintreffende und nachrückende Kräfte in den vorausgegangenen Kapiteln herausgestellt wurden, wird sich in diesem Abschnitt der medizinischen Versorgung von Verwundeten, Verletzten und Erkrankten unter Berücksichtigung taktischer Aspekte gewidmet. Zunächst werden dazu Entwicklungen und Erfolge der taktischen Medizin vorgestellt. Nachfolgend wird das grundlegende Konzept der taktischen Verwundetenversorgung erläutert. Darauf aufbauend werden Implikationen für den Einsatz in Anschlagslagen und die Zusammenarbeit zwischen polizeilichen und anderen Kräften abgeleitet.

6.3.1 Definition, Hintergrund und Entwicklung der taktischen Verwundeten-Versorgung

Der Begriff der taktischen Medizin stammt ursprünglich aus der Militärmedizin. Die moderne taktische Medizin ist Teil der Notfallmedizin und bezeichnet diesen Teil notfallmedizinischer Versorgung, der in einem taktischen Bedrohungsumfeld und unter grundsätzlichem Vorrang taktischer Maßnahmen stattfindet (DocCheck, 2024; NAEMT, 2011; Neitzel & Ladehof, 2012). Sie ist damit auch ein Teil der Einsatzmedizin, der die notfallmedizinische Versorgung auf taktischer Ebene, vor Erreichen der ersten stationären Versorgungsebene, sicherstellt. Für die Verwundetenversorgung existieren besondere Konzepte. Die taktische Medizin selbst beginnt bereits mit dem medizinisch-taktischen Assessment in der Vorbereitungsphase eines Einsatzes und konzentriert sich im Rahmen der besonderen Konzepte (Bsp.: Tactical Combat Casualty Care Kurz: TCCC) auf Erstmaßnahmen und die weitere Versorgung am Ort der Verletzung (oder akuten Erkrankung im taktischen Setting). Sie endet mit Erreichen einer medizinischen Versorgungseinrichtung, die die definitive Weiterversorgung sicherstellt.

Die taktische Medizin entwickelte sich, als besonderer Teil der Militärmedizin, aus den Erfahrungen der Verwundetenversorgung im Vietnamkrieg. Währenddessen und insbesondere aber in der retrospektiven, statistischen Evaluation offenbarte sich, dass eine Vielzahl an Verwundeten die erste medizinische Versorgungsebene nicht lebend erreicht hat. Bis zu 90 % der Verwundeten verstarben noch auf dem Gefechtsfeld. (U.S. Army CALL, 2017). Ursächlich waren kriegstypische Traumata, wie penetrierende Schussverletzungen. Eine Todesursache war häufig die bloße Exsanguination. In Folge unzureichender oder nicht stattgehabter Blutstillung stellte die Exsanguination statistisch die häufigste vermeidbare Todesursache auf dem Gefechtsfeld dar. Neben dem Verbluten wurden weitere vermeidbare Todesursachen wie penetrierende Verletzungen des Brustkorbes mit konsekutivem Spannungspneumothorax erkennbar. Was diese Verletzungen eint, ist, dass sie zumindest tendenziell durch einfache Maßnahmen behandelt werden können. Der Tod als Folge ist dadurch zumindest potenziell vermeidbar.

Insbesondere berücksichtigt die taktische Verwundetenversorgung, als Teil der taktischen Medizin, die Gefechtssituation als Rahmenbedingung für die medizinische Versorgung. Für diesen Teil der taktischen Medizin war es grundlegend, solche medizinischen Maßnahmen zu identifizieren, die sich dazu eignen, ohne große Unterbrechung des taktischen Ablaufes, zumindest vorübergehend, vermeidbare Todesursachen, wie beispielsweise ein Ausbluten der Verwundeten, zu unterbinden. Um weitere Verluste zu verhindern, sollte sichergestellt sein, dass die erste Versorgung so durchzuführen ist, dass sie vermeidbare Tode verhindert, aber gleichzeitig keinen negativen Einfluss auf die Fortführung des Feuerkampfes nimmt und der Auftrag grundsätzlich fortgeführt werden kann. Hieraus entwickelte sich in den USA das weithin bekannte Konzept der „Tactical Combat Casualty Care" (TCCC). Dieses wurde aufgrund der auch für deutsche Streitkräfte gegenwärtiger werdenden Erfahrung im Erleben von Tod und Verwundung auf dem Gefechtsfeld in das Konzept der taktischen Verwundetenversorgung (TVV) überführt. Die Inhalte sind weitestgehend deckungsgleich. Im Folgenden wurden diese Konzepte auch für polizeiliche Zwecke adaptiert. Sie firmieren unter verschiedenen Namen, das weithin bekannteste

Konzept für polizeiliche Einsätze in taktischen Bedrohungsszenarien ist der Tactical Emergency Medical Support, das weithin als taktische Notfall- und Einsatzmedizin für polizeiliche Einheiten übersetzt werden kann. Bei der Evaluierung der entsprechenden Konzepte spielen die TCCC-Guidelines jedoch weiterhin eine grundlegende Rolle, auch wenn sie aus dem militärischen Umfeld stammen. Daher wird nachfolgend das grundlegende TCCC-Konzept angeführt, um insbesondere die Ideen dahinter herauszustellen.

6.3.2 Phasen der Verwundetenversorgung nach dem TCCC-Konzept

Das TCCC-Konzept unterscheidet für die taktische Versorgung von Verwundeten insgesamt drei Phasen, um das Ziel einer adäquaten Erstversorgung unter Berücksichtigung des taktischen Gefahrenumfeldes zu ermöglichen. Diese Phasen unterscheiden sich primär anhand taktischer Aspekte, Örtlichkeit, zulässiger medizinischer Maßnahmen und der organisatorischen Belange. Die medizinischen Maßnahmen sind entlang taktischer Maßstäbe für die verschiedenen Phasen definiert. Sie unterscheiden sich maßgeblich (siehe Abb. 6.6).

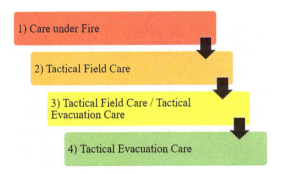

Abb. 6.6 Die vier Phasen der Taktischen Verwundetenversorgung (TCCC). (Quelle: Eigene Darstellung nach Butler, 2019)

Care under Fire

In der ersten Phase ‚Care under Fire' ist davon auszugehen, dass die Versorgung des Verwundeten in einem aktiven Gefechtsgeschehen stattfinden muss. So paradox es klingt, besteht daher die erste ‚medizinische Maßnahme' darin, das Feuer zu erwidern, wenn möglich auch durch den Verwundeten selbst (NAEMT, Naval Special Warfare Project, 2014). Feuerüberlegenheit generiert in diesem Zusammenhang erst die Voraussetzung dafür, dass die Erstversorgung des oder der Verwundeten erfolgen kann. Die sofortige Behandlung ist der Gefahrensituation erst dann angemessen, wenn die Feuerkraft des Erstversorgenden nicht benötigt wird, der Feind entsprechend niedergehalten werden kann, bekämpft ist oder kein Beschuss besteht und der Verwundete ohne offensichtliche Gefahr weiterer Verluste erreicht werden kann. Die Entscheidung liegt beim taktischen Führer.

Die Versorgung eines Verwundeten bindet Personal. Er muss schnellstmöglich, aber erst dann, wenn es taktisch ohne weitere Verluste machbar ist, aus dem Schussfeld in eine Deckung gebracht werden. Erst das Erreichen einer Deckung erlaubt die weitere Versorgung. Als maximal zulässige erste Maßnahme in der Care-under-Fire-Phase kommt einzig das Anlegen eines Tourniquets zur Stillung von Extremitätenblutungen in Betracht (TREMA-e. V., 2018). Diese Maßnahme ist für geübte Anwender schnell durchzuführen und erlaubt es, das Ausbluten des Verwundeten aus Extremitätsverletzungen zu unterbinden. Das Tourniquet ist eine industriell gefertigte Abbinde-Vorrichtung. Ziel ist es, die Blutzufuhr zur gesamten Extremität zeitlich begrenzt zu stoppen. Folglich kann auch kein Blut mehr aus der Wunde austreten. Der Verlust der Extremität durch anhaltende Blutleere ist zunächst von untergeordneter Bedeutung – getreu dem Grundsatz „Life before Limb". Des Weiteren kann eine Blutsperre von den Extremitäten über einen längeren Zeitraum toleriert werden, ohne dass der Verlust der Extremität droht. Dahingegen kann das Ausbluten beispielsweise aus einer penetrierenden Schussverletzung der großen Oberschenkelarterie binnen weniger Minuten erfolgen (NAEMT, 2011). Wann immer es möglich ist, sollte in der Care-under-Fire-Phase die Selbsthilfe des Verwundeten aktiv unterstützt werden. Insofern der Verwundete bei Bewusstsein und dazu fähig ist, kann er a) versuchen, sich selbst in Deckung zu begeben, und b) das Tourniquet als Erstmaßnahme selbst anlegen (U.S. Army CALL, 2017). Dieser Ansatz ist unter taktischen Gesichtspunkten – wann immer möglich – zu bevorzugen. Bewusstseinsgetrübte Operatoren sollten ggf. schnellstmöglich entwaffnet werden, jedenfalls nicht in das Kampfgeschehen miteinbezogen werden, um einen irrtümlichen Beschuss eigener Kräfte zu verhindern.

Tactical Field Care
Die zweite Phase „Tactical Field Care" setzt dann ein, wenn der Verwundete in einer adäquaten Deckung ist (Butler, 2019). Mit Deckung ist eine Umgebung gemeint, die einen guten Schutz vor Beschuss und Querschlägern bietet. Am besten eignen sich solche Lokalitäten, die von Wänden umgeben und stark genug sind, um einem etwaigen Beschuss Stand zu halten. Da es diese Ideallösung nicht immer gibt, müssen die Gegebenheiten des Geländes entsprechend sinnvoll genutzt werden. In jedem Fall sollte der Versorgungsort eine weitgehend sichere Umgebung bieten, die es dem Ersthelfer erlaubt, sich auf die Versorgung des Verwundeten zu konzentrieren (Bsp.: Graben – die Versorgungsstelle liegt unterhalb des Schussfeldes). Des Weiteren muss gerade in Szenarien mit 360°-Bedrohung daran gedacht werden, dass der Versorgungsort ggf. durch zusätzliche Kräfte gesichert werden muss. Es sollte grundsätzlich stets miteinbezogen werden, dass mehrere Verwundete zu versorgen sind. Daher sollte der Ort für die Tactical Field Care so gewählt werden, dass er sich auch als Verletztensammelstelle eignet. Vorher sollte, ggf. hinter einer ersten Deckung, zeitlich begrenzt, die Erstversorgung aufgenommen werden. In Verletztensammelstellen erfolgen zunächst die Sichtung und Triagierung der Verwundeten. Ein wesentlicher Unterschied zur regulären Notfallmedizin liegt darin, dass die kardiopulmonale Reanimation aus taktischen Erwägungen heraus zumal bei mehreren Verwundeten ggf. nicht stattfinden kann. Hier muss an die sinnvolle Allokation der in der Regel begrenzten Ressourcen gedacht werden, um entgegen bestmöglicher individualmedizinischer Versorgung das Überleben möglichst vieler zu sichern. Der Casualty Collection Point (CCP) sollte von einem entsprechend ausgebildeten Medic oder Sanitätspersonal (umgangssprachlicher Ausdruck für das einsatzmedizinisch ausgebildete Teammitglieder der Kampftruppe) geführt

werden. Grundsätzlich gilt: Der Medic ist für alle Abläufe im Casualty Collection Point verantwortlich und der taktische Führer für alle Abläufe außerhalb.

Das versorgende Personal muss seine medizinischen Maßnahmen in jedem Fall so gestalten, dass ein Ausweichen jederzeit und in Kürze möglich ist. Medizinische Materialien sollten so wenig wie möglich, insbesondere wenn (noch) nicht benötigt aus den Taschen genommen und abgelegt werden. Es empfiehlt sich bei einer Verwundung von Operatoren, zunächst mit dem Sanitätsmaterial des Verwundeten (wird in der Regel mitgeführt) zu arbeiten, um eigene Ressourcen für sich selbst oder weitere Verwundete aufzusparen. Mit dem erweiterten Sanitätsmaterial sollte strikt nach Bedarf aus Rucksack, Bauchtasche etc. gearbeitet werden. Ausweichpunkte und Wege sollten für den Fall erhöhten Feinddrucks bedacht werden. Es muss damit gerechnet werden, dass vom CCP in eine andere Deckung ausgewichen werden muss.

Im Rahmen der Tactical Field Care werden – falls noch nicht geschehen – alle offensichtlich lebensbedrohlichen Zustände zuerst versorgt. Der Ansatz folgt dabei dem CABCDE-Algorithmus (Möckel 2024). Im Militärischen wird alternativ häufig der MARCHE-PALS-Algorithmus (HCVI-TCCC 2024) verwendet. Die Inhalte sind weitestgehend deckungsgleich, allerdings fokussiert der MARCHE-PALS deutlich eher die spezifischen Folgeerscheinungen und relevanten Begleitumstände von Gefechtsfeldverletzungen. Grundsätzlich ist die gleiche priorisierende Vorgehensweise beinhaltet. Sie folgt dem Grundsatz „Treat first what kills first" und wird praktisch nach dem Prinzip „Head to toe – Treat as you go" umgesetzt. Schnellstmöglich gilt es, alle lebensbedrohlichen Zustände zu beseitigen, insbesondere vermeidbare Todesursachen abzuwenden und aus der Tactical-Field-Care-Phase die Evakuierung des oder der Verwundeten vorzubereiten. Bereits in dieser Phase sollte parallel die Evakuierung angefordert und ein Extraktionspunkt durch die taktische Führung festgelegt werden. Im Militärischen erfolgt die Anforderung des MedEvac nach dem sogenannten 9-Line-MedEvac Request, einem festgelegten Schema, das der Crew des Rettungsmittels zum einen Informationen über die Anzahl und den Zustand des Verletzten vermittelt, zum anderen aber auch taktische Informationen beinhaltet, die eine Aussage beispielsweise über die Bedrohungslage am Abholpunkt geben.

Die Planung des Abholpunktes und die Informationen der medizinischen Ressourcen leiten die letzte Phase der taktischen Verwundeten-Versorgung ein, die Tactical Evacuation Care. Im Übergang von Phase Zwei zu Phase Drei kann man auch eine Zwischenphase verorten, die Aspekte der Tactical Field Care und der tactical Evacuation Care beinhaltet (in Abbildung 10 in gelber Farbe dargestellt). In dieser Übergangsphase besteht im Vergleich zur Phase der Tactical Evacuation Care noch ein höheres Risiko für Beschuss oder Feindkontakt.

Tactical Evacuation Care
Die dritte Phase der taktischen Verwundetenversorgung umfasst die Evakuierung des Verletzten in einem Transportmittel, das den Transport zur nächstgelegenen medizinischen Versorgungseinrichtung (im Militärischen ROLE 1) übernimmt. Dabei kann grundsätzlich zwischen einer Medical Evacuation (MedEvac) und Casualty Evacuation (CasEvac) differenziert werden. Der Terminus „MedEvac" umfasst alle originär medizinischen Transportmittel, die sich durch eine entsprechende Besatzung, Material und Aufbau auszeichnen. Dahingegen bezeichnet der Begriff „CasEvac" lediglich ein Transportmittel, das den Verwundeten mitnimmt, ohne dass es sich um ein medizinisches Einsatzmittel handelt (Bsp.: ein Gefechtsfahrzeug, das zu diesem Zweck eingesetzt wird, der Medic kann den Verletzten auf dem Transport begleiten, ist aber auf sein eigenes, am Mann mitgeführtes Material angewiesen, die Behandlung erfolgt beispielsweise auf dem Boden des Fahrzeuges, ein originär medizinischer Ausbau wie eine Trage ist nicht vorhanden).

Weitere Implikationen führt die Frage nach der Verbringungsart mit sich. MedEvac and CasEvac können sowohl durch bodengebundene Einheiten geschehen als auch durch luftgebundene. Auch der Wasserweg kommt grundsätzlich in Betracht, insofern er sich taktisch anbietet und entsprechende Verbringungsmittel zur Verfügung stehen. Die Herausforderung für den taktischen Führer und den Medic besteht in der Einbettung des Rettungsablaufes in die taktische Lage. Aufnahmepunkt bzw. Landezone sollten gesichert sein, bevor das Rettungsmittel in die Lage eingebunden wird. Sowohl Hubschrauber als auch bodengebundene Transportmittel stellen große, zusätzliche Ziele dar. Weitere Opfer sollten durch die Bemühungen um die Evakuierung eines oder mehrerer

Verwundeter unbedingt vermieden werden. Unter Umständen kann ein Fußmarsch mit dem Verwundeten zu einer dann sicheren Landezone oder dem Extraktionspunkt für bodengebundene Fahrzeuge die einzige Lösung sein. Bei der Bewegung durch feindliches Gebiet ist die Sicherung der An- und Abmarschwege ein weiterer kräftezehrender Vorgang. Daher müssen die Zeiten so kurz wie möglich gehalten werden. Das gilt ausdrücklich für die Verweildauer von luftgestützten Rettungsmitteln am Boden. Für die Übergabe des oder der Verwundeten an das Personal des Evakuierungsmittels hat sich der sogenannte MIST-Report als probates Mittel erwiesen, um wesentliche Informationen, die für die weitere Behandlung und Stabilisierung des oder der Verwundeten essenziell sind, zügig zu kommunizieren. Der MIST-Report beinhaltet: M = Mechanism of injury, I = injuries, S = Signs/Symptoms und T = Treatment.

Taktisch-medizinische Einsatzplanung
Dass die taktische Medizin nicht nur die taktische Verwundeten-Versorgung im laufenden Einsatz umfasst, wird daran deutlich, dass jeder Einsatz sinnvollerweise auf der Erkundung und Planung von Casualty Collection Points (CCP), Aufnahmepunkten und Landezonen aufbaut. Diese Planungsmaßnahmen, zusätzlich zu einem Threat Assessment (mit welchen Verletzungen und ggf. akuten Erkrankungen ist zu rechnen) und dem Assessment externer Faktoren (Sonnenaufgang und -untergang, Wetter etc.) unter medizinisch-taktischen Gesichtspunkten, sollten bereits im Vorfeld stattfinden. Gerade wenn längere Einsatzzeiträume geplant sind, sollte das Material entsprechend angepasst werden. Mit verlängerten Versorgungszeiten ist ggf. zu rechnen. Es sollte dennoch möglichst kein unnötiges Material mitgeführt werden, um die Ausrüstung des medizinischen Personals nicht unnötig schwer zu machen. Gerade in länger andauernden Lagen sollte das Gewicht der Ausrüstung so gering wie möglich gehalten werden, um die körperliche Leistungsfähigkeit und Mobilität nicht unnötig einzuschränken. Mögliche CCPs sollten auf den taktischen Karten bereits vorher eingezeichnet werden, um die Orientierung im Ernstfall zu erleichtern. Gleiches gilt für geplante Extraktionspunkte und insbesondere für Hubschrauberlandezonen (HLZ), da diese (auch abhängig vom in Frage kommenden Fluggerät) eine vergleichsweise große Fläche benötigen. Die Umsetzung

der geplanten Flächen wird aufgrund der Feind- oder Bedrohungslage nicht immer möglich sein. Es bietet sich daher an, Redundanzen zu schaffen und mehrere mögliche CCPs, Extraktionspunkte und Landezonen zu planen, um im Ernstfall flexibel reagieren zu können.

6.3.3 Entwicklung der Verwundungs- und Todesursachenmuster nach Einführung der Tactical Combat Casualty Care

Die Konzepte der taktischen Verwundetenversorgung sind seither in zahlreichen militärischen Operationen der U.S.- und verbündeter Streitkräfte, darunter auch Deutschland, zur Anwendung gekommen. Gegenüber den früheren Erfahrungen in der Verwundetenversorgung haben sich die instrumentellen Möglichkeiten der medizinischen Versorgung deutlich verbessert. Der Vietnamkrieg ist kein Maßstab mehr für moderne Militärmedizin, die beachtliche Möglichkeiten im Hinblick auf die zeitnahe definitive Versorgung, über die bloße Damage Control Surgery hinaus, schafft. Notfallmedizinische Versorgungskapazitäten stehen auf gleichem und spezifisch an die Einsatzanforderungen angepasstem Niveau in Form von gepanzerten Fahrzeugen zur Verfügung. Auch diese Entwicklungen sind den früheren Erkenntnissen mitzuverdanken. Wird sich an die umfangreiche Anzahl von im Einsatz verstorbenen Soldaten (KIA = Killed in Action) erinnert, ist erkennbar, dass der stationäre Versorgungsfortschritt allenfalls Teil der veränderten Zahlen, aber zumindest nicht alleinursächlich sein kann. Die beste chirurgische oder intensivmedizinische Betreuung wird keinem Verwundeten einen Vorteil bringen, der diese Einrichtungen nicht lebend erreicht. Insofern lässt sich deutlich postulieren, dass die standardisierte und institutionalisierte Herangehensweise an die Herausforderung von Tod und Verwundung im Einsatzgeschehen die maßgeblichen Verbesserungen in den Überlebensraten bewirkt hat (siehe Abb. 6.7).

Die Verletzungs- und Todesursachenstatistiken aus jüngeren Einsätzen, wie dem Irakkrieg und dem Afghanistaneinsatz, bringen die Vorteile des TCCC-Konzeptes deutlich zum Ausdruck. Neben der Einführung des TCCC-Konzeptes sind weitere Faktoren zu berücksichtigen, die eine

Abb. 6.7 Veränderung der Case Fatality Rate (Anteil der im Kampf verwundeten Soldaten die durch Verwundung sterben). (Quelle: TCCC Summary of Supporting Evidence 2024)

höhere Überlebensrate begünstigen. Das Committee on Tactical Combat Casualty Care identifizierte folgende Faktoren durch ihr Zusammenwirken als maßgeblich für die grundsätzlich bessere Überlebenssituation auf dem Gefechtsfeld (Holcomb & Stansbury, 2006):

- verbesserte persönliche Schutzausrüstung (SK IV Westen, mit erhöhter Mobilität),
- Tactical Combat Casualty Care,
- schnellere Evakuierungszeiten und
- besser geschultes medizinisches Personal.

Zwar gibt es an der Auswertungsmethodik der Studien auch Kritikpunkte, dennoch sind sich ebenfalls die Kritik anmerkenden Autoren aus Deutschland insoweit mit ihren amerikanischen Kollegen einig, dass die verbesserte Ausbildungssituation, vornehmlich die taktische Medizin betreffend, einen grundlegend positiven Einfluss genommen hat. Die Kritik der Autoren geht dahin, dass in die dargestellte Case Fatality Rate auch Verletzungen eingeflossen seien, die außerhalb von Kampfhandlungen erlitten wurden. Es ist fraglich, ob es relevant für die Güte der angewandten medizinischen Maßnahmen ist, auf welche Weise eine Verletzung erfahren wurde. Wie sich zeigt, wurden Tourniquets auch aufgrund ihrer überzeugenden Wirkweise nunmehr auch in den zivilen Rettungsdiensten populär. Dass sich gewisse Einsatzmittel aus der taktischen Medizin auch in anderen Settings bewähren, spricht eher für das Produkt als dagegen. Die Einführung von Tourniquets im militärischen Einsatz war eine der maßgeblichen Entwicklungen des TCCC-Konzeptes. Ferner muss darauf hingewiesen werden, dass eine Care-Under-Fire-Phase auch dann angenommen werden sollte, wenn tatsächlich kein Feindkontakt besteht. Wann immer machbar sollte die weitere Versorgung eines Verletzten nach den TCCC-Grundsätzen (In Deckung) erfolgen. Ein Feind kann sowohl in militärischen als auch in Anschlagslagen zumindest potenziell jederzeit auftreten.

Wenngleich die Todesrate unter den Verwundeten deutlich abgenommen hat, so bleiben folgende Schlüsse aus den Auswertungen der Verletzungsmuster bestehen (Eastridge et al., 2012; Champion et al., 2003):

- Die vermeidbaren Todesursachen werden weiterhin durch das Verbluten angeführt.
- Es kommen Atemwegsverlegungen (häufig durch ein direktes, aber beherrschbares Trauma der Atemwege) hinzu.
- Verletzungen des Thorax spielen als vermeidbare Todesursache ebenfalls weiterhin eine Rolle.

Die stetige Anpassung und Ausgestaltung, insbesondere aber die Anwendung der bestehenden Konzepte, sind gewinnbringend und sollten weiter vorangetrieben werden. Neben dem militärischen Einsatz gilt dies insbesondere im Hinblick auf Anschlagslagen. Die Verletzungsmuster und die taktischen Herausforderungen zwischen militärischen Einsatz- und Anschlagslagen sind weitläufig identisch.

Resümierend lässt sich festhalten:

Leitlinien zur taktischen Verwundetenversorgung stellen ein Instrument dar, das bewiesenermaßen in Bedrohungslagen die Überlebenswahrscheinlichkeit für Helfer und Opfer erheblich erhöhen kann, indem die Gefährdung des Helfers sowie die Diagnostik und Therapie von spezifischen Verletzungsmustern Berücksichtigung finden. (Neitzel, 2018).

6.3.4 Neuerungen in der taktischen Medizin

Neben den ständigen Weiterentwicklungen bereits implementierter medizinischer Produkte gibt es einige innovative Gedankengänge, deren

Erwähnung sich an dieser Stelle lohnt, weil sie Anregungen zu weiteren Überlegungen geben können. Unbemannte Drohnen stellen nicht nur probate Aufklärungsmittel für die taktische Lage dar. Bodengebunden sind sie etwa im Bereich der Explosive Ordonance Disposal (EOD = Internationaler Terminus für Entschärfungskräfte) bereits flächendeckend implementiert. Damit einher geht eine signifikante Risikoreduktion für das eingesetzte Entschärfungspersonal, da die Drohne aus der Distanz und hinter Deckung gesteuert werden kann. Drohnen bieten auch in Bezug auf taktisch-medizinische Anwendung erhebliche Vorteile. Die rasche Verbringung von Sanitätsmaterial zu im Gefahrenbereich eingesetzten Kräften kann beispielsweise besonders zügig erfolgen. Aufklärungsdrohnen können Sanitätsmaterial mitführen und noch während der Aufklärung bei Opfern abwerfen (Braun et al., 2019). Verschiedene Ansätze untersuchen die Kombination von telemedizinischen Möglichkeiten und der Versorgung und/oder Triagierung von Verletzten bei Großschadensereignissen (Queyriaux, 2024; Sanz-Martos et al., 2022). Weitere Ansätze erforschen die Verwendung von Drohnen zur (Früh-) Aufklärung von CBRN-Lagen. Des Weiteren sind boden- und luftgebundene Drohnen zur Probenentnahme im Gefahrenbereich in der Erprobung. In weitläufigen und unübersichtlichen Gefahrenbereichen können sich Drohnen ferner nicht nur zum Aufspüren von Verletzten eignen, sondern bei CBRN-Lagen kontaminierte Personen ausmachen und zur nächsten Dekontaminationsstelle geleiten. Andersherum können Drohnen dazu eingesetzt werden, taktisches oder medizinisches Personal zu verletzten oder erkrankten Personen zu bringen, die sich versteckt halten oder anderweitig nur schwer gefunden werden könnten (Queyriaux, 2024).

In der Nutzung bereits vorhandener Einsatzmittel zeigen sich ebenfalls neue Ideen und Ansätze: Zur Instruktion von Betroffenen können Alarmierungssysteme genutzt werden, die ähnlich wie bei Unwetterwarnungen nur einen bestimmten Ausschnitt der Bevölkerung, beispielsweise im Anschlagsraum befindliche Personen, informieren, psychosoziale Hilfe für Betroffene anbieten, Informationen über Verhaltensweisen verbreiten, informieren, wenn die Lage geklärt ist, und Anweisungen geben, wie man sich gegenüber den Polizeikräften verhalten soll, oder medizinische Sofortmaßnahmen erläutern etc. (Rathbone & Prescott, 2017).

Eine weitere Option besteht im Training zur Aufklärung und mit Video ausgerüsteter Polizeihunde. Wenn diese beispielsweise über Funk mit ihrem Führer verbunden sind und Sanitätsmaterial mitführen, können Opfer in noch nicht gesicherten Bereichen das Material entnehmen und über den am Hund befindlichen Funk instruiert werden.

Die Verbreitung von Instruktionen via SMS, wie von Rathbone und Prescott (2017) vorgeschlagen, scheint vielversprechend. Insgesamt sind diese Maßnahmen allerdings noch zu wenig erprobt. Insbesondere spielt die nicht vorhandene Erfahrung im Umgang mit taktisch-medizinischen Mitteln durch Laien dabei eine Rolle. Es könnte sich bei allgemein nur dürftig vorhandenen Erste-Hilfe-Kenntnissen in der deutschen Allgemeinbevölkerung als frommer Wunsch entpuppen, dass unter Stress stehende Betroffene ihnen unbekannte Hilfsmittel effektiv zum Einsatz bringen. Instruktionen könnten den Materialien jedenfalls auch mit entsprechenden Piktogrammen in Papierform hinzugefügt werden.

Sicher bieten Drohnen aber für versprengte, eigene Kräfte einen Vorteil (Bradley, 2019). Im laufenden Ukraine-Konflikt gelang den ukrainischen Streitkräften erstmals eine ausschließlich drohnenbasierte Evakuierung eines verwundeten Soldaten. Die ukrainischen Streitkräfte konnten den Soldaten aufgrund der taktischen Lage nicht selbstständig erreichen. Sie improvisierten dessen Evakuierung daher kurzerhand mittels einer Cargodrohne, was schließlich gelang. Dieses Beispiel ist nicht nur Zeugnis der fortschreitenden technischen Möglichkeiten, sondern verdeutlicht einmal mehr, dass die richtigen, der taktischen Situation angemessenen Entscheidungen häufig kreative und improvisierte Erweiterungen der bestehenden Konzepte sind (Queyriaux, 2024). Einmal mehr bedarf es daher hinreichender Routine und Handlungssicherheit in der Standardanwendung. Solides Wissen und Anwendungserfahrung leisten der situationsangepassten Kreativleistung Vorschub.

6.3.5 Tactical Combat Casualty Care und die Anwendung durch polizeiliche Anwender und Spezialeinsatzkommandos

„Die Grundsätze militärischer Leitlinien sind auch in zivilen Terrorlagen anwendbar und Erfolg versprechend." (Neitzel, 2018)

TCCC-TEMS: Entwicklung, Notwendigkeit und Sachstand
Für die polizeilichen Konzepte gelten zunächst die gleichen Ablaufschemata wie für die taktische Verwundetenversorgung im militärischen Einsatz. Tactical Emergency Medical Services (TEMS) ist die polizeiliche Ableitung des militärischen TCCC. Die grundlegenden Konzepte sind deckungsgleich. Das gilt sowohl für die einzelnen Phasen als auch für deren Inhalte. Die National Tactical Officers Association (NTOA) plädierte bereits im Jahr 2009 für die Übernahme der TCCC-Phasen in eine nationale TEMS-Handlungsempfehlung für alle amerikanischen Strafverfolgungsbehörden. Die NTOA hat ihre Empfehlung dahingehend erweitert, dass nun mehr nicht nur Spezialeinsatzkräfte der Polizei, sondern auch reguläre Einheiten, wie Patrol-Units (Streifen) durch Ausbildung, Training und entsprechende Materialien, dazu befähigt sein sollen, angemessen auf Anschlagsszenarien zu reagieren (Gerold, 2009; National Tactical Officers Association, 2024a). In die nationalen Operationsstandards von polizeilichen Spezialeinsatzkräften ist die taktische Medizin von der Anwender- bis hin zur strategisch-beratenden Ebene bereits fest integriert (National Tactical Officers Association 2018). Eine ähnliche Situation stellt sich auch in Deutschland dar. Die TCCC-Konzepte sind mittlerweile fester Bestandteil der militärischen Ausbildung jedes Soldaten. Polizeiliche Spezialeinsatzkräfte verfügen ebenfalls über umfassende Konzepte (Lippay, 2018).

Wenngleich sich TEMS auf den polizeilichen Einsatzalltag konzentriert, lässt sich anhand der zurückliegenden komplexen Anschlagsszenarien nachvollziehen, warum sich das ursprünglich militärische Konzept so weitgehend deckungsgleich in die polizeilichen Handlungsempfehlungen überführen ließ.

6 Schnittstellenproblematiken und das Führen im Chaos

Im Unterschied zu militärischen Lagen könnte grundsätzlich davon ausgegangen werden, dass der Aufenthaltsort des Täters oder der Täter in polizeilichen Einsatzszenarien eher bekannt ist und daher ein größerer Handlungsspielraum besteht. Im Feindesland operierende militärische Einheiten müssen grundsätzlich mit einem Feind aus allen Richtungen rechnen und werden ggf. auf zahlenmäßig überlegene Feinde treffen – die Kombination von Wirkmitteln ist eher die Regel als die Ausnahme (Bsp.: Schusswaffen und Explosivmittel [Granaten]). Gerade in komplexen Anschlagsszenarien, wenngleich es sich nicht um Einsätze in einem kriegerischen Konflikt handelt, kann die Annahme, dass der oder die Täter sich auf eine Örtlichkeit konzentrieren oder nur mit einem Tatmittel agieren, keinen Bestand mehr haben. Hinterhalte hinsichtlich der Polizeikräfte sind nicht nur denkbar, sondern tatsächliche Einsatzrealität. Jüngere komplexe Anschlagsszenarien zeigen eine Realität sich taktisch bewegender und ihre Tatmittel kombiniert einsetzender Täter (Mumbai 2008, Bataclan Boston 2013, Paris 2015, San Bernardino 2015, 2016 Orlando, 2017 Las Vegas, Parkland 2018, Santa Fe 2018, El Paso 2019, New York, 2022, Colorado Springs 2022 etc.).

Gegenüber geplanten Zugriffsoperationen bringen Anschläge ein wesentlich größeres Momentum der Unplanbarkeit mit sich – kombiniert mit dem Erfordernis, die Bedrohungslage möglichst rasch zu beenden, ohne überstürzt zu reagieren.

Es handelt sich zunächst um eine Reise ins Ungewisse, die auf trainierte und verinnerlichte Standardkonzepte, wie im Militärischen das TCCC, zurückgreifen muss, um eine zielgerichtete Handlungsfähigkeit unter Vermeidung weiterer Opfer zu gewährleisten. Erst im weiteren Verlauf, entlang der Aufklärungsergebnisse, können Vorgehensweisen entwickelt werden, die an die Lage adaptiert werden können. Insofern zeigen sich unter taktischen Gesichtspunkten deutliche Vergleichbarkeiten zu militärischen Lagen. Erste Informationen sind auch in Polizeilagen nicht immer verlässlich, sollten aber in jedem Fall berücksichtigt werden.

Ein wesentlicher Unterschied zwischen polizeilichen und militärischen Lagen besteht jedoch darin, dass militärische Kräfte in aller Regel hinreichend, auch ohne, dass es sich um Spezial- oder spezialisierte Kräfte handelt, auf Kampfhandlungen nicht nur vorbereitet sind, sondern einschließlich geplanter und plötzlicher Hinterhalte dafür ausgebildet wurden. Vor der Verlegung in ein Einsatzgebiet bleibt der militärischen Führung hinreichend Zeit, um den Einsatz der Kräfte zu planen und vorzubereiten. Das betrifft die Auswahl der Kräfte entlang der Auftragsanforderungen und umfasst den Kampfwert der einzusetzenden Einheit unter Berücksichtigung von Ausstattung und Eignung (Fähigkeitsspektrum) für den jeweiligen Auftrag.

Reguläre Polizeistreifen sind grundsätzlich die ersten Kräfte vor Ort. Das Fähigkeitsspektrum regulärer Polizeikräfte umfasst jedoch nicht die Festnahme bzw. Überwältigung geschulter und bewaffneter Täter in hinreichendem Maße. Diese Aufgabe obliegt grundsätzlich polizeilichen Spezial- oder spezialisierten Kräften, die über eine entsprechende Ausbildung, Erfahrung und Ausrüstung verfügen. Entscheidend ist, dass Spezialkräfte in aller Regel erst mit Verzögerung zur Verfügung stehen. Die Zeit bis zum Eintreffen muss daher effizient überbrückt werden oder es wird versucht, die Lage durch reguläre Kräfte zu bewältigen. Dies kann unter Umständen im Sinne eines sogenannten „Direct Threat Assessments" (Relativ unverzügliches Aufspüren und Beseitigen der Bedrohung) bedeuten, dass das Eintreffen der Spezialeinsatzkräfte nicht abgewartet wird.

Für den deutschsprachigen Raum finden sich kaum öffentliche Informationen über standardmäßig in die Ausbildung für den regulären Polizeidienst integrierte TEMS-Konzepte. Sehr wohl wurde in Deutschland auf die veränderte Bedrohungslage mit entsprechender taktischer Ausrüstung reagiert, die von regulären Polizeieinheiten mitgeführt wird. Die Bundespolizei führte im Jahr 2015 das Konzept des „Beweismittelsicherungs- und Festnahmeeinheit mit erweitertem Fähigkeitsspektrum (kurz: BFE Plus) ein. Dieses sieht vor das das BFE Einheiten des Bundes so weitergebildet werden, dass sie dazu befähigt sind, in einem weiteren taktischen Aufgabenspektrum in Gefahrenlagen zu agieren (Bundespolizei, 2024a). Diese Kräfte können in begrenztem Umfang selbstständig, vor allem aber im Zusammenwirken mit der GSG 09 oder anderen polizeilichen Spezialkräften in der unmittelbaren Gefahrenzone eingesetzt werden. (Bundespolizei, 2024a).

Spezialisierte Kräfte schließen die Lücke zwischen Spezialeinsatzkommando und regulärem Streifendienst. In Hamburg wurde das Konzept spezialisierter Kräfte so entwickelt, dass diese (gleich der Wiener Einsatzgruppe Alarmabteilung (WEGA) oder amerikanischen Immediate Response Teams) aus dem Streifendienst abberufen werden können. Diese Kräfte stehen somit zügig zur Verfügung (Bürgerschaft der Freien & Hansestadt Hamburg, 2022). Das Personal aller spezialisierten Kräfte ist in taktischer Medizin geschult und entsprechend ausgerüstet.

Im Bereich der nichtpolizeilichen Gefahrenabwehr übernahm Bayern, auch in Anlehnung an die vorherigen Anschlagsszenarien in Paris und San Bernardino, eine Vorreiterrolle in der Entwicklung und Konzeptionierung von Einsatzstandards (Bayerisches Staatsministerium des Innern & für Integration, 2018).

Im Unterschied zu U.S.-amerikanischen Konzepten wird rettungsdienstliches Personal jedoch nicht bewaffnet und gezielt in die taktische Lage eingebunden. Die amerikanischen TEMS-Konzepte sehen explizit die taktische Schulung, einschließlich der Ausbildung an der Waffe, vor (American College of Emergency Physicians, 2013). Neben den Medics des Spezialeinsatzkommandos, bei denen es sich um vollausgebildete Polizisten handelt, kann originär rettungsdienstliches Personal, auch Ärzte, dazu befähigt werden, die Spezialeinheiten in die unmittelbare Gefahrenzone zu begleiten. In Deutschland gibt es derartige Konzepte, die die Bewaffnung nichtpolizeilicher Kräfte vorsehen, nicht. Der bayerischen Vorreiterkonzeption zufolge betreten Rettungsdienstkräfte, wenn überhaupt, nur die gelbe erweiterte Gefahrenzone und in jedem Fall nur auf Anweisung des örtlichen Einsatzleiters sowie nach vorheriger Freigabe durch die Polizei. Grundsätzlich erfolgt das Betreten der erweiterten Gefahrenzone immer unter Polizeischutz und nur dann nicht mit Polizeischutz, wenn sich das Risiko verlässlich als gering darstellt (Bayerisches Staatsministerium des Innern & für Integration, 2018).

In den USA sind die Waffengesetze anders als in Deutschland liberaler. Der Umgang mit Waffen gehört vielmehr zum Gesellschaftsbild als in Deutschland. Bereits aus legalen Gründen sind der Bewaffnung von nichtpolizeilichen Kräften in Deutschland deutliche Grenzen gesetzt.

Ein Vorteil dieser amerikanischen Vorgehensweise liegt in der Möglichkeit, zusätzlich zu den polizeilichen Medics weiteres medizinisches Personal in die heiße Zone zu bringen und am Ort des Geschehens unter einem deutlich geringeren zeitlichen Verzug mit medizinischen

Maßnahmen zu beginnen. In Deutschland können Kräfte des Rettungsdienstes nicht in die unmittelbare Gefahrenzone vordringen. Die Zeit, die bis zur Versorgung durch den Rettungsdienst verstreicht, kann Leben kosten. Es ist fraglich, ob die Medics der Spezialkräfte zahlenmäßig ausreichen, um bei einem Massenanfall von Verletzten hinreichende erste Hilfe leisten zu können.

Das amerikanische Konzept bringt zwar einen eindeutigen Vorteil mit sich. Jedoch gelangen auch diese Konzepte bei komplexen Lagen mitunter an ihre Grenzen, wie sich in der Betrachtung komplexer Szenarien, vorwiegend des jihadistischen Anschlags in San Bernardino (2015), zeigt.

6.4 Schnittstellen und Einsatzlehren am Beispiel komplexer Szenarien

Die Einsatzauswertung des Terrorangriffs von San Bernardino aus dem Jahr 2015 brachte bereits zum damaligen Zeitpunkt einhergehend mit deutlichem Appell an andere Institutionen organisierter Hilfe (weltweit) hervor, dass die sonst üblichen Taktiken im Hinblick auf moderne Angriffsszenarien nicht mehr anwendbar erscheinen.

Im Einzelnen wird in dem Bericht zu dem Schluss gelangt, dass eine Veränderung der taktischen Vorgehensweise von Tätern bei terroristischen Angriffen zu beobachten ist. In diesem Sinne sprechen die Autoren von „militarized terrorist attacks" (Bobko et al., 2018).

Bis dahin übliche polizeiliche Vorgehensweisen, wie das Schaffen eines äußeren Sicherungsrings um den Anschlagsort durch reguläre Polizeieinheiten und die nachfolgende konzentrische Ausweitung der sicheren Zone in Richtung ihres inneren Kerns (dem eigentlichen Anschlagsort) durch Spezialeinheiten, scheinen den neuen Szenarien nicht angemessen. Frühere Taktiken gaben dem Verhandlungsversuch Vorrang vor dem taktischen Einsatz von Polizeikräften. Diese auf örtlich begrenzte Situationen, wie Geiselnahmen, nach wie vor anwendbare Vorgehensweise sieht den Faktor Zeit eher aufseiten der Polizei. (Bobko et al., 2018).

6 Schnittstellenproblematiken und das Führen im Chaos

Im Rahmen der nachfolgenden Terrorattacken in Europa (Bataclan 2015, extremistisch motivierte Amoklagen in Deutschland, Bsp.: München 2016) zeigten sich wiederholt Bilder dynamisch agierender Täter und einer sich kontinuierlich ausbreitenden bzw. bewegenden Bedrohungslage. Im U.S.-amerikanischen Raum werden diese Szenarien zunächst und unabhängig von der Motivlage des Täters unter dem Terminus „Active Shooter Scenarios" zusammengefasst. Die angloamerikanische Wortwahl bringt den Kernaspekt einer solchen Lage treffend zum Ausdruck: Es handelt sich um eine aktive (potenziell jede Sekunde ein weiteres Opfer fordernde) Gefahr (National Tactical Officers Association, 2022). Moderne Anschlagslagen machen ein möglichst zeitnahes Einschreiten erforderlich.

In San Bernardino ging um 10:58 Uhr die erste Notrufmeldung ein. Die ersteintreffenden Polizisten von San Bernardino waren wie in München und ohnehin in den meisten Fällen wenige Minuten nach dem ersten Notruf vor Ort (11:04 Uhr). Sie folgten dem Ansatz des „Direct Threat Assessment" und begaben sich in die Räumlichkeiten des Inland Regional Center (IRC), einer Unterstützungseinrichtung für Menschen mit Entwicklungsbeeinträchtigung. Bereits beim Eintreffen waren die Polizisten auf drei bereits verstorbene Opfer, die vor dem IRC lagen, getroffen. Im Innenraum stellte sich eine dramatische Situation dar. Die Täter hatten das Feuer aus Langwaffen auf insgesamt 36 Menschen eröffnet, von denen 14 später verstarben. Beim Eintreffen der Polizisten lagen diese Personen im Erdgeschoss des Gebäudes am Boden. Die Polizisten sicherten den Bereich des Erdgeschosses. Wenige Minuten später trafen umfangreiche Einheiten von Feuerwehr und Rettungsdienst in der unmittelbaren Umgebung ein (siehe Abb. 6.8). Das Spezialeinsatzkommando von San Bernardino betrat um 11:09 Uhr das Erdgeschoss. Der zu diesen Kräften gehörende SWAT-Medic begann initial mit der Sichtung und Triagierung aller angeschossenen Personen.

Das Vorrücken der Rettungskräfte wurde durch den Tactical Commander freigegeben, nachdem das SWAT-Team die erste Etage gesichert hatte. Sowohl bei der Einrichtung des Casualty Collection Points als auch in weiteren Situationen kam es zu Schnittstellenproblematiken sowie weiteren Herausforderungen, die Schwächen im taktischen Vorgehen, in der Kommunikation, in der Anwendung vorhandener

Abb. 6.8 Anschlagsort San Bernardino 2015. TCP = Tactical Command Post, CCP = Casualty Collection point. ICP = Incident Command Post. (Quelle: Bobko et al., 2018)

Standards, in der Ausbildung und durch unzureichende Ressourcen offenbarten. Diese sollen nun einzeln betrachtet werden.

Ressourcen
Situation:
In San Bernardino betraf dies vor allem das Vorhandensein von hinreichenden Tourniquets. Die ersteintreffenden Polizisten konnten aufgrund eingeschränkter Erste-Hilfe-Mittel aber keine medizinischen Sofortmaßnahmen einleiten (Bobko et al., 2018). Auch die anschließend stattfindende Versorgung durch den SWAT-Medic stieß an materielle Kapazitätsgrenzen:

> Secondly, SWAT medics do not carry complete Advanced Life Support equipment due to their operational mandate for mobility. While they are often paramedics or physicians, their role as a SWAT medic is to provide

medical aid only when operationally appropriate because their primary mission is to ensure the effectiveness of the law enforcement team. (Bobko et al., 2018)

Beurteilung:
Anschlagsszenarien können binnen kürzester Zeit mit einem Massenanfall an Verletzten einhergehen (engl.: Mass Casualty Incident (kurz: MASCAL oder MCI)). Nur polizeiliche Kräfte können in den unmittelbaren Gefahrenbereich vordringen. Die Beweglichkeit der Teammitglieder ist grundlegend für die Auftragserfüllung. Es ist im Sinne des Auftrages sinnvoll, nur diese Ressourcen mitzuführen, die die eigene Beweglichkeit nicht übermäßig einschränken. SWAT-Medics sind in erster Linie Operator und erst in zweiter Instanz Medic. Auch als Medic hat der Operator den Auftrag, sein Team im Fall der Fälle medizinisch zu versorgen. SWAT-Team und Medic wurden in diesem Beispiel voneinander getrennt. Der Medic setzte seine Ressourcen für verletzte Zivilisten ein. Wenngleich dieses Vorgehen sicher richtig ist, sollte bedacht werden, dass das SWAT während der noch laufenden Sicherung des Gebäudes ab diesem Zeitpunkt über kein medizinisches Back-up verfügte. Es hätten keine medizinisch ausgebildeten Kräfte zur Verfügung gestanden, die einem verletzten SWAT-Teammitglied in dieser Situation hätten zur Hilfe eilen können.

Folgerung:
Polizisten, die sonst ihr eigenes Erste-Hilfe-Set (zumindest in den USA) mitführen, sollen von nun an zusätzlich Tourniquets beispielsweise in der Beintasche mitführen.

Taktik und Medizin
Situation:
Erst das eintreffende SWAT-Team, das 13 Operatoren umfasste, darunter ein Medic, konnte adäquate Erste Hilfe leisten. Der Medic löste sich im weiteren Verlauf vom Team, das in das 1. OG vordrang, und führte die Sichtung und Triagierung der Verletzten im Erdgeschoss durch. Zwei von einem Hubschrauber des San Bernardino Sheriff Department (SBSD) abgesetzte Medics konnten unter luftgestützter Scharfschützenüberwachung

zum Anschlagsort vordringen. Die Medics trugen jedoch keine Schutzausrüstungen. Es kam zu Friktionen aufgrund unterschiedlicher Auffassungen und Ansätze zum taktischen Verhalten (Bobko et al., 2018).

Nach Freigabe durch den taktischen Führer betraten zahlreiche Rettungskräfte das Erdgeschoss, um mit der Evakuierung der Verletzten zum CCP zu beginnen. Drei weitere SWAT-Teams verstärkten das bereits im Einsatz befindliche Team. Die offenbar unkoordiniert ablaufende Evakuierung der Verletzten aus dem Gefahrenbereich führte dazu, dass bis zu 30 Personen gleichzeitig im Konferenzraum im Erdgeschoss Verletzte evakuierten. Währenddessen befand sich eine noch nicht aufgeklärte und scharfe Sprengvorrichtung im gleichen Raum. Diese hatte eine Fehlfunktion und löste daher nicht aus.

Beurteilung:
Der Abschlussbericht kommt zu der Bewertung, dass die in der Lage befindlichen Polizeikräfte mit dem Eintreffen zahlreicher Sanitäter und Feuerwehrleute in der Lage überfordert waren. Es wurde beklagt, dass die mit dem Helikopter verbrachten Sanitäter „[…] are neither equipped nor trained sufficiently to provide care while under a direct threat". (Bobko et al., 2018).

Diese Sanitäter gehörten dem Teil des TEMS-Konzeptes an, der nichtpolizeiliches Personal zur Begleitung von Polizeikräften und damit zum Einsatz in der erweiterten Gefahrenzone befähigt. Offenbar ist der Ausbildungsstand aber nicht den taktischen Erfordernissen entsprechend gewesen. Diese Medics hätten im Fall der Fälle ggf. das Gebäude wieder verlassen müssen, da ihre persönliche Schutzausstattung nicht den Einsatzerfordernissen angemessen war.

Die bloße Tatsache, dass der improvisierte Sprengsatz nicht detonierte, hat bis zu dreißig Einsatzkräften das Leben gerettet. Sowohl die Unvertrautheit des Feuerwehr- und Rettungsdienst-Personals mit der Situation als auch die ungewohnte Situation für die polizeilichen Kräfte haben womöglich das Augenmerk von der Sprengvorrichtung abgelenkt.

Folgerung:

- Auf Stand-by befindliches TEMS-Personal muss gerade dann, wenn es in Verbindung mit polizeilichen Kräften eingesetzt werden soll, jederzeit einsatzbereit sein. Dies umfasst sowohl das Equipment (schusssichere Westen) als auch ständiges Training, um mit den taktischen Erfordernissen entsprechend vertraut zu sein.
- Es sollte grundsätzlich davon ausgegangen werden, dass sich Sprengfallen im Bereich befinden. Der Einsatzraum muss vor der Freigabe gründlich überprüft werden. Nichtpolizeiliches Personal sollte zusätzlich dazu angehalten werden, auf potenzielle Gefahrenquellen zu achten.

Kommunikation und Standardverfahren
Situation:
Auf die Freigabe durch den taktischen Führer wurden der Rettungsdienst und Feuerwehrkräfte in die Gefahrenlage (gelbe Zone Erdgeschoss) entsandt. Weitere Kräfte richteten einen CCP zur Übergabe der Verletzten ein. Die Kommunikation zwischen polizeilicher und nichtpolizeilicher Gefahrenabwehr war über Funk nicht zu bewerkstelligen.

Beurteilung:
Polizeiliche und nichtpolizeiliche Gefahrenabwehr haben aneinander vorbei agiert. Die Entschlussfassung zur Einrichtung des Casualty Collection Points folgte den Grundsätzen eines Massenanfalls von Verletzten, ohne die besondere Berücksichtigung der taktischen Lage. In den USA sind Active Shooter Scenarios jedoch weitläufig bekannt. Es existieren bereits seit geraumer Zeit entsprechende Versorgungs- und Führungskonzepte, die regelmäßig reevaluiert und erneuert werden (Active Shooter Incident Management Checklist Endorsed by the NTOA as National Standard NTOA, 2024b).

Es wurden dem Bericht zufolge keine für Anschlagslagen spezifischen Modelle seitens der nichtpolizeilichen Organisationsführung zur Anwendung gebracht. Vielmehr wurde ein Protokoll für die Bewältigung eines gewöhnlichen Mass Casualty Incidents (MCI) ausgelöst. Die Ursache bleibt in dem Bericht unbeleuchtet. Ob sich das Protokoll besser eignete und seitens der Einsatzleitung, Feuerwehr und Rettungsdienst von einer nicht mehr vorhandenen Gefahrenlage ausgegangen wurde, ob Stress in eine unpassende Entscheidung führte oder Verständnisschwierigkeiten in ein Missverständnis resultierten, bleibt unklar. Bei mangelnder Funkverbindung (Inkompatibilität der Funkausstattungen zwischen den Organisationen) hat ein solcher Fehler u. U. keine Chance, rechtzeitig erkannt zu werden.

Mangelndes Wissen um taktische Standardprotokolle und/oder die Annahme, dass die Gefahrensituation beseitigt war, könnten hierbei im Zusammenspiel gewirkt haben. Auch ein unbewusster Bewältigungsmechanismus, im Sinne der Anwendung besser bekannter Konzepte, kommt infrage (Lasogga & Gasch, 2011).

Dass sich dieser Fehler seinen Weg bahnen konnte, lag neben den Kommunikationsschwierigkeiten zusätzlich daran, dass sich die nicht kommunikationsfähigen Einsatzleitungen räumlich voneinander disloziert befanden. Grundsätzlich ist der Ansatz nicht falsch, da ein 2nd Hit nicht alle Leitungsebenen auf einmal lahmlegen kann. Die Kommunikation, die in diesem Fall wahrscheinlich ausschließlich über die Leitstellen (Stille-Post-Effekt) erfolgte, muss auf direktem Weg schon aus Zeitgründen gewährleistet sein. Es ist bemerkenswert, dass die Einsatzleitung des Rettungsdienstes einen Casualty Collection Point einrichten konnte, ohne dass die polizeiliche Leitung rechtzeitig davon Notiz nahm. Der entscheidende Faktor bezüglich der eingerichteten Verletztensammelstelle in diesem Beispiel ist:

> The tactical command post was established to the north and the casualty collection area/treatment to the south (Figures 1 and 2). It is estimated that the south location was possibly within the blast radius of the IEDs left in the building. If this estimation was correct, by definition it means that the triage area was established in the hot zone (unsafe zone) and not on the warm/cold (safe zone) border as is traditionally taught. (Bobko et al., 2018)

Demnach hätte es ein weiteres Mal dazu kommen können, dass sowohl Einsatzpersonal als auch Opfer dem nicht gezündeten Sprengsatz ausgeliefert gewesen wären. Maßgeblich ist sicher die mangelnde Möglichkeit zielgerichteter und zeitnaher Absprachen. (Bobko et al., 2018).

Folgerung:

- Es müssen direkte Kommunikationswege zwischen den Organisationen bestehen.
- Alle Maßnahmen sind abzustimmen, die Polizei muss die Bereiche für den beabsichtigten Zweck explizit freigeben.
- Standards müssen befolgt werden, auch dann, wenn sie ggf. weniger häufig genutzt werden und vertraut sind. Führungskräfte müssen sich selbst im Blick behalten und hinterfragen, ob sie ggf. unbewusste Abwehrstrategien (Zurückziehen auf bekannte Verfahrensweisen) gegen Überwältigungserfahrungen anwenden (Lasogga & Gasch 2011).

Aus dem San-Bernardino-Fall lassen sich aufgrund der mangelnden Kommunikation auch Implikationen für einen Ausfall des Digitalfunknetzes herleiten. In diesem Fall muss in Betracht gezogen werden, die Leitungsebenen aller beteiligten Organisationen an einem Punkt, ggf. aufgelockert und unter starker Bewachung, zu bündeln. Auch wenn dieses Szenario nicht das wahrscheinlichste ist, sollte grundsätzlich auch mit einem kombinierten Angriff gerechnet werden, der den Cyberraum umfasst und sich dazu eignet, das Funknetz des BOS zu stören. Rückfallebenen sind wenig geübt, an Melder zu Fuß, Kradfahrer und Licht sowie weitere alternative Kommunikationsmethoden sollte für solche Fälle gedacht werden.

Situation:

> The medical response is further complicated by a bomb threat that was called into LLUMC. While this call turned out to be a hoax, it required a substantial diversion of resources to clear during a day when law enforcement and EMS personnel were already being pushed to their limits. (Bobko et al., 2018)

Beurteilung:
Wie die Anschläge von München sowie San Bernardino und das komplexe Anschlagszenario rund um das Bataclan in Paris zeigen, kann es über weitere, zeitgleich stattfindende Anschläge zu realen, inszenierten

oder auf ehrlichen Falschannahmen (Panik) basierenden Meldungen kommen.

Folgerung:

- Die Führungsebenen von der Leitstelle bis hin zum Führungsstab müssen auf zeitgleiche Anschlagslagen ab dem Moment eingestellt sein, ab dem eine erste Anschlagslage offenbar wird.
- Es muss mit einem hohen Kräftebedarf für alle beteiligten Organisationen gerechnet, frühzeitig geplant und ggf. überregional und international alarmiert werden.
- Von Anfang sollte dem operativen Grundsatz, Reserven zu bilden, gefolgt werden.

Wenngleich das Beispiel von San Bernardino bereits einige Zeit zurückliegt, zeigen sich hieran exemplarisch Schnittstellenproblematiken, die unter den dynamischen Bedingungen einer Anschlagslage auftreten können. Insgesamt offenbart sich ein Verbesserungsbedarf an materiellen und personellen Ressourcen (taktisch hinreichend ausgebildet und in Übung gehalten) für den Einsatz in der unmittelbaren und erweiterten Gefahrenzone. Zudem ließen sich eklatante Kommunikationsprobleme anhand der Inkompatibilität der Funksysteme erkennen.

Ausbildung und Implementierungssachstand in Deutschland
Zum Ausbildungsstand der jeweiligen Kräfte existieren in Deutschland nur wenig Daten. Handlungsbedarf dürfte auch hier zu Lande weniger auf der medizinischen als auf der taktischen Ebene bestehen. Insbesondere gilt dies auch für den Einsatz in den Gefahrenzonen. Durch die rechtlichen Bestimmungen sind TEMS-Konzepte in Deutschland mit bewaffneten Sanitätern und Feuerwehrleuten grundsätzlich nicht auszuschließen, aber gegenwärtig schwer vorzustellen. Die Ausbildung des nichtpolizeilichen Personals muss vor allem darauf abzielen, grundlegende Verhaltensweisen und ein generelles Verständnis für taktische Aspekte zu vermitteln (siehe Abb. 6.9).

6 Schnittstellenproblematiken und das Führen im Chaos

Phase	Zone	Charakteristik	Taktische Aspekte	Medizinische Aspekte
Care Under Fire	Unsicherer Bereich	Versorgung unter direkter Bedrohung		
Tactical Field Care	Teilsicherer Bereich	Versorgung nahe einer Bedrohung		
Tactical Evacuation Care	Sicherer Bereich	Versorgung während des Transportes mit ergänzendem Personal und Material		

Abb. 6.9 Relevanz/Vorrang taktischer bzw. medizinischer Aspekte nach Gefahrenbereich. (Quelle: Bundesamt für Bevölkerungsschutz und Katastrophenhilfe 2024b)

Die polizeilichen Spezialkräfte sind umfangreich auf Anschlagslagen vorbereitet (Lippay, 2018). Zu der Anzahl von ausgebildeten Medics und Polizeiärzten, die dazu befähigt sind, die Spezialeinheiten oder spezialisierten Kräfte in die unmittelbare Gefahrenzone zu begleiten, konnten keine Daten erhoben werden.

Wichtig scheint insbesondere die Durchführung von weiteren Übungen, um etwaige Schnittstellenproblematiken zu identifizieren und das Personal aller beteiligten Organisationen mit Erfahrungswerten auszustatten. (BAIUDBw, 2024).

Der bayerische Ansatz eines speziell für Terrorlagen ausgestatteten Rucksacks ist zielführend, um einem möglichen Ressourcenmangel entgegenzuwirken. Auch hier kommt es darauf an, dass das Personal im Umgang mit den Materialien geübt ist. Die Anwendung von Hämostyptika, wie sie in der taktischen Medizin gängig ist, wird im Alltag ziviler Rettungsdienste bisweilen eher selten praktiziert. Ähnliches dürfte für bestimmte Medikamente (Bsp.: Tranexamsäure), besondere Applikationsformen (Bsp.: Mucosal Atomization Device für Ketamin) gelten. Gerade dann wenn Einsatzkräfte unter hohem eigenen Stress stehen, sind Handlungen die nicht auf Anwendungsroutine abstützen können, fehleranfällig. Neben medizinischen Produkten und bestimmten Medikamenten, sollte auch die mangelnde Erfahrung im Umgang mit taktischem Equipment bedacht werden. Das Entfernen von schusssicheren Westen bei verletzten Polizeibeamten zur Inspektion des Thorax kann sich zeitaufwendig gestalten, wenn nicht bekannt ist, wie die Westen sich öffnen und schließen lassen.

Insofern nicht bereits implementiert, sollten auch reguläre Streifenpolizisten mit ähnlichen medizinischen Versorgungssätzen ausgerüstet werden wie das rettungsdienstliche Personal und in der Anwendung geschult und geübt sein.

Es wird viele weitere Exempel geben, die sich aber erst dann als relevant oder irrelevant herauskristallisieren können, wenn solche Erfahrungen durch das Personal gemacht wurden – bestenfalls nicht erst in der nächsten Anschlagslage.

Neben der Ausbildung und Inübungshaltung von bereits anerkannten Konzepten entwickeln sich im Bereich der taktischen Medizin innovative technische Neuerungen, die sich auch dazu eignen können, die medizinische Versorgung in den Gefahrenzonen zu verbessern.

6.5 Führen im Chaos: Einsatzleitung und Krisenstab

Bei besonderen Einsatzlagen wie Großveranstaltungen oder Terroranschlägen ist eine professionelle Einsatzleitung und koordinierte Stabsarbeit unerlässlich, um die Krise effektiv und effizient zu bewältigen. Die Leitung solcher komplexen Lagen wird durch einen Führungsstab sichergestellt. Der Führungsstab ist ein temporär eingesetztes Beratungs- und Unterstützungsgremium für die Einsatzleitung. Er dient als "Stütze" und ist funktional in unterschiedliche Sachgebiete wie Operations-, Logistik- oder Kommunikationsbereich untergliedert. Die Stabsmitglieder ergänzen sich fachlich, um der Leitung ein ganzheitliches Lagebild zu verschaffen. (Hofinger und Reimann 2016).

Die Kernaufgaben des Stabes umfassen die Informationsgewinnung und -auswertung, die Koordination aller eingesetzten Kräfte und Ressourcen sowie die Vorbereitung von Entscheidungen. Dabei arbeitet er auf drei Ebenen: der politisch-gesamtverantwortlichen Ebene zur strategischen Ausrichtung, der administrativ-organisatorischen Ebene zur Strukturierung und der operativ-taktischen Ebene zur konkreten Umsetzung.

Die Stabsarbeit folgt einem standardisierten Führungsvorgang bestehend aus Lagefeststellung, Planung, Entschlussfassung und Befehlsgebung. Dabei ist die Erstellung eines möglichst aktuellen und faktenbasierten Lagebildes von zentraler Bedeutung als Grundlage für alle Folgeschritte. Die Lagebeurteilung muss Gefahren priorisieren und geeignete Bekämpfungsmaßnahmen ableiten. Eine kontinuierliche Aktualisierung ist unabdingbar. Die Einsatzleitung, meist als Führungsstab organisiert, trägt die Gesamtverantwortung und die letzte Entscheidungsgewalt. Basierend auf den Vorarbeiten und Empfehlungen des Stabes trifft sie die finalen Beschlüsse und erteilt Befehle zur Umsetzung. Eine klare Führungsstruktur und Arbeitsteilung im hierarchisch gegliederten Stab sind essentiell, um unter den hohen Anforderungen einer Krisenlage zielgerichtet und zeitkritisch handeln zu können. (Hofinger und Reimann 2016).

Von entscheidender Bedeutung für den Einsatzerfolg ist überdies die schnelle Überwindung der anfänglichen „Chaosphase", jener Phase der Informationsunklarheit und Führungslosigkeit zu Beginn einer Lage. Erst mit Errichtung einer Stabsstruktur und Erstellung eines Lagebildes kann effizientes, strukturiertes Handeln zur Gefahrenabwehr einsetzen. Gründliche Vorbereitung und Schulung der Einsatzkräfte zur Stabsarbeit sind daher unabdingbar.

6.6 Führung im Chaos: Presse- und Öffentlichkeitsarbeit

Die Presse- und Öffentlichkeitsarbeit verändert sich im Rahmen einer Anschlagslage erheblich. Sie wird von einem reinen Aufklärungs-, Werbe- und Informationsmittel einmal mehr zu einem Führungsinstrument (Grün & Schenker-Wicki, 2014).

Mit Bezug auf die vorangegangenen Kapitel wird in diesem Abschnitt die Presse- und Öffentlichkeitsarbeit als effektives Mittel der Führung der Öffentlichkeit durch die Lage beleuchtet. Die Führungstheorie aufgreifend soll sich erneut auf jenen Sommerabend in München konzentriert werden, um die Ausführungen möglichst beispielhaft darstellen zu können.

Um kurz vor 18 Uhr waren die ersten Notrufe bei der Polizei eingegangen. Schon um 18:26 Uhr wurde zusätzliches Personal in die Münchner Universitätskliniken beordert. Man bereitete sich auf einen

Massenanfall von Verletzten vor. Hier zeigten sich bereits die frühzeitige und gute Zusammenarbeit der verschiedenen Organisationen sowie eine gelungene Kommunikation, die in diesem Fall eine fachspezifische Öffentlichkeit in Kenntnis setzte. Kurz nach halb sieben wurden Taxifahrer von der Polizei dazu aufgefordert, keine Fahrgäste mehr aufzunehmen. Äußerst rasch wurde zudem der U-Bahn-Verkehr an der nahegelegenen Haltestelle eingestellt. Täter sollten keine Möglichkeit haben, weitere Opfer in den befüllten Waggons zu finden oder in der Menge abzutauchen. Aus vermutlich ähnlichen Gründen wurde im Weiteren der komplette öffentliche Nahverkehr eingestellt. Parallel informierte die Polizei bereits über ihre eigenen Social-Media-Kanäle. Der öffentliche Rundfunk wurde ebenfalls in Kenntnis gesetzt. Erste Maßnahmen der Öffentlichkeitsarbeit liefen also an: Sie gaben Handlungsanweisungen und informierten zielgerichtet, aber noch nicht hintergründig über das Geschehene. Denn zu diesem Zeitpunkt war noch völlig unklar, ob es sich um einen Amoklauf oder einen Terroranschlag handelte.

Die Bilder von mehreren Tätern, die sich schießend durch Straßenzüge einer europäischen Innenstadt bewegten, waren bei Einsatzkräften und Passanten noch aus den Anschlägen rund um das Pariser Bataclan bekannt. Sie lagen zu diesem Zeitpunkt erst wenige Monate zurück. Wie sehr die Angst und der Überlebenstrieb die Menschen beeinflussten, spielte im Zusammenhang mit dem weiteren Geschehen in München an diesem Tag eine erhebliche Rolle: Insgesamt gingen vom ersten Notruf um 17:52 Uhr bis 24:00 Uhr 4310 Notrufe bei der Münchner Polizei ein. Teils standen die Notruforte nicht in der Form in einem räumlichen Zusammenhang mit dem ursprünglichen Anschlagsort, sodass sie von einem einzelnen Amoktäter hätten erreicht werden können. Wohl auch deshalb mussten die Beamten von einer komplexen Lage ausgehen. Neben einer möglichen Amoktat breitete sich vielmehr folgendes Bild aus: München wurde in diesem Moment angegriffen (Bayerische Staatsregierung, 2024). An diesem Tag wurden insgesamt zwei Geiselnahmen und ganze 64 Schießereien gemeldet. Alle dieser über die eigentliche Amoklage hinausgehenden Notrufe erwiesen sich als gegenstandslos.

Das Münchner Beispiel ist eines, das eindrucksvoll zeigt, wie wichtig eine frühe sowie gelungene Presse- und Öffentlichkeitsarbeit ist, aber auch, wie stark die menschlichen Dynamiken sind, die es mitunter einzufangen gilt. Allein die Angst und die Unsicherheit haben die eigentliche Lage zeitweise zu einem Szenario mit mehreren Tätern, zahlreichen Schießereien und Geiselnahmen anwachsen lassen – allerdings ausschließlich als Vorstellungen. Der entscheidende Punkt dabei ist: Auch dadurch wird eine Lage real, wie es sich in den zahlreichen Notrufen und der zumindest zeitweise zusätzlichen Auslastung der Einsatzkräfte gezeigt hat. (Gasteiger, 2016).

Polizeidirektor Marcus da Gloria Martins leistete eine beeindruckende Arbeit im Rahmen dieser Anschlagslage (Gasteiger, 2016). Nicht jede Dienststelle wird über ein ähnliches ‚Naturtalent' verfügen. Es resultieren viele Fragen: Wer spricht überhaupt wann und zu wem? Ist es immer die Polizei? Worauf kommt es an? Was gilt es zu berücksichtigen, um nicht nur informativ, sondern gut zu kommunizieren und die Bevölkerung kontrolliert durch die Lage zu führen?

Zunächst gibt es einige Grundsätze zu beachten. Diese gelten universal. Im Weiteren gibt es Tools, die es vereinfachen, „gut" zu kommunizieren. Diese Techniken sind Handreichungen für den Anwender. Inhalte, Gestaltung, Zeitpunkt und Adressaten sind im Einzelfall zu prüfen.

Information und die Art der Kommunikation sind essenzielle Mittel, um öffentlichkeitswirksam durch Großschadenslagen zu führen. Dabei kommt es insbesondere auf eines an: Die Botschaft, die der Sprecher an die Öffentlichkeit sendet – so auch in München: Die Botschaft ist mehr als die reine Information: Wie strahlen die Sprecher sie aus? Was sagen sie und vor allem wie? Welches Gefühl vermitteln sie den Adressaten? Die am meisten relevante Frage lautet allerdings: Wie trägt der Sprecher durch Kommunikation in einer laufenden Lage dazu bei, dass die Adressaten das umsetzen, was von ihnen erwartet wird? Die Antwort darauf ist simpel: indem der Sprecher den Adressaten das Gefühl vermittelt, dass er weiß, was zu tun ist.

Bevor sich den Hinweisen für den Anwender zugewendet wird, der mit dieser Aufgabe oder auch Führungsherausforderung gegenüber der Öffentlichkeit konfrontiert ist, sei betont, dass die gezielte Weiterleitung vitaler Informationen gegenüber definierten Adressatenkreisen immer – wie auch in München – zuerst erfolgen muss. Da zu diesem Zeitpunkt noch kein abgestimmtes Kommunikationskonzept besteht, gilt es, die

Aussagen kurz und verständlich zu halten und darauf zu beschränken, was weitergegeben werden muss. Dies richtet sich danach, welche Information der jeweilige Adressat (Taxifahrer, Radiosender, Leitstelle der öffentlichen Verkehrsbetriebe, Krankenhauspersonal, Bevölkerung) zwingend benötigt, um die erwartete Handlung auszuführen. Es kann in diesen ersten Minuten völlig hinreichend sein, nur die Information weiterzugeben, dass die von ihnen geforderten Maßnahmen aufgrund eines laufenden Polizeieinsatzes umgesetzt werden müssen.

Im Folgenden soll sich mit dieser Form der Kommunikation befasst werden, die erst im weiteren Verlauf stattfindet, deutlich detaillierte Informationen verlangt und kritischen Rückfragen standhalten muss. Es werden in den nachfolgenden Zeilen im Schwerpunkt die Öffentlichkeitsarbeit über die Rundfunkpresse fokussiert und ein paar simple, aber effektive Möglichkeiten aufgezeigt, wie dies (auch auf die Schnelle) funktionieren kann. Diese Ausführungen sind nicht erschöpfend. Vielmehr sollen sie denjenigen eine erste Orientierung geben, die über ihre Kommunikation für eine Orientierung im Chaos sorgen sollen.

1) **1) Wozu wird kommuniziert?**
   Stellen Sie sich diese Frage zuerst. Wozu wird nach außen kommuniziert? Was sind Ihre Kommunikationsziele?
   Beispiel Schusswechsel im Stadtgebiet, vermuteter Terroranschlag:
   – Panik zu verhindern, Angstreaktionen wie übermäßige Notrufe ohne tatsächliche Bedrohung zu unterbinden, Menschen von der Straße zu holen etc.
2) **2) Was kommunizieren Sie, um Ihre Ziele zu erreichen?**
   Das „Was" hat in dieser Hinsicht zwei Dimensionen:
   – Die inhaltlich-sachliche Ebene: Was für Informationen vermitteln Sie, um ihr Kommunikationsziel zu erreichen?
   – Die emotionale Ebene und die positive Erwartungshaltung: Was ist die Botschaft (was für ein Bild sollen die Menschen im Kopf haben?), die Sie jenseits der Sachinformationen senden wollen? Dazu können Sie sich die simple Frage stellen, was die Bürger in so einer Situation von der Polizei erwarten oder was sie sich

wünschen (gleiches gilt für Rettungsdienst, Feuer und weitere Rollen). Bsp.: Auf die Polizei ist Verlass, sie ist fähig und wird die Lage bewältigen. Wie kommunizieren Sie die sachlichen Inhalte so, dass Sie das Vertrauen in sich stärken und emotional Rückhalt bieten? So können Sie Panik und Chaos eindämmen. Geben Sie ein Beispiel. Wenn Sie ruhig bleiben, dann überträgt sich dies auch eher auf andere. Was Sie sagen, im Sinne Ihrer gewählten Worte, spielt dabei eine maßgebliche Rolle. Ein simples Kommunikationskonzept lautet: Wer kommuniziert was wann wie wo und wozu?

Dazu: Schauen Sie auf die Adressaten, fühlen Sie sich hinein. Eine Bevölkerung hat womöglich die Bilder von anderen Anschlägen im Kopf. Niemand weiß, wo die Gefahr lauert und als nächstes auftritt. Menschen sind in Sorge. Welche Bedürfnisse stehen dahinter?

Beispiel Schusswechsel im Stadtgebiet, vermuteter Terroranschlag:

- Überleben, Unversehrtheit, Sicherheit (von sich und Angehörigen)
- Information und Wissen mit dem Ziel eigener Handlungsfähigkeit

Die Situation ist den Charakteristika (siehe Kap. 2 in diesem Buch) solcher Lagen entsprechend überwältigend, die Bedürfnisse vieler Menschen werden auf die grundlegendste Ebene zurückgeworfen und als unmittelbar bedroht empfunden (Stiller, 2024).

Sprechen Sie diese Bedürfnisse mit Informationen an und nutzen Sie die Art der Formulierung, um Ihre Botschaft (Bsp.: Auf die Polizei ist Verlass, sie ist fähig und wird die Lage bewältigen.) mitzusenden. Wiederholen und verstärken Sie diese Botschaft, so oft es geht:

- Die Polizei weiß über die Situation (gut) Bescheid. Zeigen Sie das, indem Sie *informieren und aufklären.*
- Die Polizei weiß, was zu tun ist: Sie sichert, schützt, bewahrt und ist im Einsatz. Wählen Sie möglichst *aktive Formulierungen und kontrollvermittelnde Worte, demonstrieren Sie Stärke, ohne zu übertreiben.* Dadurch transportieren Sie Ihre Handlungsfähigkeit.

- **Passiv:** Die Polizei wurde um 17:52 Uhr zu einem Schusswechsel an der Hanauer Straße gerufen. Mehrere Streifen wurden sofort zur Einsatzstelle beordert. Die vor Ort befindlichen Kräfte wurden dazu angewiesen, die Umgebung zu sichern und die Bürger zu schützen.
- **Aktiv:** Um 17:52 Uhr hat die Polizei unverzüglich auf mehrere Notrufe zu Schüssen an der Hanauer Straße reagiert. Wir sind dort aktuell mit massiven Kräften im Einsatz und sichern die Umgebung.
- Die Polizei hilft: Geben Sie *einfache und klare Handlungsanweisungen.* Damit bestärken Sie die Mündigkeit der Bürger in der Situation, geben bereits Hilfestellung und zeigen sich abermals als eine Institution, die weiß, wie vorzugehen ist.

Grundsatz
Ehrlichkeit, Verbindlichkeit und Fokus:
Sie sollten immer bei der Wahrheit bleiben. Das bedeutet nicht, dass alles gesagt werden muss, was man weiß – schon gar nicht öffentlich. Aber was Sie sagen, **muss** stimmen. Bsp.: Sagen Sie nicht, Sie hätten eine Lage unter Kontrolle, wenn das nicht der Fall ist. Lassen Sie sich nicht davon irritieren, dass Sie sich selbst ggf. wünschen würden, dass die Lage bereits unter Kontrolle wäre. Fokussieren Sie ihre Botschaft.

Sie müssen das Gefühl vermitteln, dass Sie auch in einer (ihrem Wissen nach) noch unkontrollierten Lage Herr über das Geschehen sind (Bsp.: Die Polizei ist mit starken Kräften vor Ort und sichert die Umgebung.). Damit werden Sie bereits in gewisser Weise das Gefühl vermitteln, dass die Lage unter Kontrolle ist, ohne dass Sie es gesagt haben. Dadurch senden Sie auch in einer (noch) unkontrollierten Lage die richtige Botschaft. Ferner müssen Sie sich später ggf. nicht an etwas messen lassen, dass nachweislich nicht der Fall war.

Vermeiden Sie daher auch Floskeln wie etwa die Lage ist *„weitgehend"* unter Kontrolle. Dieser Terminus kann verschieden verstanden werden, er schafft keine wirkliche Klarheit darüber, wo Kontrolle herrscht und wo nicht. Fokussieren Sie ihre Botschaft: Sprechen Sie lieber klar an, was Sie **erreicht** haben und was Sie aktiv tun („Spezialeinsatzkräfte der Polizei haben das Erdgeschoß und die obere Etage des OEZ bereits gesichert. Die Polizei hatte angetroffene Passanten überprüft und in Sicherheit gebracht. Diese Kräfte befinden sich aktuell weiterhin im Einsatz im OEZ.

Ggf. auf Nachfrage: „Weitere Angaben können wir aus polizeitaktischen Gründen gegenwärtig noch nicht machen." Dies signalisiert, dass sie sprechen wollen und nichts zu verbergen haben – aber noch nicht sprechen können).

Inhaltsabstimmung:
Bevor ein Sprecher vor die Presse tritt, sollte das bestmögliche aktuelle Lagebild zur Verfügung stehen. Dieses umfasst alle Informationen, die von allen beteiligten Organisationen zur Verfügung gestellt werden (Grün & Schenker-Wicki, 2014). Es muss vor dem Pressetermin (der Zuwendung an die Öffentlichkeit) ebenfalls klar sein, welche Informationen preisgegeben werden bzw. welche noch unter Vorbehalt stehen und den Medienvertretern zur Verfügung gestellt werden, ohne dass diese veröffentlicht werden dürfen (Hintergrundwissen unter dem Mantel der Verschwiegenheit). Dieses Vorgehen kann hilfreich sein, um das Informationsbedürfnis der Presse zu bedienen und sie gleichzeitig in die Verantwortung zu nehmen, auf bestimmte Inhalte zu verzichten, um den Erfolg des Einsatzes nicht zu gefährden. Risiko und Nutzen sollten gut abgewogen werden (Stiller, 2024).

Besonders klar muss sein, zu welchen Themen erst auf Nachfrage Informationen erteilt werden und was ggf. gar nicht kommentiert wird.

Insbesondere für brisante Inhalte sollten Sprachregelungen unter den beteiligten Organisationen abgestimmt werden. Nur so bleibt der Informationsfluss kontrolliert. In einer gemeinsamen Lage ist es daher ohnehin sinnvoll, wenn es grundsätzlich nur einen Hauptsprecher gibt. Dieser ist primärer Ansprechpartner für die Medien, wird die umfangreichsten Sprechanteile haben und sollte von der Organisation gestellt werden, die in Anbetracht der Lage hauptverantwortlich ist. Bei einem Anschlag wird dies regulär zunächst die Polizei sein. Interviews anderer Sprecher (Bsp.: Feuerwehr, Rettungsdienst) sollen natürlich stattfinden, insbesondere wenn es um Detailinformationen geht (Bsp.: Behandlung der Verletzten), die einer bestimmten Fachlichkeit entstammen sollten.

Grundsätzlich eignet sich die Form des „Pressestatements", um in die Kommunikation mit Medienvertretern einzusteigen. Dieses setzt sich regulär aus drei Komponenten zusammen:

I. **Informieren (Sachverhalt):** Heute um 17:52 Uhr ereilte die Polizei München eine Vielzahl an Notrufen im Zusammenhang mit Schüssen in einem Schnellrestaurant an der Hanauer Straße. Mehrere Verletzte wurden gemeldet.

II. **Aufklären (Was wird getan?/Detailinformationen/Botschaft vermitteln):** Bereits wenige Minuten später, um 17:58 Uhr, war die Polizei München mit ersteintreffenden Kräften vor Ort. Diese haben unverzüglich mit der Sicherung der Einsatzstelle begonnen. Die Verletzten wurden durch Kräfte des Rettungsdienstes versorgt und in umliegende Kliniken gebracht. Leider kam für X Menschen jede Hilfe zu spät. Darunter befanden sich auch Kinder. Die Kriminalpolizei hat die Ermittlungen bereits aufgenommen. Aktuell befindet sich die Polizei mit massiven Kräften im Einsatz, um den oder die Täter zu stellen. Aktuell sichern unsere Kräfte auch weitere Einsatzstellen, um Hinweisen auf weitere Schusswechsel im Stadtgebiet nachzugehen.

III. **Vor die Lage kommen (Botschaft – Wir sind schon weiter):** Kollegen aus Tschechien sichern derzeit die Landesgrenze zu Bayern. Spezialeinsatzkommandos aus Baden-Württemberg und Thüringen sind bereits in München im Einsatz. Weiterhin sind Kräfte der GSG 09 und des Einsatzkommandos Cobra aus Österreich in München, um flexibel auf etwaige Gefahrenlagen zu reagieren.

Wir fordern die Bevölkerung dazu auf, den Einsatz der Polizei zu unterstützen und sich nicht im Freien aufzuhalten. Melden Sie verdächtige Vorkommnisse unter der Notrufnummer 110. Folgen Sie den Anweisungen der Polizei. Der öffentliche Nahverkehr wurde eingestellt. Anlaufstellen für Menschen, die nun nicht nach Hause können, wurden am Hauptbahnhof und an der Frauenkirche eingerichtet. Aktuelle Informationen und diese Anlaufstellen finden Sie auf dem Twitter-Kanal der Polizei München.

3) **Wie und wo wird kommuniziert?** Dieser Passus lässt sich kurzfassen, da alle Kanäle, mit denen die Öffentlichkeit erreicht werden kann, bespielt werden sollten. Sie sind da. Wo auch immer nach Informationen gesucht wird – die Polizei ist präsent.

Wie auch in München geschehen sollten die modernen Kommunikationsmedien genutzt werden, um kurze, prägnante Informationen und Botschaften zu kommunizieren. Diese Medien eignen sich sehr gut, um zügig eine Vielzahl an Menschen zu erreichen und diese im Sinne der eigenen Auftragserfüllung auf dem Laufenden zu halten, ihnen das Gefühl zu geben, von der Polizei begleitet und unterstützt zu werden, und um eigene Informationen, wie etwa eine Übersicht über gesperrte Verkehrsknotenpunkte (wenn Zeit oder Zweckdienlichkeit solcher Verwöhnmaßnahmen gegeben sind), zu kommunizieren.

Pressestatement:
Wenn Sie ein erstes Statement abgeben, ist Folgendes zu beachten:
- Rechnen Sie mit einem großen medialen Interesse. Entsprechend sollte der Raum dafür zur Verfügung stehen.
- Platzieren Sie sich so (beispielsweise vor einer Tür), dass Sie sich der Situation rasch entziehen können. Sie laufen sonst ernsthaft Gefahr, bedrängt und weiter befragt zu werden.
- Rechnen Sie mit zahlreichen Rückfragen. Legen Sie lieber vorher fest, wie viele Fragen Sie beantworten oder wie viel Zeit Sie für Fragen haben. Sollten Sie im Anschluss an den Pressetermin in eine wichtige Lagebesprechung gehen müssen, sprechen Sie das gleich vorher an. Ansonsten könnte es wie eine Ausrede wirken, wenn Sie keine Zeit für weitere Fragen haben.
- Bereiten Sie sich entsprechend auf Rückfragen vor. Das geschieht am besten in einem Frage-Antwort-Spiel. Überlegen Sie sich gut, ob sie a) bereits zum gegebenen Zeitpunkt auf Fragen eingehen wollen und sollten, und denken Sie b) an Fragen, die kommen werden, und bereiten Sie Ihre Antwort vor. Senden Sie immer Ihre Botschaft, auch auf kritische Rückfragen hin. Schaffen Sie im Voraus Antworten, die Sie insbesondere in kritischen Rückfragen ‚abspulen', und teilen Sie souverän (nur) die Informationen mit, die Sie weitergeben wollen.

4) **Wer spricht?** Der Sprecher sollte von der Organisation stammen, die hauptsächlich für die Bewältigung der gegenwärtigen Lage verantwortlich ist. Besteht noch eine Gefahr, wie am Beispiel einer fortlaufenden Anschlagslage deutlich wird, steht deren Bändigung im Vordergrund. Das ist Aufgabe der Polizei, die sprechen sollte.

5) Suchen Sie sich die Person, die Ihnen als am besten geeignet erscheint, um Ihre Botschaft und die entsprechenden Inhalte zu kommunizieren.

Am besten ist dies entweder der ausgebildete Pressesprecher oder die führungsverantwortliche Person.
Legen Sie vorher fest, in welcher Rolle Sie sprechen. In der Pressearbeit gibt es in der Regel drei:

- Verantwortlicher (Bsp.: Einsatzleiter/Pressesprecher als Repräsentant der verantwortlichen Organisation),
- Experte (Bsp.: Profiler, der sich mit Amoktätern auskennt),
- Zeuge/Betroffener (in das Geschehen involviert).

Grundsätzlich kann der Sprecher in alle der drei Rollen einsteigen. Er ist Verantwortlicher, weil er entweder als Einsatzleiter fungiert oder für die verantwortliche Organisation spricht. Er ist ein Experte, weil er selbst den Beruf erlernt hat sowie mit Fach- und zusätzlichem Alltagswissen ausgestattet ist. Zudem dient er als Zeuge, da er aus seiner persönlichen Perspektive auch als Mensch in die Situation involviert ist.

Wählen Sie die Rolle, die Ihre Botschaft am besten transportiert. Das wird in der Regel die des Verantwortlichen sein. Die Expertenrolle scheint zwar möglich, allerdings stellt diese Konstruktion eher einen Blickwinkel von außen und vor dem Hintergrund besonderer Expertise dar, die nicht selten wertend auftritt. Es ist demnach nicht sehr passend, sich selbst in einer laufenden Lage zu bewerten, für deren Bewältigung man selbst (oder die Organisation) Verantwortung trägt.

Wichtig: Bleiben Sie als Sprecher in der Verantwortung, in der Sie tatsächlich stehen. Natürlich können Sie Sachinformationen, die andere Organisationsbereiche betreffen, kommunizieren, insofern diese keine fremde Fachebene aufgreifen. Die Formulierung „Die Verletzten wurden notärztlich versorgt und in umliegende Kliniken transportiert" ist ein Satz, der einen Teil Ihrer Verantwortung als Polizei (Zusammenarbeit mit anderen Kräften/Sicherstellung der Versorgung Verletzter durch den Rettungsdienst) wiedergibt. Gehen Sie aber nicht über dieses Niveau hinaus.

Gleiches gilt beispielsweise für politische Fragen. Sie dürfen die Medienvertreter darauf hinweisen, dass aktuell der Schutz und das Leben vieler Menschen im Vordergrund stehen und jetzt nicht der Zeitpunkt für solche Fragen ist.

6) **Wann wird ein Statement abgegeben?**

Eine generelle Antwort hierauf wird es nicht mit Anspruch auf absolute Richtigkeit geben können. Wichtig ist: Beobachten Sie neben der Lage auch die Medienlage. Fangen Sie frühzeitig an, die Pressefachleute Ihrer Organisation zurate zu ziehen, mit der Vorbereitung eines Statements zu beginnen und die Öffentlichkeitsarbeit zu betreuen.

Gibt es Handlungsbedarf und reichen mögliche Sofortmaßnahmen aus (Twitter/Social-Media-Kanäle/Internetseite, schriftliche oder telefonische Kurzinformation von Radio und Fernsehen), um zwingend zu kommunizierende Inhalte zeitkritisch an die Öffentlichkeit zu tragen?

- Wissen Sie selbst genug, um ein Statement abgeben zu können?
- Haben Sie hinreichend Zeit, sich auf das Pressestatement abzustimmen und vorzubereiten?
- Wann sollten Sie spätestens kommunizieren? Wenn Sie einen Termin kommunizieren, sollten Sie sich sicher sein, dass Sie ihn einhalten können.
- Gibt es triftige Gründe, warum Sie besser (noch) nicht im Sinne eines Fernsehstatements kommunizieren sollten?

Literatur

American College of Emergency Physicians. (2013). Policy statement. Tactical emergency medicine support. *Annals of Emergency Medicine, 61*(2), 261. https://doi.org/10.1016/j.annemergmed.2012.11.013.

BAIUDBw. (2024). Zentraldruckerei: Broschüre VPR-Gesamt. Bundeswehr. de. https://www.bundeswehr.de/resource/blob/5707776/5ba8d8c460d931164c7b00f49994d41d/verteidigungspolitische-richtlinien-2023-data.pdf. Zugegriffen: 13. Apr. 2024.

Bayerische Staatsregierung. (2024). Herrmann zum Abschluss der Ermittlungen zum OEZ-Attentat – Bayerisches Landesportal. Zugegriffen: 24. Mai 2024.

Bayerisches Staatsministerium des Innern und für Integration. (2018). Handlungskonzeption für die Bewältigung lebensbedrohlicher Einsatzlagen durch die nicht-polizeiliche Gefahrenabwehr: ID4-2252-57-10. https://www.lfv-bayern.de/media/filer_public/2e/29/2e29d267-3920-4ad6-a1e8-cc84bd8d3324/r_handlungskonzeption_lbel.pdf. Zugegriffen: 24. Mai 2024.

Bobko, J. P., Sinha, M., Chen, D., Patterson, S., Baldridge, T., & Eby, M. et al. (2018). A Tactical Medicine After-action Report of the San Bernardino Terrorist Incident. *The Western Journal of Emergency Medicine, 19*(2), 287–293. https://doi.org/10.5811/westjem.2017.10.31374.

Bradley, K. D. (2019). The Good. The Bad. And the Future of Drones in Tactical/Operational Medicine. *JSOM – Winter 2019 Articles.* https://www.jsomonline.org/Citations/0U9U-GD66.php. Zugegriffen: 24. Mai 2024.

Brandwacht. Bayern. (2018). Aus dem Ministerium: Handlungskonzeption für die Bewältigung lebensbedrohlicher Einsatzlagen durch die nicht polizeiliche Gefahrenabwehr: Bw_5_2018_s180_182_handlungskonzeption. https://www.brandwacht.bayern.de/mam/archiv/beitraege_pdf/bw_5_2018_s180_182_handlungskonzeption.pdf. Zugegriffen: 24. Mai 2024.

Braun, J., Gertz, S. D., Furer, A., Bader, T., Frenkel, H., Chen, J., Glassberg, E., & Nachman, D. (2019). The promising future of drones in prehospital medical care and its application to battlefield medicine. *The Journal of Trauma and Acute Care Surgery, 87*(1S Suppl 1), 28–34. https://doi.org/10.1097/TA.0000000000002221.

Bundesamt für Bevölkerungsschutz und Katastrophenhilfe. (2024b). *PSNV Qualitätssicherung.* In: Bbk.bund.de. https://www.bbk.bund.de/DE/Themen/Krisenmanagement/Mensch-und-Gesellschaft/psnv-qualitaetssicherung/psnv-qualitaetssicherung_node.html. Zugegriffen: 5. Apr. 2024.

Bundesministerium für Inneres. Staatliches Krisen- und Katastrophenschutzmanagement. (2006). Richtlinie für das Führen im Katastropheneinsatz. Online verfügbar unter. https://www.bmi.gv.at/204/Download/files/Richtlinie_fuer_das_Fuehren_im_Kat-Eneinsatz_Letztfassung_BF_20200122.pdf. Zugegriffen: 24. Mai 2024.

Bundespolizei. (2024a). Bundespolizei – Bundesbereitschaftspolizei. https://www.bundespolizei.de/Web/DE/05Die-Bundespolizei/04Einsatzkraefte/02_Bundesbereitschaftspolizei/Bundesbereitschaftspolizei_node.html. Zugegriffen: 24. Mai 2024.

Bürgerschaft der Freien und Hansestadt Hamburg. (2022). 22/9501 SKA: Einsatz von Distanz-Elektroimpulsgeräten (Taser) bei der Polizei Hamburg. https://www.buergerschaft-hh.de/parldok/dokument/81242/einsatz_von_distanz_elektroimpulsgeraeten_taser_bei_der_polizei_hamburg.pdf. Zugegriffen: 24. Mai 2024.

Butler, G. M. (2019). TCCC-MP GL 190801. https://learning-media.allogy.com/api/v1/pdf/40e98785-c0a1-4916-a892-ca7977355864/contents. Zugegriffen: 24. Mai 2024.

Champion, H. R., Bellamy, R. F., Roberts, C. P., & Leppaniemi, A. (2003). A Profile of Combat Injury. *The Journal of Trauma, 54*(5 Suppl), 13–19. https://doi.org/10.1097/01.TA.0000057151.02906.27.

Cimolino, U. (2009). Einsatz- und Abschnittsleitung. Das Einsatzführungssystem. https://books.google.lt/books?hl=de&lr=&id=PMMk-cSKerIC&oi=fnd&pg=PA10&dq=Das+F%C3%BChrungssystem+Rettungsdienst&ots=3GQPutg70A&sig=ApKNZLqxjrL8BxCV3ws1nadIgU4&redir_esc=y#v=onepage&q=Das%20F%C3%BChrungssystem%20Rettungsdienst&f=false. Zugegriffen: 24. Mai 2024.

Deutsche Gesellschaft für Wehrmedizin und Wehrpharmazie. (2011). *Führen im Sanitätsdienst – Notwendig, Sinnvoll, Möglich?* Deutsche Gesellschaft für Wehrmedizin und Wehrpharmazie. https://wehrmed.de/fuehrung-organisation/fuehren-im-sanitaetsdienst-notwendig-sinnvoll-moeglich.html. Zugegriffen: 24. Mai 2024.

DocCheck. (2024). Taktische Medizin – DocCheck Flexikon. DocCheck Community GmbH. https://flexikon.doccheck.com/de/Taktische_Medizin. Zugegriffen: 24. Mai 2024.

Eastridge, B. J., Mabry, R. L., Seguin, P., Cantrell, J., Tops, T., Uribe, P., Mallett, O., Zubko, T., Oetjen-Gerdes, L., Rasmussen, T. E., Butler, F. K., Kotwal, R. S., Holcomb, J. B., Wade, C., Champion, H., Lawnick, M., Moores, L., & Blackbourne, L. H. (2012). Death on the battlefield (2001–2011): Implications for the future of combat casualty care. *The Journal of Trauma and Acute Care Surgery, 73* (6 Suppl 5), 431–7. https://doi.org/10.1097/TA.0b013e3182755dcc.

Elbe, M. (2020). Die Einsatzorganisation als lernende Organisation. In E. M. Kern, G. Richter, J. C. Müller, & F. H. Voß (Hrsg.), *Einsatzorganisationen: Erfolgreiches Handeln in Hochrisikosituationen* (S. 139–166). Springer-Gabler.

Europäische Sicherheit & Technik. (2020). *Strategien zur Gefahrenabwehr in komplexen Krisensituationen*. Mittler Verlag.

Frehner, T. (2023). Führungsverhalten und Führungsstile. In: Frehner, T. (Hrsg.): *Führung heute.* Springer Berlin Heidelberg, S. 273–294.

Gasteiger, C. (2016). *Der Mann der ruhig bleibt.* Sueddeutsche.de. https://www.sueddeutsche.de/medien/pressesprecher-der-polizei-muenchen-der-mann-der-ruhig-bleibt-1.3091926. Zugegriffen: 13. Apr. 2024.

Gerold, K. B. (2009). The Relevance of Tactical Combat Casualty Care Guidelines (TCCC) to civilian law enforcement operations. *The Tactical Edge* (I/2009) National Tactical Officers Association (NTOA). https://ntoa.org/pdf/TCCCGuidelines.pdf. Zugegriffen: 20. Mai 2024.

Grün, O., & Schenker-Wicki, A. (Hrsg.). (2014). *Katastrophenmanagement. Grundlagen, Fallbeispiele und Gestaltungsoptionen aus betriebswirtschaftlicher Sicht.* Springer Gabler (Uniscope. Publikationen der SGO Stiftung).

Hofinger, G., & Heimann, R. (Hrsg.). (2016). *Handbuch Stabsarbeit. Führungs- und Krisenstäbe in Einsatzorganisationen, Behörden und Unternehmen.* Springer.

Holcomb, B., & Stansbury, G. L. (2006). *TCCC Summary of Supporting Evidence.* https://books.allogy.com/web/tenant/8/books/4388d03c-aed0-42a0-8830-3abf3c4ff57d/. Zugegriffen: 24. Mai 2024.

Kern, E., Richter, G., Müller, J., & Voß, F. (Hrsg.). (2020): *Einsatzorganisationen. Erfolgreiches Handeln in Hochrisikosituationen.* 1. Aufl. Springer-Gabler.

Land Bayern. (2022). *BayRDG: Bayerisches Rettungsdienstgesetz (BayRDG) Vom 22. Juli 2008 (GVBl. S. 429) BayRS 215–5–1-I (Art. 1–63).* Hg. v. Bayerische Staatskanzlei. Bayerische Staatskanzlei. https://www.gesetze-bayern.de/Content/Document/BayRDG. Zugegriffen: 24. Mai 2024.

Lasogga, F.; & Gasch, B. (Hrsg.). (2011). *Notfallpsychologie: Lehrbuch für die Praxis; mit 18 Tabellen* (2. Aufl.). Springer..

Lippay, C. (2018). Unterstützungseinheit Operative Einsatzmedizin. *TM-GSG9: Die Medics der GSG 9*, S. 1–9. https://news-papers.eu/wp-content/uploads/2018/12/TM-GSG9.pdf. Zugegriffen: 24. Mai 2024.

Ministerium des Innern des Landes Nordrhein-Westfalen, Referat 14. (2024). *SGV Inhalt : Gesetz über den Rettungsdienst sowie die Notfallrettung und den Krankentransport durch Unternehmer (Rettungsgesetz NRW – RettG NRW) | RECHT.NRW.DE.* https://recht.nrw.de/lmi/owa/br_text_anzeigen?v_id=1000000000000000032. Zugegriffen: 24. Mai 2024.

Müller, J. C. (2018). *Wissenstransfer in Einsatzorganisationen. Empirische Entwicklung eines Bezugsrahmens für den intraorganisationalen Transfer von Einsatzwissen..* Springer-Gabler.

NAEMT. (Hrsg.). (2011). *PHTLS. Military. Prehospital Trauma Life Support.* Unter Mitarbeit von Salomon P. Jeffrey & Pons T. Peter. *NAEMT* (7. Aufl.). MOSBY JEMS Elsevier.
NAEMT, Naval Special Warfare Project. (2014). TCCC Guidelines (revised), S. 1–16. https://naemt.org/Files/TCCC/041114/TCCC%20Guidelines_131028.pdf. Zugegriffen: 24. Mai 2024.
National Tactical Officer Association (NTOA). (2024b). Active Shooter Incident Management Checklist Endorsed by the NTOA as National Standard. NTOA. https://www.ntoa.org/active-shooter-incident-management-checklist-endorsed-as-national-standard/. Zugegriffen: 24. Mai 2024.
National Tactical Officers Association. (2022). Active Shooter Incident Management Checklist Endorsed by the NTOA as National Standard | NTOA. https://www.ntoa.org/active-shooter-incident-management-checklist-endorsed-as-national-standard/. Zugegriffen: 24. Mai 2024.
National Tactical Officers Association. (2024a). TEMS Position Statement | NTOA: Inclusion of Tactical Emergency Medical Support (TEMS) in Tactical Law Enforcement Operations. National Tactical Officers Association. https://www.ntoa.org/sections/tems/tems-position-statement/. Zugegriffen: 24. Mai 2024.
Neitzel, C. (2018). *Versorgung von Notfallpatienten in Bedrohungslagen.* Springer.
Neitzel, C., & Ladehof, K. (2012). *Taktische Medizin: Notfallmedizin und Einsatzmedizin.* Springer.
Paschen, M., & Dihsmaier, E. (2014). *Psychologie der Menschenführung: Wie Sie Führungsstärke und Autorität entwickeln ; mit 10 Tabellen* (2. Aufl.). Springer Medizin.
Queyriaux, B. (2024). The Dronization of Combat Medical Support. https://military-medicine.com/article/4254-the-dronization-of-combat-medical-support.html. Zugegriffen: 24. Mai 2024.
Rall, M., & Lackner, C. K. (2010). Crisis Resource Management (CRM). In: *Notfall Rettungsmed* 13 (5), S. 349–356. https://doi.org/10.1007/s10049-009-1271-5.
Rathbone, A. L., & Prescott, J. (2017). The Use of Mobile Apps and SMS Messaging as Physical and Mental Health Interventions: Systematic Review. *Journal of Medical Internet Research, 19*(8), e295. https://doi.org/10.2196/jmir.7740.

Sanz-Martos, S., López-Franco, M. D., Álvarez-García, C., Granero-Moya, N., López-Hens, J. M., Cámara-Anguita, S., Pancorbo-Hidalgo, P. L., & Comino-Sanz, I. M. (2022). Drone Applications for Emergency and Urgent Care: A Systematic Review. *Prehospital and Disaster Medicine, 37*(4), 502–508. https://doi.org/10.1017/S1049023X22000887.

St. Pierre, M., & Breuer, G. (Hrsg.). (2013). *Simulation in der Medizin.* Springer.

Stiller, J. (2024). Presse- und Öffentlichkeitsarbeit bei der Feuerwehr. https://books.google.lt/books?hl=de&lr=&id=XOoGEQAAQBAJ&oi=fnd&pg=S.1&dq=Presse+und+%C3%96ffentlichkeitsarbeit+in+Gro%C3%9Fschadenslagen&ots=CBC3RDeyxD&sig=LCljV1CEGpgvPt8Jyuy0osGBRZ0&redir_esc=y#v=onepage&q=Presse%20und%20%C3%96ffentlichkeitsarbeit%20in%20Gro%C3%9Fschadenslagen&f=false. Zugegriffen: 25. Mai 2024.

TREMA-e.V. (2018). Guidelines für TCCC 3.0. trema-europe.de. https://www.trema-europe.de/wp-content/uploads/2018/10/TREMA-e.V.-Guidelines-fuer-TCCC-3.0.pdf. Zugegriffen: 24. Mai 2024.

U.S. Army (2017). Handbook on Tactical Combat Casualty Care. No 17493, 3–133. Usacac.army.mil. https://usacac.army.mil/sites/default/files/publications/17493.pdf. Zugegriffen: 24. Mai 2024.

Veermans, K. (2016). *Operativ-taktische Führung von standardisierten Einheiten der Gefahrenabwehr.* https://reposit.haw-hamburg.de/bitstream/20.500.12738/7739/1/BA_Koenraad_Veermans.pdf. Zugegriffen: 24. Mai 2024.

Wissenschaftliche Dienste (Deutscher Bundestag). (2016). Ausarbeitung: Organisation der Notfallversorgung in Deutschland unter besonderer Berücksichtigung des Rettungsdienstes und des Ärztlichen Bereitschaftsdienstes. https://www.bundestag.de/resource/blob/408406/0e3ec79bfb78d7dde0c659a2be0927ca/wd-9-105-14%E2%80%93pdf-data.pdf. Zugegriffen: 24. Mai 2024.

Zand-Vakili, A. (2022). *SEK: Das sind die spektakulärsten Fälle der Spezialeinheit.* Hamburger Abendblatt. https://www.abendblatt.de/hamburg/article236799887/polizei-hamburg-sek-die-spektakulaeren-Faelle-der-spezialeinheit.html. Zugegriffen: 13. Apr 2024.

7

Ausgewählte Schadenslagen und besondere Herausforderungen

Zusammenfassung Ziel des folgenden Kapitels ist es, die spezifischen Herausforderungen und die interdisziplinäre Zusammenarbeit in Großschadenslagen sowie in komplexen Sicherheitsbedrohungen zu verdeutlichen, um daraus effektive Bewältigungsstrategien abzuleiten. Hierfür werden exemplarisch zwei besondere Schadenslagen und deren Herausforderungen beleuchtet: die Überflutung des St.-Antonius-Hospitals in Eschweiler im Jahr 2021 und ein CBRN-Anschlag auf ein Fußballstadion. Daraufhin wird ein Blick auf die Fußball-Europameisterschaft 2024 geworfen, um die Sicherheitsvorkehrungen und die Vorbereitung der Einsatzkräfte auf eine potenzielle CBRN-Bedrohung zu analysieren.

Kapitel 7 befasst sich mit spezifischen Schadenslagen und Herausforderungen in Krisen- und Katastrophenfällen. Die Analyse beleuchtet die besonderen organisatorischen, logistischen und kommunikativen Herausforderungen, die durch die Koordination und evakuierung von betroffenen Personen, insbesondere Patienten in kritischem Zustand, entstanden. Weiterhin werden die BEwältigungsstrategien bei CBRN- Einsätzen untersucht. Hier wird ein besonderer Fokus auf die Organisation, Ausstattung und die Notwendigkeit spezialisierter Einsatzkräfte sowie

© Der/die Autor(en), exklusiv lizenziert an Springer Fachmedien Wiesbaden GmbH, ein Teil von Springer Nature 2025
R. Röttinger, *Führen von Einsatzorganisationen in der Chaosphase*,
https://doi.org/10.1007/978-3-658-46097-6_7

Schulungen und strukturierteKooperation gelegt, um im Ernstfall handlungsfähig zu bleiben. Ein fiktives Szenario eines CBRN-Anschlags in einem Fußballstadion dient als Fallstudie zur Veranschaulichung dieser Maßnahmen, ergänzt durch eine Analyse der Sicherheitsvorbereitungenfür die Fußball- Europameisterschaft 2024. Hierbei werden die Kooperation verschiedener Sicherheits- nd Notfalldienste, die Kommunikationsplanung und die interdisziplinäre vorbereitung durch Simulationen und Schulungen als wesentliche Elemente herausgestellt. Im nachfolgenden Kapitel wird zu Beginn eine exemplarisch ausgewählte Großschadenslage, konkret die Überflutung des St.-Antonius-Hospitals in Eschweiler im Jahr, 2021, dargestellt, um sodann dadurch entstandene allgemeine wie auch besondere Herausforderungen näher zu betrachten. In einem weiteren Arbeitsschritt werden Maßnahmen und Bewältigungsstrategien bei einer Sicherheitsbedrohung in CBRN-Einsatzlagen (vormals überwiegend als ABC-Einsatz bekannt) zusammengetragen. Die Abkürzung CBRN steht hierbei für chemisch, biologisch, radiologisch und nuklear. (Voßschmidt, 2016, S. 403).

Abschließend wird anhand eines Fallbeispiels ein CBRN-Anschlag auf ein Fußballstadion skizziert. Zudem wird ein Blick auf die anstehende Fußball-Europameisterschaft der Herren im Jahr, 2024 geworfen. Hieran soll deutlich werden, wie die unterschiedlichen organisationsübergreifenden Einsatzkräfte in einer konkreten CBRN-Sicherheitsbedrohung agieren müssen, um handlungsfähig zu bleiben und die Situation im Idealfall rasch unter Kontrolle zu bringen, sodass das Ausmaß der Schadenslage für alle Beteiligten so gering wie möglich ausfällt (siehe Abb. 7.1).

7.1 Allgemeine und besondere Herausforderungen in Großschadenslagen

Zunächst muss festgehalten werden, dass es sich um eine größere Schadenslage respektive Großschadenslage immer dann handelt, wenn ein Ereignis eingetreten ist, dass das Leben, die körperliche Unversehrtheit

7 Ausgewählte Schadenslagen und besondere Herausforderungen

Abb. 7.1 Rettungsdienst bei einer CBRN-Übung. (Quelle: Eigene Darstellung in Anlehnung an Flissikowski, o. D)

zahlreicher Menschen, die lebensnotwendige Unterkunft sowie Versorgung der Bevölkerung und/oder erhebliche Sachwerte unmittelbar gefährdet, wesentlich beeinträchtigt oder schädigt, mit Kräften sowie Führungs- und Einsatzmitteln des täglichen Dienstes allein nicht bewältigt werden kann und besondere koordinierende Maßnahmen erfordert. (Tietz, 2016, S. 87).

Eine derartige Situation ist für alle Beteiligten – Betroffene wie auch Einsatzkräfte – ein regelrechtes „Schreckensszenario" (Siemon, 2013, S. 3), das nur durch umfangreich ausgebildete Personen bewältigt werden kann. Doch stellt allein die Ausbildung eine besondere Herausforderung dar, „da eine Großschadenslage nur sehr schwer trainierbar ist" (Siemon, 2013, S. 3). Jedwede Schadenslage sorgt zunächst für Unordnung und Chaos unter den Betroffenen, denen auch die Einsatzkräfte ausgesetzt sind. (Siemon, 2013, S. 3) Nachfolgend wird eine Großschadenslage anhand der Darlegung der Evakuierung des St.-Antonius-Hospitals während der Flutkatastrophe, 2021 in Eschweiler skizziert, um in einem weiteren Schritt auf die allgemeinen wie auch besonderen Herausforderungen in dieser Situation vertiefend einzugehen.

7.1.1 Großschadenslage Hochwasser in Eschweiler

Nordrhein-Westfalen und Rheinland-Pfalz waren im Juli, 2021 von extremen Niederschlägen, Hochwasserereignissen und Sturzfluten betroffen. Über 180 Menschen kamen dabei ums Leben. (Voss et al., 2022, S. 1) Auch die Stadt Eschweiler und das dortige St.-Antonius-Hospital waren unmittelbar den Überschwemmungen ausgesetzt. Zur Situation: Am Vormittag des 14. Julis, 2021 waren bereits Nachbarregionen Eschweilers überflutet. Gegen 13 Uhr wurde im Krankenhaus ein interner Krisenstab einberufen. Aufgrund des vorhandenen Hochwasserschutzes wurde die Klinik zu diesem Zeitpunkt als sicher eingestuft. Dennoch wurden vorsorglich Lunchpakete gepackt, Sauerstoffflaschen bereitgestellt wie auch der Medikamentenbestand überprüft und aufgefüllt. Gegen 16 Uhr wurden Handwerker damit beauftragt, einen zusätzlichen Hochwasserschutz durch sogenannte Spundwände zu installieren. Die Feuerwehr lieferte dazu Sandsäcke und Pumpen an und beförderte die vorhandenen Notstromaggregate vom Keller auf das Klinikdach. Patienten mit besonders kritischem Gesundheitszustand wurden verlegt und zusätzliches Personal wurde angefordert. (Voss et al., 2022, S. 18) Gegen 19 Uhr war der Wasserpegel noch weiter angestiegen, schwankte aber weiterhin, sodass genauere Prognosen kaum möglich waren. Ab 20 Uhr kam der krankenhausinterne Krisenstab stündlich zusammen. Vor allem Abwehrmaßnahmen des erwarteten Hochwassers wurden darin besprochen. Erst zu dieser Zeit wurde die organisatorische Leitung der Großschadenslage kontaktiert und zur Klinik beordert. Die Kommunikation zwischen dem Krankenhauskrisenstab und dem Krisenstab des Landkreises blieb indes aus. Ab 0 Uhr wurden die organisatorische Leitung der Großschadenslage sowie Einsatzkräfte der Feuerwehr und des Technischen Hilfswerks (THW) in die stündlichen Besprechungen integriert. Zwischen 0 und 3 Uhr begann das Krankenhauspersonal mit der internen Verlegung von Patienten auf Stationen mit höherer Personalstärke. Die Abschaltung der Stromversorgung wie auch eine Evakuierung des Krankenhauses wurden immer wahrscheinlicher. (Voss et al., 2022, S. 19) Die Mitarbeiter wurden sodann damit beauftragt, die Patienten auf dieses mögliche Szenario vorzubereiten. Um 0:41 Uhr wurde offiziell der Katastrophenfall ausgerufen. Die regionale Stromversorgung wurde eingestellt, sodass das Krankenhaus ausschließlich über die Notstromaggregate versorgt wurde. Um 3 Uhr überschwemmte eine Flutwelle den Schutzwall, sodass Wasser in die unteren Stockwerke eindringen konnte. Sie mussten sofort evakuiert werden. Die interne Kommunikation erfolgte in dieser Phase ausschließlich durch private Mobilfunkgeräte. Ab 4 Uhr wurde die weitere Evakuierung der Klinik vorbereitet. Da mittlerweile auch das EDV-System ausgefallen war, lagen somit auch keine digitalen Patienten-Informationen mehr vor, was die anstehende Evakuierung erschwerte. Umliegende Krankenhäuser wurden bzgl. der Aufnahme evakuierter Patienten kontaktiert. Da die Klinik aufgrund des stark angestiegenen Wasserpegels selbst mit Spezialfahrzeugen nicht mehr zu erreichen war, wurden Hubschrauber angefragt. Diese konnten jedoch nicht bereitgestellt werden. Als die Städteregion endlich über den Zustand in der Klinik informiert wurde, wurden sogleich Maßnahmen geplant und Personal angefordert, dass unterstützend hinzugezogen werden sollte, sobald es einsatzbereit war. Am folgenden Morgen wurden zwischen 7 und 8 Uhr verschiedene Verlegungsmaßnahmen der Patienten besprochen. Zwischen 8 und 13 Uhr fand eine Triagierung der Patienten bzgl. der Priorität bei der Evakuierung statt. Mit Rückgang des Wasserpegels konnte neues Personal durch den Einsatz von Spezialfahrzeugen ins Krankenhaus transportiert werden. Parallel dazu wurden Landwirte über interne Informationskanäle über die Lage informiert und gebeten, mit Traktoren zum Krankenhaus zu fahren. (Voss et al., 2022, S. 20) Ab 13 Uhr begann die Evakuierung der Patienten mittels Helikopter. Die Tatsache, dass die Aufzüge außer Betrieb waren, erschwerte vor allem die Verlegung stark adipöser Patienten.

Ein weiteres Problem war, dass die Hubschrauber für den Transport dieser Personen nicht ausgelegt waren. Als gegen 14 Uhr der Pegelstand weiter sank, konnte endlich die Evakuierung per Krankenwagen beginnen. Hilfsorganisationen kamen unterstützend hinzu. Ortsansässige Landwirte übernahmen die Evakuierung gehfähiger Personen mittels Traktoren. Weitere Verlegungen fanden mit Bundeswehrfahrzeugen statt. Im Verlauf des Nachmittags musste die Evakuierung durch die Luft aufgrund schlechter Sichtverhältnisse eingestellt werden. Dafür konnte das Krankenhaus weiterhin mit normalen Kraftfahrzeugen angefahren werden. Zuletzt verließ das Krankenhauspersonal das Klink-Areal, sodass dieses um 20:40 Uhr vollständig geräumt war. (Voss et al., 2022, S. 21).

7.1.2 Allgemeine Herausforderungen in Großschadenslagen

Wie bereits dargelegt wurde, stellt jedwede Schadenslage alle Beteiligten vor enorme Herausforderungen. Unter die allgemeinen Herausforderungen fällt zunächst das Vorhandensein eines bekannten und stabilen Netzwerks mit entsprechenden Akteure, auf das in der Vorbereitung auf eine mögliche oder aber in einer akuten Schadenslage zurückgegriffen werden kann. (Siemon, 2013, S. 3) Diesbezüglich müssen im Vorfeld Verantwortlichkeiten geklärt werden. (Voss et al., 2022, S. 22) Da diese Verantwortlichkeiten sowohl von öffentlichen Einrichtungen und Organisationen (z. B. der Feuerwehr, Polizei und dem THW) als auch von privaten Trägern (z. B. dem Arbeiter-Samariter-Bund, der Deutschen Lebens-Rettungs-Gesellschaft oder auch dem Deutschen Roten Kreuz) übernommen werden (Siemon, 2013, S. 4) und somit organisationsübergreifend agiert wird, sind gemeinsame Schulungen und Übungen unerlässlich. (Siemon, 2013, S. 29) Obwohl eine Schadenslage wie die des oben angeführten Beispiels nicht geprobt werden konnte, fanden dennoch im Vorfeld zahlreiche Übungen statt, in die „sowohl Mitarbeiter des Krankenhauses als auch die Gefahrenabwehrbehörde involviert waren", (Voss et al., 2022, S. 27) sodass die Schadenslage bewältigt werden konnte. „Einmal im Jahr werden in der Städteregion Stabsrahmenübungen für Großschadenslagen abgehalten. Auch eine Krankenhausevakuierung bei Stromausfall ist dabei schon einmal beübt worden" (Voss et al., 2022, S. 27). Ungeachtet der stattgefundenen Übungen sollte sich jedoch der Zeitpunkt, ab dem externe Akteure hinzugezogen werden mussten, als schwierig gestalten. Während klinikintern der Krisenstab bereits am Mittag einberufen wurde, kamen externe Akteure erst am Abend hinzu (Voss et al., 2022, S. 32). Somit kann auch die Gefahren- und Lageeinschätzung als allgemeine Herausforderung betrachtet werden.

Da sich das St.-Antonius-Hospital in einem bekannten Hochwassergebiet befindet, ist der Hochwasserschutz dementsprechend von zentraler Bedeutung. Für die Klinik bestanden daher im Vorfeld ausgearbeitete Konzepte für Warnschwellen, bei deren Erreichen die Alarmierung verstärkender Einheiten der Gefahrenabwehr vorgesehen war, und

Hochwasserschutzpläne mit priorisierten Schutzzielen. Sandsäcke lagen ausgehend von Erfahrungen früherer Starkregenereignisse an der Feuerwache in Containern bereit und konnten jederzeit zum Einsatz gebracht werden. (Voss et al., 2022, S. 28).

Ebenfalls lagen Gutachten bzgl. des Hochwasserschutzes der Klinik vor, auf die man sich bei der Lagebeurteilung zunächst stützte. (Voss et al., 2022, S. 23) Das letzte größere Hochwasser ereignete sich jedoch im Jahr 1960, sodass ungeachtet aller Vorbereitungen die Einsatzkräfte über keinerlei persönliche Erfahrungen bzgl. einer derartigen Schadenslage verfügten. (Voss et al., 2022, S. 29).

Eine weitere allgemeine Herausforderung während einer Großschadenslage ist die Kommunikation aller beteiligten Akteure. Dazu muss im Vorfeld ein sogenannter Krisenkommunikationsplan erarbeitet werden. Darin inbegriffen sind u. a. die Definition der Kommunikationsziele, verantwortliches Personal, Kontaktdaten aller internen wie externen Akteure inkl. der Presse, technische Mittel, die die Kommunikation überhaupt ermöglichen, aber auch Dokumente mit vorgefertigten Textbausteinen, um auch in hohen physischen wie psychischen Belastungssituationen verständlich und zielgerichtet kommunizieren zu können. (Eichner, 2021, S. 33 f.) „Einen Krisenkommunikationsplan vorzubereiten, ist zwar aufwendig. Im Krisenfall ist ein solcher Plan aber eine große Hilfe." (Eichner, 2021, S. 34) Obgleich die Krisenkommunikation in Eschweiler erprobt wurde, kann vor allem die Kommunikation zwischen dem Krankenhausstab und dem Krisenstab der Städteregion als mangelhaft beschrieben werden, was sich erschwerend auf die Bewältigung der Ereignisse ausgewirkt hat. (Voss et al., 2022, S. 35).

7.1.3 Besondere Herausforderungen

Zu den besonderen Herausforderungen einer Schadenslage zählt vor allem eine hohe Anzahl von Betroffenen. Im Falle des herangezogenen Beispiels des St.-Antonius-Hospitals waren dies zudem Patienten, demnach Personen, die sich in einem schlechten gesundheitlichen Zustand befanden. Zum Zeitpunkt der Schadenslage waren 298 Patienten in der Klinik untergebracht, davon lagen 17 Patienten auf der Intensivstation, wovon die Mehrheit beatmet werden musste. Eine weitere Herausforderung bestand darin, dass viele Patienten stark übergewichtig waren, was die Evakuierung zusätzlich erschwerte. (Voss et al., 2022, S. 18) Nicht nur die hohe Betroffenenzahl, auch die Größe des Einsatzgebiets stellt eine besondere Herausforderung dar. Neben der Überflutung der Klinik in Eschweiler waren parallel dazu Stunden zuvor weitere Regionen vom Hochwasser betroffen, sodass zahlreiche Einsatzkräfte bereits dort agierten, allmählich an ihre Kapazitätsgrenzen gelangten und somit auf überregionale Unterstützung angewiesen waren. (Voss et al., 2022, S. 31).

Zudem wurde nach Mitternacht die Stromversorgung abgeschaltet. Das Krankenhaus konnte ab diesem Zeitpunkt nur noch auf die Notstromaggregate zurückgreifen. Dadurch konnten die lebensnotwendigen Sauerstoffgeräte der beatmeten Patienten in Betrieb gehalten werden. Gleichzeitig fielen jedoch die Rufanlagen der anderen Patienten aus, sodass das Klinikpersonal alle Zimmertüren öffnen musste, um bei Bedarf für die Patienten erreichbar zu sein. (Voss et al., 2022, S. 48) Zudem fiel auch das EDV-System aus, was zur Folge hatte, dass kein Zugriff auf Patienten -Daten mehr bestand, somit auch nicht auf die Medikamenten-Pläne, was von dem Mitarbeiter als besonders problematisch erachtet wurde. Auch das Telekommunikationsnetz brach zusammen, sodass nur noch über private Mobilgeräte kommuniziert werden konnte. Mit schwindender Akkuleistung war jedoch auch dies nicht konstant möglich. (Voss et al., 2022, S. 49).

Eine weitere besondere Herausforderung war, dass die Klinik durch die Wassermassen im Verlauf der Nacht selbst mit Spezialfahrzeugen nicht mehr erreicht werden konnte. Eine Luftrettung war ebenfalls nicht möglich, da keine Hubschrauber zur Verfügung standen. (Voss et al., 2022, S. 20) Dieser Umstand verhinderte zu diesem Zeitpunkt nicht nur eine Evakuierung der Klinik, sondern auch den Schichtwechsel des Krankenhauspersonals. Aufgrund der dadurch zwangsweise angetretenen Doppelschichten stellten sich zunehmend Ermüdungserscheinungen ein, (Voss et al., 2022, S. 48) was sicherlich als eine enorm hohe Belastung der Mitarbeiter gewertet werden kann und die Arbeit somit zusätzlich erschwerte.

7.2 Bewältigungsstrategien bei Sicherheitsbedrohungen in CBRN-Einsätzen

Neben Großschadenslagen, die sich u. a. durch Unwetterlagen ereignen, werden vor allem CBRN-Gefahrenlagen als extrem komplex (Bundesamt für Bevölkerungsschutz und Katastrophenhilfe, 2010, S. 21) erachtet, die nur schwer „in den Griff" (Wendekamm & Feißt, 2015, S. 205) zu bekommen sind. CBRN-Stoffe können vorsätzlich z. B. in Form eines (Terror-)Anschlags oder aber unbeabsichtigt durch einen Unfall (u. a. Gefahrguttransporte) freigesetzt und damit zu einer Gefahr für die Bevölkerung wie auch für die vor Ort anwesenden Einsatzkräfte werden. (Bundesamt für Bevölkerungsschutz und Katastrophenhilfe, o. J.b) Um dennoch in einer akuten Schadenslage handlungsfähig zu sein, sind auch hier im Vorfeld erarbeitete und definierte Aufgabenbereiche und Strukturen der Zusammenarbeit unterschiedlicher Einsatzkräfte unerlässlich. (BBK, 2010, S. 15) Nachfolgend werden zunächst die wesentlichen Voraussetzungen für einen erfolgreichen CBRN-Einsatz zusammengetragen, bevor in einem weiteren Arbeitsschritt konkrete Maßnahmen, Vorgehensweisen und Bewältigungsstrategien dargelegt werden.

7.2.1 Voraussetzung eines CBRN-Einsatzes

CBRN-Einsätze, die i. d. R. mit einem hohen Eskalationspotenzial einhergehen, implizieren einen anspruchsvollen, komplexen Verfahrensablauf. Nur durch eine konsequente, einheitliche sowie standardisierte Aufgabenwahrnehmung und Verteilung kann ein CBRN-Einsatz zielgerichtet durchgeführt werden. (Bundesamt für Bevölkerungsschutz & Katastrophenhilfe, 2016, S. 23) Dazu hat das Bundesamt für Bevölkerungsschutz und Katastrophenhilfe (BBK) eine konzeptionelle Grundlage erarbeitet, worin zunächst Zuständigkeitsbereiche und Verantwortlichkeiten geregelt werden:

Die Zuständigkeiten im CBRN-Schutz innerhalb des Bevölkerungsschutzes und zwischen den verschiedenen Aufgabenträgern nationaler Sicherheitsvorsorge sind durch das Grundgesetz (GG), die einfachgesetzlichen Regelungen, die staatliche Kompetenzordnung zwischen

Bund und Ländern und zwischen den Ressorts vorgegeben. Darüber hinaus gelten die Regelungen des humanitären Völkerrechts für den Zivil- und Katastrophenschutz einschlägig. Die Ausführung des Katastrophenschutzes im Zivilschutz obliegt den Ländern einschließlich der Gemeinden und Gemeindeverbände, sie handeln im Auftrag des Bundes. Dafür unterstützt der Bund die Länder und Gemeinden durch Beistellung von Material und Ausbildungsleistung. (Bundesamt für Bevölkerungsschutz & Katastrophenhilfe, 2016, S. 17).

Während die operativen Aufgaben des CBRN-Schutzes mehrheitlich von den kommunalen Feuerwehren übernommen werden, obliegen die Aufgaben des gesundheitlichen CBRN-Schutzes primär den Hilfsorganisationen und Rettungsdiensten wie auch den Einrichtungen des öffentlichen Gesundheitsdienstes. (Bundesamt für Bevölkerungsschutz & Katastrophenhilfe, 2016, S. 17) Da sich neben physischen Schäden immense psychische Belastungen im Falle eines CBRN-Einsatzes auf die betroffenen Personen wie auch die Einsatzkräfte auswirken, sind zusätzlich auch psychosoziale Kompetenzen gefragt. (Bundesamt für Bevölkerungsschutz & Katastrophenhilfe, 2016, S. 23) Diese „gemeinsame, ressortübergreifende Verantwortung" (BBK, 2016, S. 17) setzt eine enge Zusammenarbeit und Abstimmung der verschiedenen Akteure voraus. Dazu bedarf regelmäßiger Schulungen, Weiterbildungen und einer umfangreichen Vernetzung der verschiedenen Akteure. (BBK, 2016, S. 24) Nicht nur das Wissen und die Erfahrungen vergangener Ereignisse und Einsätze, sondern vor allem regelmäßige, organisationsübergreifende Übungen müssen zum „Standardrepertoire des Notfallmanagements" (Folkers, 2018, S. 127) gehören. In den Nachbesprechungen der Übungseinsätze sollen sodann mögliche Defizite und Schwachstellen identifiziert und analysiert werden, um daraus neue, erfolgversprechendere Techniken und Strategien entwickeln zu können. (Folkers, 2018, S. 128).

Ungeachtet der üblichen Einsatzkräfte sind bei einem CBRN-Einsatz „spezialisierte und professionelle Einsatzkräfte, die über eine entsprechende spezifische Ausbildung und Ausstattung verfügen" (BBK, 2016, S. 25), unerlässlich. Der Bund wie auch die Länder und Kommunen müssen dementsprechend unterschiedliche Fähigkeitsprofile erstellen, sodass im Ernstfall auf alle notwendigen Ressourcen zurückgegriffen werden kann. Nur dadurch kann eine sogenannte Fähigkeitskette entstehen, innerhalb derer unmittelbar entschieden und festgelegt wird, wer vor Ort welche konkreten Aufgaben sofort erfüllen muss und vor allem, in welchem Zeitrahmen Folgeaufgaben übernommen werden können, um weitere Maßnahmen zu ergreifen. (BBK, 2016, S. 25).

7.2.2 Konkrete Maßnahmen bei einem CBRN-Einsatz

Die entscheidenden Fragen, die sich bzgl. der Einschätzung der Lage wie auch der nachfolgend anzuwendenden Strategie im Falle eines möglichen CBRN-Einsatzes stellen, lauten: Was ist passiert? Wann ist es passiert? Wo ist es passiert? Wie ist es passiert? Wie ist das Areal beschaffen? Wie sind die Umweltbedingungen? (BBK, 2010, S. 20) Welche und wie viele Menschen sind betroffen? (Eichner, 2021, S. 47).

Erhärtet sich der Verdacht eines CBRN-Ereignisses, muss den Einsatzkräften eine umfangreiche Schutzausrüstung zur Verfügung stehen, die sowohl die physische Unversehrtheit wie auch einen langen Arbeitseinsatz garantiert. (BBK, 2016, S. 25) Anschließend erfolgt die sogenannte CBRN-Erkundung. Hierbei werden die eingesetzten chemischen, biologischen, radiologischen und/oder nuklearen Stoffe identifiziert, um sodann das Ereignis zu melden. Es folgen die Probenahme der Substanz wie auch die Kennzeichnung und Überwachung kontaminierter Bereiche. (BBK, 2016, S. 26) Ist die Substanz identifiziert, kann eine vorläufige Gefährdungseinschätzung gegeben und erste Maßnahmen getroffen werden, z. B. die „Festlegung von Gefahrenbereichen, Übergangszonen und Absperrbereichen". (BBK, 2016, S. 27) Diese müssen von den Einsatzkräften überwacht werden. Daran anschließend erfolgen sogenannte Dekontaminationsmaßnahmen in Form von einer Reduzierung, Entfernung bzw. Unschädlichmachung chemischer, biologischer, radiologischer oder nuklearer Stoffe. (BBK, 2016, S. 28) Diese Maßnahmen werden mehrheitlich von der Feuerwehr übernommen. Unterstützend werden zudem „spezielle Einsatzelemente des nationalen Hilfeleistungssystems sowie […] Fachbehörden des Umwelt-, Arbeits- und Gesundheitsschutzes" (BBK, 2016, S. 29) hinzugezogen. Sind zusätzlich auch Personen dekontaminiert, werden diese registriert und unter besondere Beobachtung gestellt. (BBK, 2010, S. 20) Darüber hinaus muss ein für die Rettungskräfte sicheres Transportmittel und ein entsprechend ausgerichtetes Krankenhaus bereitstehen, in das dekontaminierte Personen schnellstmöglich gebracht werden können. (BBK, 2016, S. 29) „Sie [die Krankenhäuser] müssen dem Stand der Technik entsprechen und auch für den Massenanfall Kontaminierter ausgelegt sein." (BBK, 2016, S. 29) Dazu zählt auch, dass entsprechende Sanitätsmittel und Medikamente umfassend vorhanden sind bzw. zeitnah bereitgestellt werden können. (BBK, 2016, S. 30) Ungeachtet dessen müssen auch in den Krankenhäusern entsprechend geschulte Fachkräfte wie auch eingeübte Ablaufpläne und Kommunikationsstrukturen vorhanden sein. Das Bundesland Bayern hat in diesem Zusammenhang „die Träger von Krankenhäusern, die geeignet sind, einen Massenanfall von Verletzten zu bewältigen, [verpflichtet,] Alarm- und Einsatzpläne aufzustellen und fortzuschreiben" (Staufer, 2023), innerhalb derer vor allem organisatorische Maßnahmen geregelt werden. (Staufer, 2023) Hieran wird deutlich, dass nur durch gut vernetzte, organisationsübergreifende, geschulte Einsatzkräfte, vorhandener Schutzausrüstung, eingeübter Verfahrensabläufe, technische Hilfsmittel wie auch spezieller Transportmittel und Krankenhäuser mit spezialisierten Abteilungen und den notwendigen Behandlungsmitteln ein CBRN-Einsatz bewältigt werden kann.

7.2.3 Das Projekt „rescEU CBRN-Dekontaminationskapazität"

Um künftig noch besser auf einen möglichen CBRN-Einsatz vorbereitet zu sein, startete im Mai 2022 das Projekt „rescEU CBRN-Dekontaminationskapazität" (Bundespolizei, 2023). Unter der Leitung des THW in Kooperation mit dem BBK und der Bundespolizei (BPOL) sollen vier Einsatzeinheiten, die aus rund 250 Einsatzkräften, speziellen Fahrzeugen und Geräten bestehen, aufgebaut werden, die in einer akuten CBRN-Einsatzlage unterstützend hinzugezogen werden können, wenn die Schadenslage von den bereits agierenden Einsatzkräften allein nicht zu bewältigen ist. Während sich die erste Einheit auf die Dekontamination der Infrastruktur und Gebäude fokussiert, übernimmt die zweite Einheit die Dekontamination von Fahrzeugen. Die dritte Einheit unterstützt forensische Teams bei der Spurensicherung und Auswertung von Beweismaterial. Mit der Dekontamination von Personen ist schließlich die vierte Einheit beauftragt (Bundespolizei, 2023). „Eine zusätzliche Unterstützungseinheit sorgt dafür, dass alle Einheiten komplett autark agieren können, einschließlich der Versorgung, Logistik und der Ausstattung der eingesetzten Teilnehmenden." (Bundespolizei, 2023) Um das Projekt zielgerichtet umzusetzen, sind die drei Projektpartner aufgefordert, eng zusammenzuarbeiten. Regelmäßige gemeinsame Aktivitäten, Übungen und Qualitätskontrollen sind in diesem Zusammenhang unerlässlich. Ebenso werden weitere nationale wie internationale Partnerorganisationen in das Projekt eingebunden, „um den Wissensaustausch zu fördern, dem Projekt einen breiteren Fokus zu geben und eine optimale Gestaltung der Kapazität zu gewährleisten" (Bundespolizei, 2023). Nicht nur in Deutschland, sondern auch in Spanien und Kroatien werden aktuell CBRN-Einsatzeinheiten dieser Art aufgebaut, um bis, 2026 umfangreich auf hoch spezialisierte Fachkräfte im Falle einer CBRN-Schadenslage zurückgreifen zu können. Zur Umsetzung des Projekts hat die Europäische Union (EU) insgesamt 37,5 Mio. € zur Verfügung gestellt. (Bundespolizei, 2023).

7.2.4 Krisenkommunikation während eines CBRN-Einsatzes

Neben der Versorgung und Behandlung betroffener Personen und der Absperrung bzw. Dekontamination des betroffenen Areals ist auch an dieser Stelle die Krisenkommunikation ein wesentlicher Bestandteil eines CBRN-Einsatzes. (Dies gilt nicht nur für CBRN-Einsätze, sondern gleichermaßen für alle anderen Gefahren- und Schadenslagen, wie bereits am Fallbeispiel des St.-Antonius-Hospitals in Eschweiler verdeutlicht wurde) Hilfsorganisationen, die bei Großereignissen im Einsatz sind, sind stets einer komplexen Einsatzlage ausgesetzt. Vor allem in akuten Großschadenslagen müssen oftmals schnelle Entscheidungen getroffen werden. „In solchen Situationen werden häufig kritische Knackpunkte in Informationsprozessen offensichtlich." (K3-Projektkonsortium, 2018) Mangelhafte, unzuverlässige oder gar falsche Informationen erschweren nicht nur die Lagebeurteilung, sondern auch die anzuwendende Strategie und Koordination des Einsatzes, (K3-Projektkonsortium, 2018) wie am Beispiel der Evakuierung des St.-Antonius-Hospitals in Eschweiler deutlich wurde.

Generell ist festzuhalten, dass Kommunikationsbedarf während einer Schadenslage auf verschiedenen Ebenen besteht, z. B. zwischen den mit Sicherheitsaufgaben betrauten beteiligten Akteure der Behörden und Organisationen bzgl. der Lagebeurteilung und Koordinierung von Maßnahmen. Gleichermaßen ist auch die Kommunikation nach außen zu den Betroffenen wie auch zur übrigen Bevölkerung notwendig, um das Informationsbedürfnis der Öffentlichkeit zu stillen. (K3-Projektkonsortium, 2018) Auf dieser Basis wird nachfolgend zwischen einer internen und einer externen Zielgruppe respektive Krisenkommunikation unterschieden.

Die interne Zielgruppe der Krisenkommunikation umfasst alle Mitarbeiter wie auch Einsatzkräfte, die an einem Ereignis beteiligt sind. Im Falle einer Schadenslage müssen all diese Personen „schnell und umfassend" (Bundesministerium des Innern, 2014, S. 18) informiert und über anstehende Tätigkeitsfelder aufgeklärt werden. Von besonderer Relevanz sind in diesem Zusammenhang nachfolgend aufgelistete Punkte: 1) im Vorfeld erarbeitete Strukturen und Verfahren für das Erstellen von Web-/Intranet-Informationen, 2) Handlungsempfehlungen bzgl. einer widerspruchsfreien Kommunikation mit den Beschäftigten, 3) Sprachregelungen für das Personal, 4) regelmäßige Aktualisierungen der Informationen und 5) Information der Beschäftigten in allen Bereichen. (Bundesministerium des Innern, 2014, S. 18) Nur durch eine bereichsübergreifende Zusammenarbeit kann eine „effektive Krisenkommunikation" (Bundesministerium des Innern, 2014, S. 18) gelingen. Mit Rückgriff auf die sogenannte One-Voice-Policy soll zudem vermieden werden, widersprüchliche Aussagen der agierenden Behörden und Unternehmen zu verbreiten, um das Vertrauen der Bevölkerung nicht zu verlieren. Im Vorfeld abgestimmte Maßnahmen wie auch die Klärung von Verantwortlichkeiten sind hierbei unverzichtbar. (Bundesministerium des Inneren, 2014 S. 18) Folgende Aspekte müssen diesbezüglich in der Vorbereitung auf einen anstehenden Einsatz berücksichtigt werden: 1) der Aufbau stabiler Netzwerkstrukturen, 2) regelmäßige Abstimmungen und Durchführungen themenbezogener Besprechungen zur Etablierung eines kontinuierlichen Informationsaustauschs, 3) die Benennung von Personen, die für die Kommunikation zwischen den Krisenstäben verantwortlich sind, 4) das Vorhandensein von Alarmierungslisten und Verzeichnissen über Erreichbarkeiten, 5) die Festlegung von Aufgaben und Verantwortlichkeiten entsprechend der vorherrschenden Krise und 6) die Bestimmung von Verfahren bzgl. einer einheitlichen Kommunikationslinie. (Bundesministerium des Inneren, 2014, S. 19).

Neben der internen Zielgruppe ist gleichermaßen die externe Zielgruppe Adressat der Krisenkommunikation. Da CBRN-Schadenslagen gesamtgesellschaftlich zumeist als besondere Bedrohung und Gefährdung wahrgenommen werden und medial rasch Verbreitung finden, ist eine schnelle und vor allem verlässliche Einschätzung der Lage wie auch der zeitnah einsetzenden notwendigen Strategie zur Bewältigung von besonderer Relevanz. (BBK, 2016, S. 23) Mittels eines bundesweit einheitlichen Warnsystems sollen die Bürger darauf vorbereitet werden, eigenständig wahrzunehmen, in welcher Gefahrensituation sie sich befinden, um entsprechend agieren zu können. (BBK, 2016, S. 32) Ungeachtet dessen ist die gegenwärtig immense Nutzung sozialer Medien zu beachten. Dementsprechend muss im Rahmen der Krisenkommunikation im Vorfeld wie auch im Ernstfall sichergestellt werden, dass ausschließlich verantwortliche Akteure soziale Medien durch Fachwissen, Ersteinschätzungen der Situation sowie über den weiteren Verlauf des Geschehens informieren. Dadurch soll sichergestellt werden, dass sich keine Falschmeldungen verbreiten, damit die Behörden etc. die Informationshoheit und damit das Vertrauen wie auch die Glaubwürdigkeit nicht verlieren. (Bundesministerium des Inneren, 2014, S. 15).

7.2.5 Fallbeispiel: CBRN-Einsatz bei einem Anschlag auf ein Fußballstadion

Großveranstaltungen wie Sportevents sind ein fester Bestandteil der gegenwärtigen Freizeitgestaltung. Gleichzeitig implizieren sie immer auch ein besonderes Sicherheitsrisiko. (Schütte et al., 2019, S. 194) Exemplarisch wird an dieser Stelle ein Blick auf den Fußball geworfen, schließlich locken die Spiele jährlich Millionen Zuschauer in die Stadien. (Dierschke et al., 2018, S. 40).

Zu den Sicherheitsakteure im Fußball zählen die Polizei des Landes, die Bundespolizei, die Veranstaltungsleitung, der/die Sicherheitsbeauftragte, der Sicherheits- und Ordnungsdienst (SOD), der/die Stadionsprecher, ein Sanitätsdienst und ggf. eine Brandsicherheitswache, falls diese nicht von der Feuerwehr übernommen wird. Auch die jeweilige Kommune, vor allem die Ordnungsbehörde, die Feuerwehr und der Rettungsdienst zählen dazu. (Kubera et al., 2018c, S. 443 f.)

Im Rahmen der Sicherheitsvorkehrungen ist die Kategorisierung eines Spiels, d. h. die Bewertung „hinsichtlich [der] zu erwartenden Sicherheitsrisiken und [...] Gefahrenlagen" (Kubera et al., 2018b, S. 319) von zentraler Bedeutung und nimmt unmittelbaren Einfluss auf die Anzahl polizeilicher Einsatzkräfte, zusätzlicher Sicherheitsakteure wie auch auf die Intensität organisationsübergreifender Besprechungen und Lageeinschätzungen. (Kubera et al. 2018b, S. 321) Das Vorhandensein spezialisierter CBRN-Einheiten wäre zusätzlich empfehlenswert. Auch ein geeignetes Kommunikationskonzept, innerhalb dessen im Vorfeld Verantwortlichkeiten geklärt, nötige Kommunikationsmittel und Wege zur Verfügung stehen, um gezielt Informationen an festgelegte Personen weiterzuleiten und entsprechend agieren zu können, ist an dieser Stelle unabdingbar. (Kubera et al., 2018a, S. 72) Am Spieltag selbst sind umfangreiche Einlasskontrollen, die sowohl Personen- als auch Taschenkontrollen umfassen, zwingend notwendig. Das oberste Ziel ist dabei, dass sämtliche Gegenstände, die die Sicherheit potenziell gefährden könnten, nicht ins Innere des Stadions gelangen. (Werner et al., 2018 S. 158 f.)

Folgendes fiktives Szenario ist eingetreten: Trotz aller genannten Vorsichtsmaßnahmen ereignet sich ein CBRN-Anschlag in einem Fußballstadion. Eine chemische Bombe detoniert im Zuschauer-Bereich. Entsprechend der hohen Zuschauer-Zahlen fällt die Zahl der Betroffenen besonders hoch aus. Daneben ist die räumliche Nähe zwischen dem/ der Täter und somit der eingesetzten Substanz und den Opfern im Stadion nicht zu unterschätzen. Mittels Lautsprecherdurchsagen werden die Zuschauer „unmittelbar, schnell und zielgerichtet" (Werner et al., 2018, S. 168) darüber in Kenntnis gesetzt, wie sie sich zu verhalten haben. Den Stadionsprecher stehen dem vorhandenen Krisenkommunikationsplan entsprechende vorgefertigte Texte zur Verfügung, (DFL Deutsche Fußball Liga GmbH, 2009, S. 40) sodass unmissverständlich die korrekte Botschaft kommuniziert werden kann. Die Spieler wie auch diejenigen Besucher, die physisch unversehrt geblieben sind, sollen über die Flucht- und Rettungswege das Stadion schnellstmöglich verlassen. Panik macht sich unter den Menschen breit. Der SOD, der für die Räumung und Evakuierung des Areals verantwortlich ist, (Kubera et al., 2019, S. 153) muss sie unverzüglich einleiten. Über die zuvor vom SOD überwachten und freigehaltenen Flucht- und Rettungswege (DFL, 2009, S. 19) gelangen einige Menschen ins Freie. „Evakuierungshelfer, Brandschutzhelfer und mobile Einsatzkräfte" (Kubera et al., 2019, S. 153) werden aufgrund der hohen Anzahl an Betroffenen und der zunehmend steigenden Panik unter ihnen unterstützend hinzugezogen. Während parallel die Polizei die Ermittlungen aufnimmt, versuchen die Einsatzkräfte der Feuerwehr mit entsprechender Schutzausrüstung schnellstmöglich an den Einsatzort zu gelangen, den terroristisch eingesetzten Stoff zu identifizieren, um sodann Dekontaminierungsmaßnahmen einzuleiten.

Es handelt sich hierbei um eine hochdynamische Lage, in der laufend neue Erkenntnisse, Beobachtungen oder auch neu aufgetretene Situationen die Handlungsmöglichkeiten der Einsatzkräfte sowie die medizinische Versorgung einschränken oder sogar gefährden, sodass sich nicht nur die ersteintreffenden Einsatzkräfte, sondern auch insbesondere die Führung laufend den speziellen Lageentwicklungen anpassen muss. (Jansch, 2016, S. 19).

Gleichzeitig werden erste Videos und Bilder über soziale Medien verbreitet. Rasch müssen durch die interne wie externe Krisenkommunikation sämtliche Adressaten durch Experten über die Lage und den weiteren Verlauf informiert werden, um die Deutungshoheit in der Bevölkerung nicht zu verlieren sowie Falschmeldungen etc. zu vermeiden. Zudem werden all diejenigen Personen, die in unmittelbarer Nähe des Stadions leben, gebeten, ihre Häuser und Wohnungen vorerst nicht zu verlassen. Währenddessen werden weitere Spezialeinheiten angefordert, um sich an der Evakuierung wie auch Dekontaminierung zu beteiligen. Die medizinischen Einsatzkräfte übernehmen die Versorgung der Betroffenen. Da auch sie an ihre Kapazitätskräfte gelangen, werden weitere medizinische Einheiten angefordert. Per Helikopter wie auch für den Transport dekontaminierter Personen ausgelegter Spezialfahrzeuge werden diejenigen Personen, die vor Ort nicht umfassend behandelt werden können, in zuvor festgelegte Krankenhäuser gebracht, in denen die Behandlung unmittelbar fortgesetzt wird. Nach der vollständigen Evakuierung muss das gesamte Areal abgesperrt, überwacht und schließlich dekontaminiert werden. Da nicht nur körperliche Schäden bei den Besucher des Stadions durch den Anschlag ausgelöst wurden, sondern auch immense psychische Belastungen eine Folgeerscheinung der Ereignisse sind, werden Anlaufstellen eingerichtet, an die sich die Betroffenen wenden können. Gleiches gilt entsprechend auch für alle vor Ort agierenden Einsatzkräfte.

7.2.6 Die Fußball-Europameisterschaft, 2024 als mögliches Anschlagsziel

Um zu evaluieren, welche Sicherheitsrisiken mit Blick auf die Fußball-Europameisterschaft in Deutschland zu erwarten waren, wurden Experteninterviews mit Führungspersönlichkeiten und Mitarbeitern von Sicherheitsdiensten geführt, die in den Stadien deutscher Bundesligavereine im Einsatz sind. Das nachfolgende Kapitel stellt die Ergebnisse der Interviews dar und beleuchtet, wie die Sicherheitsdienstleister die Sicherheitslage vor der EM 2024 einschätzten, welche Probleme ihnen bei der Gewährleistung der Sicherheit in deutschen Stadien begegnen und wie diese aus ihrer Sicht behoben werden könnten.

Für die Interviews wurden private und gewerbliche Sicherheitskräfte als Partner gewählt, da diese im Sicherheitskonzept des deutschen Fußballs eine besondere Rolle spielen. Das Nationale Konzept Sport und Sicherheit (NKSS) ist ein im internationalen Vergleich besonderes Konzept zur Verbesserung der Sicherheit in deutschen Fußballstadien (NKSS 1992). Es wurde 1992 nach den Katastrophen von Heysel und Hillsborough eingeführt und 2012 erweitert. Das NKSS zeichnet sich dadurch aus, dass es einen ganzheitlichen Ansatz verfolgt, bei dem neben repressiven Maßnahmen wie bundesweiten Stadionverboten auch ein großer Fokus auf Prävention gelegt wird. (Chalkiadaki, 2015).

Eine zentrale Rolle spielen dabei die sozialpädagogischen Fan-Projekte, die die Fußballvereine verpflichtend einrichten mussten. Diese Fan-Projekte haben die Aufgabe, durch Gemeinschaftsarbeit und Dialog mit den Fans präventiv auf Risiken und Brennpunkte einzuwirken. Damit verfolgt das NKSS einen besonderen präventiven Ansatz im Vergleich zu anderen europäischen Ländern, die stärker auf Repression und Ausgrenzung gewisser Fangruppen setzen.

Das NKSS bringt verschiedene Akteure wie Vereine, Politik, Polizei, Rettungskräfte, Sicherheitsdienste und die Sozialarbeit an einen Tisch, um gemeinsam Sicherheitskonzepte zu entwickeln. Somit vereint es repressive und präventive Aspekte und verfolgt einen systematischen, ganzheitlichen Ansatz zur Gewaltprävention im deutschen Profi-Fußball.

7.2.6.1 Die aktuelle Sicherheitssituation im deutschen Fußball

Die Experteninterviews wurden als leitfadengestützte Interviews durchgeführt und sind eine geeignete Methode für das Thema der vorliegenden Arbeit, da es bei der Gestaltung qualitativer Interviews wichtig ist, mit verschiedenen, aber kompetenten Personen zu sprechen, um umfassende Informationen zu erhalten (Helfferich, 2011). Für die Auswahl der Gesprächspartner wurde eine Mindestanforderung von einem Jahr Berufserfahrung als Sicherheitsdienstmitarbeiter in einem deutschen Bundesligastadion festgelegt. Ziel der semi-strukturierten Interviews war es, praktisches Wissen zu generieren und die Literaturanalyse zu vertiefen. Die Erkenntnisse sind nicht unbedingt generalisierbar, reflektieren jedoch wertvolle subjektive Einblicke und berufliche Praxis (Helfferich, 2011, S. 168).

Der Fragebogen basierte auf dem Fragebogen von Kubera et al. (2019). Die Themenblöcke deckten Einleitungsfragen, Räumlichkeiten, Arbeitsprozess, interne Kommunikation, externe Kommunikation und Zusammenarbeit, Ausstattung und Schulung, sowie eigene Einschätzungen ab. Zusätzliche Fragen, die im Gespräch aufkamen, wurden separat codiert. Die Interviews wurden auf Deutsch geführt.

Die Interviews wurden mit einem mobilen Aufnahmegerät der Firma Roland durchgeführt und aufgezeichnet. Anschließend erfolgte eine inhaltsorientierte Transkription, bei der Füllwörter und nonverbale Elemente nicht berücksichtigt wurden. Die Interviews wurden nach der Methode der qualitativen Inhaltsanalyse von Philipp Mayring ausgewertet, wobei eine Reduktion des Materials vorgenommen wurde, um wesentliche Inhalte zu erhalten (Mayring 2010). Vertrauliche Informationen wurden sorgfältig geprüft und ausgeschlossen.

Die ersten vier Interviews wurden am 28. Januar 2023 und die letzten drei am 15. April 2024 durchgeführt. Die Interviews fanden in den Büros der Interviewpartner statt, da der Einsatzort nach einem Spieltag als ungeeignet betrachtet wurde (Helfferich, 2014, S. 559). Die Stichprobe umfasste vier Führungskräfte und drei Mitarbeiter eines im Stadion tätigen Sicherheitsunternehmens. Die Interviews offenbarten, dass das NKSS in der Praxis gut funktioniert und umgesetzt wird, obwohl natürlich noch Probleme bestehen und Verbesserungsbedarfe gesehen werden. Die wichtigsten Ergebnisse sollen nun im Einzelnen vorgestellt werden:

Mehrere Interviewpartner bestätigten die Bereitstellung von speziellen Räumen für ihre Sicherheitskräfte gemäß dem Nationalen Konzept für Sport und Sicherheit. Diese Räume dienen der Vorbereitung, Nachbesprechung und Erholung der Mitarbeiter und tragen wesentlich zur Moral und Effizienz bei. Die Mehrheit der Interviewpartner sieht die gemeinsame Nutzung dieser Räume mit anderen Sicherheitsdienstleistern (SOD) kritisch, da dies zu Ablenkungen und erhöhtem Lärmpegel führen kann. Zwei Interviewpartner bewerten die Kooperation jedoch als positiv und betonen die Vorteile der verbesserten Kommunikation und Koordination.

Die Sicherheitsdienstleister sind für Zugangskontrollen, Menschenmengenmanagement und die Durchführung von Notfallmaßnahmen wie Stadionräumungen zuständig. Intensive Kooperation mit anderen Sicherheitsakteuren, wie Polizei und Rettungsdiensten, ist unerlässlich. Besonders bei als risikoreich eingestuften Spielen wird die Personalstärke erhöht, um angemessene Sicherheitsstrategien zu gewährleisten. Einige Interviewpartner betonen die Wichtigkeit von klarer Kommunikation und professionellem Verhalten zur Bewältigung von Koordinationsproblemen.

7 Ausgewählte Schadenslagen und besondere Herausforderungen

Regelmäßige Einsatzbesprechungen vor und nach den Spielen sind für alle Interviewpartner unerlässlich. Diese Briefings beinhalten die Aufgabenverteilung und Risiken des Einsatzes und bieten Raum für Fragen und Feedback. Während des Einsatzes erfolgt die Kommunikation hauptsächlich über Funkgeräte und Mobiltelefone. Eine evaluative Nachbesprechung dient der kontinuierlichen Verbesserung der Prozesse.

Vor dem Spiel kommunizieren die Sicherheitsfirmen mit dem Sicherheitsbeauftragten des Vereins und anderen SODs über E-Mail und Telefon. Während des Einsatzes erfolgt die Kommunikation über Funkgeräte und Mobiltelefone. Bei Risikospielen besteht eine enge Zusammenarbeit mit der Bundespolizei und anderen Behörden. Die Zusammenarbeit mit Fanprojekten und Szene-erfahrenen Beamten wird als besonders wertvoll für die Deeskalation von Konflikten betrachtet.

Die Sicherheitskräfte erhalten spezifische Schulungen zu den Spieltagssicherheitsprotokollen, Evakuierungsplänen, Brandschutz, Konfliktmanagement und Deeskalationstechniken. Die Ausstattung umfasst typischerweise Sicherheitskleidung, Kommunikationsmittel und, je nach Einsatzort, Schutzausrüstung wie Helme und Schutzwesten. Es gibt Bestrebungen, einen einheitlichen Ausrüstungsstandard zu etablieren, um die Sicherheit bei Fußballspielen zu erhöhen.

Die Mehrheit der Interviewpartner sieht ein Verbesserungspotenzial in den Bereichen Kommunikation, Schulung und Koordination. Die Sicherheitssituation im Stadion wird als dynamisch und fragil beschrieben, was eine kontinuierliche Anpassung der Maßnahmen erfordert. Zu den Hauptgefahren zählen die Rivalität zwischen Fangruppen, illegale Gegenstände wie Pyrotechnik, Drogen und Alkohol sowie die Bedrohung durch Terrorismus. Die Einführung neuer Technologien wird kritisch betrachtet, wobei der Schutz der Privatsphäre betont wird.

Die Ergebnisse zeigen somit, dass die Stadionsicherheit durch eine enge Zusammenarbeit zwischen den verschiedenen Sicherheitsakteuren, eine klare Kommunikation und regelmäßige Schulungen der Sicherheitskräfte gewährleistet wird. Die gemeinsame Nutzung von Räumen und Ressourcen kann sowohl Vorteile als auch Herausforderungen mit sich bringen, wobei die effektive Koordination und das professionelle Verhalten der Schlüssel zum Erfolg sind. In der Gesamtbetrachtung wird die Sicherheitslage von den Experten jedoch als prinzipiell zureichend bis gut eingeschätzt. Bezüglich der Europameisterschaft sagten sie aus, dass die deutschen Sicherheitskräfte ausreichend präpariert sein, um Schadenslagen zu prävenieren und erfolgreich bewältigen zu können. Die Mehrheit der Befragten ging jedoch auch von einem erhöhten Sicherheitsrisiko durch Gefahren mit Bezug zu internationalen Konfliktherden aus. Sie nannten hier insbesondere die kriegerischen Auseinandersetzungen zwischen Russland und der Ukraine als auch den Nahostkonflikt.

Im Folgenden soll daher noch eingehender betrachtet werden, welche Sicherheitsmaßnahmen und Sicherheitsstrukturen mit Blick auf die EM 2024 implementiert wurden.

7.2.6.2 Die Sicherheitslage mit Blick auf die Europameisterschaft 2024

Vor allem bei internationalen Spielen, die große mediale Aufmerksamkeit erfahren, wie etwa die am 14. Juni 2024 beginnende UEFA Fußball-Europameisterschaft der Herren in Deutschland, (Bundesamt für Bevölkerungsschutz und Katastrophenhilfe, o. J.a) ist die Anschlagsgefahr besonders hoch. Bereits im Jahr, 2022 wurden erste Projekte gestartet, die sich mit der medizinischen Versorgung, Warninfrastruktur wie auch konkreten Sicherheitsmaßnahmen an den jeweiligen Austragungsstätten befassen. (Bundesamt für Bevölkerungsschutz und Katastrophenhilfe o. J.a) Ein besonderer Fokus wird dabei auf das sogenannte Modulare Warnsystem (MoWaS) gerichtet, mit dem alle daran angeschlossenen Warnmittel „unmittelbar ausgelöst und Warnmultiplikatoren zur weiteren Verbreitung über verschiedene Kanäle adressiert werden" (BBK, O. J.) können. Dazu erhalten alle Spielstätten Zugriff auf das Bundeswarnsystem. Diejenigen Austragungsorte, die bislang nicht über MoWaS verfügen, sollen damit umgehend ausgestattet werden. Dazu werden vom Bundesministerium des Inneren 209.000 € bereitgestellt. Darin inbegriffen sind ebenfalls alle anfallenden Kosten für das Training bzw. die Ausbildung der örtlichen Fachkräfte der Gefahrenabwehr. (BBK, O. J.) Darüber hinaus wurden und werden spezielle organisationsübergreifende Fortbildungsprogramme entwickelt und erprobt, die u. a. die Themenbereiche Krisenmanagement, Führungslehre und Gefahrenabwehr umfassen. Bis zu Beginn der Europameisterschaft sollen mindestens 73 Veranstaltungen stattgefunden haben, „bei denen sich die vor Ort handelnden Personen sowie die Entscheidungstragenden im Bereich der nichtpolizeilichen und polizeilichen Gefahrenabwehr auf die Herausforderungen der UEFA EURO, 2024 vorbereiten können" (BBK, o. J.).

Bezüglich der medizinischen Versorgung bestehen in Deutschland 61 Medizinische Task Forces (MTF), die bei Bedarf während der Fußball-Europameisterschaft zum Einsatz kommen können. „Je MTF stellen die Bundesländer 138 Einsatzkräfte bereit, die auf Situationen spezialisiert sind, in denen viele Verletzte gleichzeitig versorgt werden müssen" (BBK, o. J.). Hierzu stellt das Bundesministerium des Inneren 500.000 € zur Verfügung (BBK, o. J.). In diesem Budget inbegriffen sind ebenfalls großangelegte Übungen. Die größte fand in Hamburg statt, an der rund 750 (hauptberufliche und ehrenamtliche) Einsatzkräfte beteiligt waren. Das Ziel dabei war, die Zusammenarbeit zwischen den MTF-Einsatzeinheiten und anderen beteiligten Akteure umfangreich und realitätsnah zu trainieren. Als die Übung in den frühen Morgenstunden begann, wurden zunächst, wie bei anderen Großveranstaltungen, Personen mit kleinen Verletzungen behandelt, bis sich plötzlich ein Massenanfall von Verletzten ereignete. Da die Kapazitäten der vor Ort agierenden MTF-Einheit rasch ausgeschöpft waren, musste in der Folge zuerst eine zweite, dann eine dritte Einheit unterstützend angefordert werden. Dabei wurden mehrere Behandlungsplätze für Verletzte errichtet. Daneben wurde der Transport Verletzter (zu Land wie auch durch die Luft) erprobt. Ehrenamtliche Einsatzkräfte befassten sich währenddessen mit der „Alarmierung, […] Verlegung und [dem] Betrieb von drei Einheiten der MTF aus Hamburg und aus Niedersachsen auf dem Übungsgelände […]" (Bundesamt für Bevölkerungsschutz und Katastrophenhilfe 2024a). Wie aus einer Pressemitteilung des BBK hervorgeht, konnte die Übung zufriedenstellend am Abend beendet werden. Bundesamt für Bevölkerungsschutz und Katastrophenhilfe 2024a).

Literatur

Bundespolizei. (2023). Presse-Mitteilung. Gemeinschaftsprojekt von THW, BBK und BPOL stärkt Bekämpfung künftiger CBRN-Gefahren. Bundespolizei. https://www.bundespolizei.de/Web/DE/04Aktuelles/01Meldungen/2023/02/230221-cbrn.html. Zugegriffen: 4. Apr. 2024.

Bundesministerium des Inneren. (2014). Leitfaden Krisenkommunikation. In: Ders. https://www.bmi.bund.de/SharedDocs/downloads/DE/publikationen/themen/bevoelkerungsschutz/leitfaden-krisenkommunikation.pdf?__blob=publicationFile&v=4. Zugegriffen: 10. Apr. 2024.

Bundesamt für Bevölkerungsschutz und Katastrophenhilfe. (Hrsg.). (2010). *Empfehlungen für die Probenahme zur Gefahrenabwehr im Bevölkerungsschutz. Zur Analyse von chemischen, biologischen und radioaktiven Kontaminationen.* MedienHaus Plump GmbH.

Bundesamt für Bevölkerungsschutz und Katastrophenhilfe. (2016). Rahmenkonzeption für den CBRN-Schutz (ABC-Schutz) im Bevölkerungsschutz. In: Ders. https://www.bbk.bund.de/SharedDocs/Downloads/DE/Mediathek/Publikationen/CBRN/rahmenkonzeption-cbrn-schutz.pdf?__blob=publicationFile&v=7. Zugegriffen: 24. Mai 2024.

Bundesamt für Bevölkerungsschutz und Katastrophenhilfe. (2024a). Erfolgreiches Training in Hamburg: MTF-Einheiten proben den Ernstfall bei der bundesländübergreifenden Großübung zur EUROMED. In: Ders. https://www.bbk.bund.de/SharedDocs/Pressemitteilungen/DE/2024/03/pm-02-hamburg-euromed.html. Zugegriffen: 4. Apr. 2024.

Bundesamt für Bevölkerungsschutz und Katastrophenhilfe (BBK). (2010). *Handbuch für das Krisenmanagement in Großschadenslagen.* Bonn.

Bundesamt für Bevölkerungsschutz und Katastrophenhilfe (BBK). (2016). *Strategische Planungen für den Bevölkerungsschutz – Anpassungen an die aktuelle Bedrohungslage.* Bonn.

Bundesamt für Bevölkerungsschutz und Katastrophenhilfe. (o. J.a). UEFA EURO 2024. In: Ders. https://www.bbk.bund.de/DE/Infothek/Fokusthemen/EURO-2024/euro-2024_node.html. Zugegriffen: 2. Apr. 2024.

Bundesamt für Bevölkerungsschutz und Katastrophenhilfe. (o. J.b). CBRN Schutz. In: Ders. https://www.bbk.bund.de/DE/Themen/CBRN-Schutz/cbrn-schutz_node.html. Zugegriffen: 26. März 2024.

Chalkiadaki, V. (2015). Gefährderkonzepte im Bereich des Fußballhooliganismus. In: Chalkiadaki, V. (Hrsg.) *Gefährderkonzepte in der Kriminalpolitik. Rechtsvergleichende Analyse der deutschen, französischen und englischen Ansätze.* Springer Fachmedien, S. 31–105.

DFL Deutsche Fußball Liga GmbH. (2009). Stadionhandbuch. Anforderungen an Fußballstadien in baulicher, infrastruktureller, organisatorischer und betrieblicher Hinsicht. Polizei Nordrhein-Westfalen. https://polizei.nrw/sites/default/files/2018-06/NKSS_A3_DFL_DFB_Stadionhandbuch_20090119.pdf. Zugegriffen: 10. Apr. 2024.

Dierschke, T., Droste, L., & Kubera, T. (2018). Anreise. In: T. Kubera (Hrsg.), *Sicherheit und Kommunikation bei Fußballgroßveranstaltungen. Praxisbuch für Akteure im Netzwerk der Sicherheitsgewährleistung*, S. 40–44. Richard Boorberg Verlag.

Eichner, K. (2021). *30 Minuten Krisenkommunikation*. GABAL Verlag.

Folkers, A. (2018). *Das Sicherheitsdispositiv der Resilienz*. Campus.

Helfferich, C. (2011). *Die Qualität qualitativer Daten: Manual für die Durchführung qualitativer Interviews* (4. Aufl.). Springer.

Helfferich, C. (2014). Leitfaden- und Experteninterviews. In: Baur, N., & Blasius, J. (Hrsg.), *Handbuch Methoden der empirischen Sozialforschung*. Springer VS, S. 559–564.

Jansch, A. (2016). Akteure des Bevölkerungsschutzes in Bedrohungslagen (Amok und Terrorismus) – Möglichkeiten zur Ausbildung des Personals und Vorbereitung auf strategischer Ebene. In: M. Kuhlmey & D. Freudenberg (Hrsg.), *Krisenmanagement – Bevölkerungsschutz. Lernstoffsammlung* (S. 17–37). Duncker & Humblot.

K3-Projektkonsortium. (2018). *Aktuelle Themen der Krisenkommunikation. Ergebnisse aus dem Projekt „Informations- und Kommunikationskonzepte für den Krisen- und Katastrophenfall" (K3)*. Deutsches Rotes Kreuz e.V. https://www.drk.de/fileadmin/user_upload/Forschung/weitere_Publikationen/K3_Krisenkommunikation_web.pdf. Zugegriffen: 3. Apr. 2024.

Kubera, T. (2018a). Bausteine für die Sicherheit von Großveranstaltungen (BASIGO). In: Kubera, T. (Hrsg.), *Sicherheit und Kommunikation bei Fußballgroßveranstaltungen. Praxisbuch für Akteure im Netzwerk der Sicherheitsgewährleistung*, S. 71–76. Richard Boorberg Verlag.

Kubera, T., Klemmt, M., & Hoffmann, J. (2018b). Kategorisierung von Spielen. In: Kubera, T. (Hrsg.), *Sicherheit und Kommunikation bei Fußballgroßveranstaltungen. Praxisbuch für Akteure im Netzwerk der Sicherheitsgewährleistung*, S. 319–323. Richard Boorberg Verlag.

Kubera, T., Meier, H., & Schmitz, P. (2018c). *Führen unter Chaosbedingungen: Modelle und Best Practices in der Sicherheitsstrategie*. Springer Verlag.

Kubera, T., Klemmt, M., & Hoffmann, J. (2019). Die Kommunikation der Vereine. In: Kubera, T. & Kugelmann, D. (Hrsg.), *Fußballgroßveranstaltungen im Spannungsverhältnis zwischen Freiheit und Sicherheit. Eine wissenschaftliche Untersuchung zur Bedeutung von Kommunikation und Dialog,* S. 151–174. Springer.

Schütte, P., Schönefeld, M., Göbel, L., Kierspe, H., & Fiedrich, F. (2019). Interorganisationale Zusammenarbeit auf Großveranstaltungen am Beispiel von Polizei und Veranstaltungsordnungsdiensten. In: C. Barthel (Hrsg.), *Polizeiliche Gefahrenabwehr und Sicherheitsproduktion durch Netzwerkgestaltung. Eine Aufgabe der Führung in und zwischen Organisationen,* S. 193–214. Springer Gabler.

Siemon, A. (2013). *Avatare in Katastrophensimulation. Entwicklung eines Katastrophen-Training-Systems zur Darstellung von Beteiligten in Großschadenslagen.* Kassel university press GmbH.

Staufer, A. (2023). *Rechte: Bevölkerungsschutz – im Notfall schnell und effizient reagieren.* Deutsches Ärzteblatt. https://www.aerzteblatt.de/pdf.asp?id=232351. Zugegriffen: 2. Apr. 2024.

Tietz, K.-D. (2016). Krisen- und Sicherheitsmanagement am Beispiel der polizeilichen Gefahrenabwehr. In: M. Kuhlmey & D. Freudenberg (Hrsg.), *Krisenmanagement – Bevölkerungsschutz. Lernstoffsammlung* (S. 75–101). Duncker & Humblot.

Voßschmidt, S. (2016). Rechtsgrundlagen des Bevölkerungsschutzes unter besonderer Berücksichtigung der Bundeskompetenzen im Bevölkerungsschutz. In: Kuhlmey, M. & Freudenberg, D. (Hrsg.), *Krisenmanagement – Bevölkerungsschutz. Lernstoffsammlung,* S.389–464. Duncker & Humblot.

Voss, M., Rüger, A., Bock, N., Dittmer, C., & Merkes, S. T. (2022). *Die Evakuierung des St.-Antonius-Hospitals Eschweiler während der Flutereignisse im Juli 2021.* KFS. https://doi.org/10.17169/refubium-35269.

Werner, A., Duttler, G., Kubera, T., & Dierschke, T. (2018). Einlasskontrollen. In: Kubera, T. (Hrsg.), *Sicherheit und Kommunikation bei Fußballgroßveranstaltungen. Praxisbuch für Akteure im Netzwerk der Sicherheitsgewährleistung,* S. 158–164. Richard Boorberg Verlag.

Wendekamm, M., & Feißt, M. (2015). Kooperation im Katastrophen- und Bevölkerungsschutz. In: Lange, H.-J. & Gusy, C. (Hrsg.), *Kooperation im Katastrophen- und Bevölkerungsschutz,* S. 125–211. Springer VS.

8

Lösungsansätze

Zusammenfassung Dieses Kapitel befasst sich mit Lösungsansätzen für Schnittstellenprobleme bei der Bewältigung von Großschadenlagen und Terroranschlägen aus der Perspektive der Feuerwehr, dem Rettungsdienst und der Polizei. Es werden jeweils acht Kernpunkte für jede Organisation herausgearbeitet, die darauf abzielen, die Zusammenarbeit und Koordination in chaotischen Einsatzlagen zu verbessern. Zentrale Empfehlungen sind die Entwicklung einheitlicher Standardverfahren und Konzepte, die Verwendung von Checklisten, die Implementierung gemeinsamer Ausbildungsinhalte, die Vereinheitlichung von Fachbegriffen sowie regelmäßige organisationsübergreifende Übungen.

Dieses Kapitel befasst sich mit Lösungsansätzen für Schnittstellenprobleme bei der Bewältigung von Großschadenlagen und Terroranschlägen aus der Perspektive der Feuerwehr, dem Rettungsdienst und der Polizei. Es werden jeweils acht Kernpunkte für jede Organisation herausgearbeitet, die darauf abzielen, die Zusammenarbeit und Koordination in chaotischen Einsatzlagen zu verbessern. Zentrale Empfehlungen sind die Entwicklung einheitlicher Standardverfahren und Konzepte, die Verwendung von Checklisten, die Implementierung gemeinsamer

Ausbildungsinhalte, die Vereinheitlichung von Fachbegriffen sowie regelmäßige organisationsübergreifende Übungen. Zudem wird die Bedeutung klarer Führungsstrukturen, die Einbindung spezieller Fähigkeiten (z. B. der Bundeswehr) und die Notwendigkeit eines hohen Kräftedispositivs betont.

8.1 Schnittstellenprobleme und Lösungsansätze aus feuerwehrtechnischer Sicht

Aus der Gesamtbetrachtung der aktuellen Bedrohungslage, den Anforderungen an die Führung im Chaos sowie den gegenwärtigen Schnittstellenproblematiken lassen sich aus feuerwehrtechnischer Sicht folgende Schlüsse ziehen, um in der Chaosphase wieder an Kontrolle zu gewinnen:

I. **Großschadenlagen erfordern und binden ein hohes Kräftedispositiv an Feuerwehrkräften.**

Bei Großschadenlagen wie Terroranschlägen oder Industrieunfällen ist mit einem hohen Bedarf an Feuerwehrkräften zu rechnen. Auch überregionale Hilfskräfte können erforderlich sein. Durch den Einsatz von Kräften aus verschiedenen Feuerwehren mit unterschiedlichen Strukturen und Verfahrensweisen erhöht sich das Risiko von Kommunikations- und Schnittstellenproblemen. Insbesondere sollte die Kompatibilität der Führungsmittel (Funk) gewährleistet sein.

II. **Einheitliche Standardverfahrensweisen sind für einen koordinierten Feuerwehreinsatz unverzichtbar.**

Einheitliche Verfahrensweisen verringern Missverständnisse, erlauben schnelleres Handeln und erleichtern die Integration auswärtiger Kräfte, da diese nicht erst örtliche Standards erlernen müssen. Die föderale Struktur der Feuerwehren erschwert bundeseinheitliche Standards, dennoch sollten Bemühungen für eine möglichst weitreichende Vereinheitlichung unternommen werden.

III. **Checklisten können Orientierung geben und Schnittstellenprobleme reduzieren.**

Wie im Rettungsdienst können auch für die Feuerwehr Checklisten eine wertvolle Hilfe in der chaotischen Anfangsphase eines Großeinsatzes sein. Sie geben Orientierung, minimieren stressbedingte Fehler und können einheitliche Verfahrensabläufe an Schnittstellen zu anderen Organisationen festlegen.

IV. **Gemeinsame Ausbildungsinhalte für die Gefahrenabwehr fördern das Verständnis an Schnittstellen.**

Die Aufnahme von Ausbildungsinhalten zu besonderen Gefahrenlagen wie Terroranschlägen bereits in die Grundausbildung von Feuerwehrleuten schafft frühzeitig ein Bewusstsein für die speziellen Anforderungen. In Fortbildungen und Übungen mit den anderen Gefahrenabwehrkräften können Schnittstellen besser vermittelt und praktisch geübt werden.

V. **Einheitliche Begrifflichkeiten und Sprachregelungen sind an Schnittstellen wichtig.**

Eine einheitliche Fachsprache über Organisationsgrenzen hinweg beschleunigt die Kommunikation und Koordination an Schnittstellen. Wo immer möglich, sollten einheitliche Akronyme, Codes und Befehle zur Anwendung kommen.

VI. **Die Feuerwehr muss in die Einsatzkonzepte der anderen Gefahrenabwehrkräfte eingebunden werden.**

Klare Strukturen und Zuständigkeiten im Gesamteinsatz sind unverzichtbar. Die Feuerwehr als Spezialist für die Gefahrenabwehr muss in die Einsatzkonzepte von Polizei und Rettungsdienst für Gefahrensituationen eingebunden werden, damit Aufgaben, Verantwortlichkeiten und Schnittstellen klar geregelt sind.

VII. **Spezialausstattung und -fähigkeiten der Bundeswehr können Lücken schließen.**

Die Bundeswehr verfügt über spezielle Ausstattung und Fähigkeiten, die im Zivilschutz hilfreich sein können, z. B. gepanzerte Fahrzeuge oder ABC-Abwehrkräfte. Bei Bedarf sollte der Einsatz dieser Spezialfähigkeiten in Betracht gezogen werden.

VIII. **Regelmäßiges Training und Erfahrungsaustausch sind unverzichtbar.**

Nur durch ständiges Üben, auch im Verbund mit anderen Organisationen, können Handlungsabläufe sicher werden und Schnittstellenprobleme frühzeitig erkannt und behoben werden. Der Erfahrungsaustausch nach Einsätzen ist ebenfalls wichtig zur kontinuierlichen Verbesserung.

8.2 Schnittstellenprobleme und Lösungsansätze aus rettungsdienstlicher Sicht

Aus der Gesamtbetrachtung der aktuellen Bedrohungslage, den Anforderungen an Führung im Chaos, gegenwärtigen Schnittstellenproblematiken sowie dem Ausbildungs- und Implementierungsstand der taktischen Medizin lassen sich aus rettungsdienstlichem Betrachtungswinkel nachfolgend gelistete Schlüsse ziehen, um in der Chaosphase wieder an Kontrolle zu gewinnen:

I. **Anschlagslagen erfordern und binden ein hohes Kräftedispositiv.**

Mehrere in dieser Arbeit erwähnte Lagen waren entweder so komplex, dass Anschläge parallel an unterschiedlichen Orten stattgefunden haben, oder es wurden Mehrfachanschläge durch Täuschungsanrufe fingiert bzw. durch in Angst befindliche Bürger ein weiteres Anschlagsszenario angenommen. Grundsätzlich muss daher in solchen Lagen mit einem hohen Bedarf an Kräften gerechnet werden. Auch überregionale Hilfeleistungen kommen in Betracht. Durch den Einsatz von Kräften aus unterschiedlichen Rettungsorganisationen mit verschiedenen Standardverfahrensweisen erhöht sich das Risiko von Kommunikations- und Schnittstellenproblemen.

Insbesondere sollte die Kompatibilität der Führungsmittel (Funk) gegeben sein.

II. **Anschlagslagen bedürfen einer konzeptionierten und möglichst bundeseinheitlichen Standardverfahrensweise.**

Einheitliche Verfahrensweisen verringern das Risiko von Missverständnissen und Kommunikationsfehlern, zudem erlauben sie ein schnelleres Handeln, weil die Anpassung ortsfremder Kräfte an die lokalen Standards in Teilen überflüssig wird. Der bayerische Ansatz von REBEL I und II bietet eine solide Grundlage, auf der ein bundeseinheitliches Konzept ausgearbeitet und vertieft werden kann.

III. **Checklisten können dazu beitragen, Orientierung zu geben, das Risiko stressbedingter Fehler zu minimieren und Schnittstellenproblematiken zu reduzieren.**

Die NTOA hat mit der Checkliste Active Shooter Incident Management einfache für alle beteiligten Organisationen Orientierungshilfen geschaffen, die sich primär auf die ersten Minuten nach dem Eintreffen beziehen. Die Zuhilfenahme von Checklisten erhöht die Stressresistenz und reduziert die Wahrscheinlichkeit von Fehlern in der Anfangsphase. Entsprechende Checklisten könnten in Deutschland Teil eines bundeseinheitlichen Konzeptes werden.

IV. **Die Implementierung von taktischen Ausbildungsinhalten in die Notfallsanitäterausbildung und im Ausbildungscurriculum der Zusatzweiterbildung ‚Notfallmedizin' stellt die grundlegende Befähigung und Sensibilisierung von rettungsdienstlichem Personal bereits vor Berufsantritt sicher.**

Die frühe Konfrontation mit Anschlagslagen bereits in den notfallmedizinischen Ausbildungscurricula schafft eine frühe Sensibilisierung und Bewusstsein für die Anforderungen solcher Lagen. Die Implementierung in die Ausbildung kann für die Zukunft sicherstellen, dass rettungsdienstliches und notärztliches Personal in jedem Fall in taktischer Medizin geschult ist. Wünschenswert ist ein bundeseinheitliches Modell. Die verpflichtende Aufnahme in Fortbildungscurricula kann zusätzlich bedacht werden. In jedem Fall müssen die erworbenen Fähigkeiten aktuell und in Übung gehalten werden.

V. **Ein einheitlicher Sprachgebrauch stärkt das Verständnis und beschleunigt Prozesse.**

Zahlreiche Entwicklungen in der taktischen Medizin entstammen dem englischsprachigen Raum. Gerade vor dem Hintergrund möglicher, auch internationaler Zusammenarbeit in Anschlagslagen (Bsp.: grenznahe Gebiete) sollten die englischsprachigen Akronyme verwendet werden. Es sollten einheitliche Assessment-Schemen (CABCDE vs. MARCHE-PALS) konsentiert werden, um Verständnisschwierigkeiten bei der Übergabe zu vermeiden. Die Übergabe von Verletzten durch die Polizei an Kräfte des Rettungsdienstes sollte auch in Deutschland standardgemäß durch den MIST-Report erfolgen, um eine einheitliche Übergabemethodik zu gewährleisten.

VI. **Ein TEMS-Konzept unter Einbeziehung des Rettungsdienstes ist in Deutschland unwahrscheinlich. Örtliche Rettungsdienst-Institutionen sollten dennoch in die Konzepte der Polizei eingebunden werden.**

An die lokalen Begebenheiten (möglichst auf Basis eines bundeseinheitlichen Richtlinienpapiers) angepasste Standardverfahren können so entwickelt werden, dass der Rettungsdienst, als die Organisation, welche die verletzten aus dem Gefahrenbereich übernimmt, auch an den Konzepten für die medizinische Versorgung durch Polizisten in der Gefahrenzone beteiligt wird. Eine klare Vorstellung davon, was diesseits bzw. jenseits des Gefahrenbereiches geschieht, ermöglicht den Einsatzkräften Orientierung, beugt Missverständnissen und Kommunikationsfehlern vor. Die Einbeziehung des Rettungsdienste in die medizinische Arbeit der Polizeistraft den medizinischen Versorgungsprozess an der Schnittstelle zwischen polizeilicher und nichtpolizeilicher Gefahrenabwehr.

VII. Kräfte des Sanitätsdienstes der Bundeswehr könnten eine entscheidende Fähigkeitslücke schließen.

Gepanzerte Fahrzeuge bieten Schutz für die eingesetzten Kräfte. Das sanitätsdienstliche Personal ist befähigt, sich im unmittelbaren Gefahrenbereich selbst zu schützen. Bei entsprechender Verfügbarkeit von Einheiten des Sanitätsdienstes der Bundeswehr sollte deren Einsatz in Betracht gezogen werden.

VIII. Eine effiziente Bewältigung von Chaos, Stress und Schnittstellenproblematiken erfordert Inübungshaltung, situative Aufmerksamkeit und Erfahrungswerte.

Je mehr Übung stattfindet, desto handlungssicherer wird das Personal grundsätzlich bei allen Handlungsübungen.

Rettungsdienstpersonal sollte auch grundlegend mit der Ausrüstung von Polizisten vertraut sein, beispielsweise mit dem Abnehmen der schusssicheren Weste, um den Thorax zu inspizieren. (Bobko et al., 2018)

8.3 Schnittstellenprobleme und Lösungsansätze aus polizeilicher Sicht

Aus der Gesamtbetrachtung der aktuellen Bedrohungslage, den Anforderungen an Führung bei chaotischen Lagen, gegenwärtigen Schnittstellenproblemen sowie dem Ausbildungs- und Implementierungsstand für den Umgang mit Gefahrenlagen lassen sich aus polizeilicher Sicht folgende Schlüsse ziehen, um in der Chaosphase wieder Kontrolle zu gewinnen:

I. **Anschlagslagen erfordern eine koordinierte Einsatzführung über alle beteiligten Organisationen hinweg.**

Die Komplexität von Anschlagslagen mit möglichen parallelen Tatorten und einer unübersichtlichen Lage erfordert eine übergreifende Einsatzführung, die alle involvierten Kräfte von Polizei, Rettungsdienst, Feuerwehr etc. einbindet. Klare Führungsstrukturen und Kommunikationswege sind essenziell.

II. **Standardisierte Einsatzkonzepte für Anschlagslagen sollten bundesweit vereinheitlicht werden.**

Einheitliche Konzepte und Verfahrensweisen im Umgang mit Anschlagslagen über alle Bundesländer hinweg reduzieren Schnittstellenprobleme zwischen den Einsatzkräften und ermöglichen eine effizientere überregionale Zusammenarbeit.

III. **Checklisten und standardisierte Lagebildübermittlung können Orientierung geben und Fehler minimieren.**

Für die chaotische Erstphase nach Eintreffen am Einsatzort sollten Checklisten und standardisierte Formate für die Lagebildübermittlung etabliert werden. Sie geben den Kräften Orientierung und minimieren stressbedingte Fehler.

I. Gemeinsame Ausbildungsinhalte für alle Einsatzkräfte zur Bewältigung von Anschlagslagen.

Polizei, Rettungsdienst, Feuerwehr und ggf. weitere Kräfte sollten bereits in der Grundausbildung Kenntnisse und Fähigkeiten zum Umgang mit Anschlagslagen erwerben. Dadurch wird eine einheitliche Wissensbasis und gemeinsames Verständnis geschaffen.

II. Vereinheitlichung der Fachbegriffe und Einsatzsprache zwischen den Organisationen.

Eine einheitliche Nomenklatur und Einsatzsprache über Organisationsgrenzen hinweg, möglichst basierend auf etablierten englischen Fachbegriffen, stärkt das gegenseitige Verständnis und erleichtert die Kommunikation.

III. Polizeiliche Konzepte zur medizinischen Erstversorgung müssen mit den Rettungsdiensten abgestimmt werden.

Werden Polizeikräfte zur medizinischen Erstversorgung im Gefahrenbereich eingesetzt, müssen die Schnittstellen und Übergaben zum Rettungsdienst außerhalb der Gefahrenzone geklärt und geübt werden.

IV. Bei Bedarf sollten Kräfte der Bundeswehr oder ausländische Kräfte eingebunden werden können.

Die Einbindung besonders geschützter oder ausgerüsteter Kräfte der Bundeswehr oder aus dem Ausland kann in bestimmten Lagen erforderlich sein und sollte im Vorfeld geregelt werden.

V. Regelmäßige Übungen und Erfahrungsaustausch sind zur Bewältigung des Chaospotenzials erforderlich.

Durch gemeinsame Übungen gewinnen alle Organisationen praktische Erfahrung im Umgang mit den enormen Herausforderungen von

Anschlagslagen. Ein regelmäßiger Erfahrungsaustausch ist ebenfalls essenziell.

Die enge Zusammenarbeit und Abstimmung aller beteiligten Einsatzkräfte über Organisationsgrenzen hinweg ist der Schlüssel für einen bestmöglichen Umgang mit den Herausforderungen von Anschlagslagen und Behebung potenzieller Schnittstellenprobleme.

Literatur

Bobko, J. P., Sinha, M., Chen, D., Patterson, S., Baldridge, T., & Eby M. et al. (2018). A Tactical Medicine After-action Report of the San Bernardino Terrorist Incident. *The Western Journal of Emergency Medicine*, *19*(2), 287–293. https://doi.org/10.5811/westjem.2017.10.31374.

9

Fazit

Zusammenfassung Das abschließende Kapitel fasst die wichtigsten Ergebnisse und Lösungsansätze der Arbeit zusammen. Katastrophen und Großschadenslagen werden theoretisch definiert und analysiert, wobei eine einheitliche Führung und eine frühzeitige Einschätzung der Tatmotive als entscheidend hervorgehoben werden. Die aktuelle Bedrohungslage in Deutschland wird beleuchtet, inklusive der Risiken durch Extremismus und Cyberkriminalität. Das abschließende Kapitel fasst die wichtigsten Ergebnisse und Lösungsansätze der Arbeit zusammen. Katastrophen und Großschadenslagen werden theoretisch definiert und analysiert, wobei eine einheitliche Führung und eine frühzeitige Einschätzung der Tatmotive als entscheidend hervorgehoben werden. Die aktuelle Bedrohungslage in Deutschland wird beleuchtet, inklusive der Risiken durch Extremismus und Cyberkriminalität. Umweltfaktoren, Einsatzkräfte und deren Ressourcen werden in ihrer Bedeutung für die Einsatzplanung dargestellt. Die Führung in chaotischen Situationen und die Anwendung taktischer Medizin wird als essenziell beschrieben. Besondere Herausforderungen und Strategien bei Großschadenslagen und CBRN-Einsätzen werden aufgezeigt. Schließlich betont die Arbeit die Notwendigkeit einer überregionalen Koordination, standardisierter

Verfahren und kontinuierlicher Weiterbildung. Zukünftige Forschung sollte sich auf die Verbesserung und Standardisierung von Einsatzkonzepten, die Integration moderner Technologien und die psychologische Unterstützung von Einsatzkräften konzentrieren. Die Arbeit unterstreicht die Bedeutung von Zusammenarbeit, Forschung und Innovation zur optimalen Vorbereitung und Reaktion auf Krisensituationen.

Im Fazit werden die zentralen Erkenntnisse und Handlungsempfehlungen zusammengefasst: Wesentlich sind dabei die Etablierung bundesweit einheitlicher Standardverfahren, die Verbesserung der überregionalen Koordination sowie die Minimierung von Kommunikations- und Schnittstellenproblemen zwischen den Einsatzkräften. Als konkrete Lösungsansätze werden die Integration taktischer Ausbildungsinhalte in die Notfallsanitäter-Ausbildung, die Entwicklung einheitlicher Assessment-Schemata sowie die mögliche Einbindung von Sanitätskräften der Bundeswehr vorgeschlagen. Zukunftspespektiven liegen in der Nutzung moderner Technologien, der Verbesserung psychologischer Unterstützung für Einsatzkräfte und der Intensivierung internationaler Zusammenarbeit. Weiterhin ist zu betonen, dass nur durch kontinuierliche Forschung, praxisnahe Übungen und grenzüberschreitende Kooperation den aktuellen und künftigen Bedrohungen wirksam begegnet werden kann. Zudem ist es eine Überlegung wert, interorganisatorische Fachberater zu implementieren, welche den Blick über den Tellerrand hinaus kennen und entsprechendes Fähigkeiten und interorganisatorisches Fachwissen anwenden können.

Kap. 2 befasst sich mit den Merkmalen und theoretischen Konzepten von Katastrophen, Großschadenslagen und Anschlägen. Es beginnt mit der Feststellung, dass Katastrophen die menschliche Existenz schon immer begleitet haben, von denen viele in die Menschheitsgeschichte eingegangen sind. Der Wunsch, solche Ereignisse zu verstehen und sich mental darauf vorzubereiten, ist Teil des menschlichen Überlebenstriebs.

Der Katastrophenbegriff wird definiert als ein Geschehen, bei dem Leben, Gesundheit oder Sachwerte in ungewöhnlichem Ausmaß gefährdet sind, sodass eine einheitliche Führung durch die Katastrophenschutzbehörden erforderlich ist. Der Begriff der Großschadenslage wird dagegen als Ereignis mit vielen Verletzten oder Sachschäden definiert und stellt weniger strikte Anforderungen als der Katastrophenbegriff. Gemeinsame Merkmale solcher Lagen sind u. a. ein Missverhältnis zwischen Bedarf und verfügbaren Ressourcen, Überforderung der Einsatzkräfte und mangelnde Routine im Umgang damit. Anschlagslagen sind eine Art von vorsätzlich herbeigeführte Großschadenslagen, die auf Vernichtung und Zerstörung abzielen und daher besonders schwerwiegend sind. Sie werden anhand von Merkmalen wie Anzahl der Täter, verwendete Anschlagsmittel, räumliche Dimension und Tatmotivation typisiert. Besondere Anschlagsformen sind CBRN-Bedrohungen, Cyberangriffe und komplexe, räumlich und zeitlich ausgedehnte Szenarien mit mehreren Tätern und Taktiken. In komplexen Anschlagslagen ist eine frühzeitige einheitliche Führung entscheidend, um ein klares Lagebild zu erhalten und koordiniert reagieren zu können. Die Einschätzung der Tatmotive kann hierbei von großem Wert sein. Abschließend wird auf die mögliche Notwendigkeit eines Umdenkens im Zivilschutz angesichts neuer Bedrohungslagen hingewiesen.

Kap. 3 behandelt die aktuelle Bedrohungslage für die öffentliche Sicherheit in Deutschland aus verschiedenen Blickwinkeln. Zunächst wird die äußere Sicherheitslage skizziert. Deutschlands Rolle als globaler Akteur in Konflikten wie dem Ukraine-Krieg oder im Nahen Osten macht es zum Ziel von Destabilisierungsversuchen und Cyberangriffen, insbesondere durch Russland. Das Engagement im Ausland kann auch zu einer erhöhten Terrorgefahr durch auslandsmotivierten Extremismus im Inland führen.

Bei der inneren Sicherheitslage zeigt sich ein Anstieg politisch motivierter Straftaten seit 2015. Die Bedrohung durch Terrorismus wird insgesamt als hoch eingestuft.

Detailliert betrachtet werden die einzelnen extremistischen Phänomenbereiche:

- Islamismus: mit rund 27.000 Personen ein hohes Personenpotenzial, 500 Gefährder. Besonders die zurückgekehrten IS-Kämpfer bergen Risiken.
- Rechtsextremismus: 38.800 Personen, davon 14.000 gewaltbereit. Netzwerke sind zunehmend vernetzt mit Reichsbürgern, Preppern etc.

- Linksextremismus: 36.500 Personen, 8300 gewaltbereit. Es ist eine hohe Gewaltbereitschaft, auch gegen Infrastruktur, vorhanden.

Weitere Bedrohungen gehen von Einzeltätern aus persönlichen Motiven oder psychischen Erkrankungen sowie von Cyberkriminalität aus. Insgesamt sehen die Behörden die Bedrohungslage als deutlich verschärft an, ein Anschlag erscheint eher eine Frage des „Wanns" als des „Obs" zu sein. Präventionsarbeit und koordiniertes Krisenmanagement sind daher unerlässlich.

In Kap. 4 werden die verschiedenen Umweltfaktoren und ihre Auswirkungen auf Anschlagslagen ausführlich behandelt. Es werden drei Hauptkategorien von Umweltfaktoren unterschieden: Wetterfaktoren, Tages- bzw. Nachtzeit und örtliche Begebenheiten / Gelände.

Wetterfaktoren wie Wind, Temperaturen, Niederschlag und Lichtverhältnisse können sich sowohl auf die eingesetzten Kräfte (Einsatzkräfte, Opfer, Täter) als auch auf die Dynamik des Schadensereignisses selbst auswirken. Extreme Hitze oder Kälte, Wind und Regen beeinflussen die Leistungsfähigkeit der Einsatzkräfte und erfordern möglicherweise häufigere Durchwechslungen sowie ausreichende Versorgung. Wettereffekte auf Opfer und Betroffene müssen ebenfalls berücksichtigt werden. Die Funktionsfähigkeit von Geräten und Fahrzeugen kann durch Witterungseinflüsse eingeschränkt sein. Das Wetter kann außerdem die Ausbreitung von Feuer, Chemikalien oder gesundheitsschädlichen Stoffen beeinflussen und muss entsprechend in die Einsatzplanung einbezogen werden.

Die Tages- bzw. Nachtzeit hat Auswirkungen auf Personenaufkommen, Verkehrssituation und Sichtverhältnisse. Tagsüber ist normalerweise mehr Durchgangspublikum und höheres Verkehrsaufkommen zu erwarten, während nachts andere Herausforderungen wie schlechte Sichtverhältnisse eine Rolle spielen. Die Nacht kann den Tätern einen Vorteil verschaffen, bietet aber bei Nutzung von Nachtsichtgeräten auch taktische Vorteile für die Polizei.

Die örtlichen Begebenheiten und das Gelände erfordern eine sorgfältige Raumplanung. In urbanen Gebieten müssen Bebauungsstrukturen, Vegetation und infrastrukturelle Gegebenheiten berücksichtigt werden, um günstige Orte für Behandlungsplätze, Bereitstellungsräume etc. mit

Schutz, Übersicht und Anbindung auszuwählen. In natürlichen, unbesiedelten Räumen sind Geländeeigenschaften wie Bewaldung, Höhenunterschiede und Bodenbeschaffenheit entscheidend für die Zugänglichkeit und müssen frühzeitig in die Planung der Zugangswege und Einsatzräume einbezogen werden.

Insgesamt zeigt das Kapitel also die Komplexität der zu berücksichtigenden Umweltfaktoren und ihre potenziellen Auswirkungen auf alle Aspekte einer Anschlagslage auf. Eine vorausschauende Betrachtung und Einbeziehung dieser Faktoren in die Lagebeurteilung und Einsatzplanung ist essentiell.

Im darauffolgenden Kap. 5 werden die verschiedenen Einsatzkräfte, ihre Einsatzgrundsätze, -ziele und Ressourcen für Großschadenslagen in Deutschland aufgezeigt. Zunächst wird die Feuerwehr vorgestellt, die föderal organisiert ist und für Brandschutz, technische Hilfeleistung und Katastrophenschutz zuständig ist. Es werden ihre Einsatzziele wie Personenrettung, Schadensbekämpfung und Gefahrenabwehr, Einsatzgrundsätze wie Sicherheit der Einsatzkräfte sowie ihre Ressourcen wie Personal, Ausrüstung und Infrastruktur erläutert.

Als nächstes werden die Rettungsdienste wie Malteser, ASB, DRK und Johanniter näher betrachtet, die auf religiösen Prinzipien der Nächstenliebe beruhen. Ihre Einsatzgrundsätze sind Qualitätssicherung und Professionalität, ihre Einsatzziele die Rettung von Menschenleben und Vermeidung von Gesundheitsschäden, wofür ihre Ressourcen haupt- und ehrenamtliches Personal, Fahrzeuge, Ausrüstung und Leitstellen umfassen.

Daraufhin wird die Polizei mit ihren verschiedenen Zweigen wie Bundespolizei, Landespolizei und Spezialeinheiten vorgestellt. Ihre Prinzipien sind Rechtsstaatlichkeit und Verhältnismäßigkeit, ihre Einsatzziele Gefahrenabwehr, Kriminalitätsbekämpfung und Aufrechterhaltung der öffentlichen Ordnung und Sicherheit. Zu ihren Ressourcen zählen Personal, Fahrzeuge, Waffen und Schutzausrüstung sowie Infrastruktur.

Kap. 6 thematisiert ‚Führung im Chaos', insbesondere bei Anschlagslagen. Grundlegend hierfür sind die Definition von Führung und die wesentlichen Führungsmerkmale, weshalb sie eingangs aufgegriffen werden. Hier wird Führung als zielgerichtet, steuernd und von Macht und Information abhängig beschrieben. Darauf aufbauend wird der

Führungsprozess anhand eines Modells erläutert, der aus den Schritten ‚Lagebeurteilung', ‚Entscheidungsfindung', ‚Planung' und ‚Befehlsausgabe' besteht. Die 6 W-Fragen (wer, was, wann, wie, wo, wozu) schaffen Struktur bei der Befehlsausgabe.

Das Führungssystem besteht aus der Führungsorganisation (formelle Strukturen), Führungsmitteln (z. B. Funk) und dem Führungsvorgang. Mehrere Führungsebenen müssen zusammenwirken, was Schnittstellenprobleme insbesondere bei der Zusammenarbeit unterschiedlicher Organisationen mit sich bringen kann.

Für ersteintreffende Kräfte der Polizei bei Anschlagslagen wird das SICK-Schema (Sicherheit, Eindruck, kritische Blutungen, Kinetik) als strukturiertes Vorgehen empfohlen. Nach diesem müssen sie eine erste Raumordnung in Gefahrenzonen schaffen. Für Rettungsdienst und Feuerwehr gilt zunächst der Selbstschutz: Sie müssen abwarten und auf Lageinformationen der Polizei vertrauen.

Das Kapitel betont die Bedeutung von klarer Kommunikation, Führungsmerkmalen wie Selbstvertrauen und Durchsetzungsvermögen sowie standardisierter Vorgehensweisen für eine effektive Führung in solch chaotischen Lagen. Der letzte Teil des Kapitels befasst sich sodann mit der taktischen Medizin und der Zusammenarbeit zwischen medizinischem Personal und polizeilichen Einsatzkräften in Bedrohungslagen. Es wird die Entwicklung und Bedeutung der Tactical Combat Casualty Care (TCCC) aus militärischen Erfahrungen erläutert.

Die TCCC unterteilt die medizinische Versorgung von Verwundeten in drei Phasen:

1. Care under Fire – Feuerüberlegenheit herstellen, schnelle lebensrettende Maßnahmen wie Anlegen eines Tourniquets
2. Tactical Field Care – Versorgung in Deckung mit Fokus auf lebensgefährlichen Zuständen
3. Tactical Evacuation Care – Abtransport des Verletzten in eine Versorgungseinrichtung

Durch die Anwendung von TCCC hat sich die Überlebensrate von verwundeten Soldaten im Einsatz deutlich erhöht. Die Konzepte wurden auf polizeiliche Lagen wie Terroranschläge übertragen (Tactical Emergency Medical Support, TEMS). Polizei-Spezialeinheiten und teils spezialisierte Kräfte der regulären Polizei sind entsprechend geschult und ausgerüstet. In komplexen Terrorlagen mit dynamisch agierenden, hochbewaffneten Tätern stoßen herkömmliche Polizeitaktiken oft an Grenzen, was eine Spezialisierung erforderlich macht. Ein zeitnahes Eingreifen nach TEMS-Prinzipien durch spezialisierte Kräfte wird in diesen Fällen notwendig. In den USA sind neben Polizei-Medics auch zivile Rettungskräfte teils bewaffnet in die Gefahrenzone integriert, was in Deutschland bisher nicht praktiziert wird. Die Analyse jüngerer Anschlagsfälle zeigt, dass Anpassungen in Taktiken, Konzepten und der Zusammenarbeit der verschiedenen Einsatzkräfte erforderlich sind, um auf moderne Anschlagsszenarien besser reagieren zu können.

Ausgewählte Schadenslagen und besondere Herausforderungen bei der Bewältigung solcher Lagen werden anschließend in Kap. 7 aufgegriffen. Als Beispiel für eine Großschadenslage wird die Überflutung des St.-Antonius-Hospitals in Eschweiler im Jahr 2021 dargestellt. Es werden die Abläufe und Herausforderungen wie mangelnde Kommunikation, Stromausfall, Evakuierungsschwierigkeiten beschrieben.

Anschließend werden Bewältigungsstrategien bei CBRN-Einsätzen (chemisch, biologisch, radiologisch, nuklear) erläutert. Dazu gehören die Voraussetzungen wie klare Zuständigkeiten, Ausbildung, Vernetzung der Akteure sowie konkrete Maßnahmen, z. B. die Erkundung, Dekontaminierung, der Personen- und Objektschutz. Das neue Projekt „rescEU CBRN-Dekontaminationskapazität" zur Aufstellung spezialisierter Einsatzeinheiten wird in diesem Rahmen vorgestellt.

Die Bedeutung der internen sowie externen Krisenkommunikation bei solchen Lagen wird herausgestellt, indem beispielsweise das Fallbeispiel eines fiktiven CBRN-Anschlags auf ein Fußballstadion skizziert und der Ablauf der Einsatzmaßnahmen beschrieben wird. Abschließend werden die Vorbereitungen auf die Fußball-Europameisterschaft 2024 in Deutschland beleuchtet, insbesondere Warninfrastruktur, medizinische Versorgung und Übungen der Einsatzkräfte. Einhergehend hiermit wird auch eine große Übung zur Erprobung der Abläufe bei einem Massenanfall von Verletzten in Hamburg geschildert.

Im Rahmen der Arbeit gewonnenen Erkenntnisse, folgende Lösungsansätze und Handlungsempfehlungen sind in Kap. 8 zu finden: Anschlagslagen erfordern ein hohes Maß an Einsatzkräften, da sie oft komplex und mehrschichtig sind, mit möglichen parallelen Angriffen oder Täuschungsanrufen. Dies erfordert eine überregionale Koordination und die Kompatibilität der Führungsmittel, insbesondere der Funkgeräte, um Kommunikations- und Schnittstellenprobleme zu minimieren. Eine bundesweit einheitliches Standardverfahren ist notwendig, um Missverständnisse zu vermeiden und das schnelle Handeln der ortsfremden Kräfte zu ermöglichen. Hier kann der bayerische Ansatz von REBEL I und II als Grundlage dienen.

Checklisten sind ein wertvolles Instrument zur Orientierung, Minimierung von stressbedingten Fehlern und Reduktion von Schnittstellenproblemen. Die von der NTOA entwickelte Checkliste für das Management von Amokläufen könnte in Deutschland in ein einheitliches Konzept integriert werden, um die Stressresistenz zu erhöhen und Fehler in der Anfangsphase zu verringern.

Die Integration taktischer Ausbildungsinhalte in die Notfallsanitäter-Ausbildung und die Zusatzweiterbildung ‚Notfallmedizin' ist essenziell. Dies sorgt für eine grundlegende Befähigung und Sensibilisierung des Rettungsdienstpersonals schon vor Berufsantritt. Ein bundeseinheitliches Ausbildungsmodell und regelmäßige Fortbildungen sind wünschenswert, um die erworbenen Fähigkeiten aktuell zu halten.

Ein einheitlicher Sprachgebrauch, insbesondere die Verwendung englischer Akronyme und einheitlicher Assessment-Schemata, stärkt das Verständnis und beschleunigt Prozesse. Beispielsweise sollte die Übergabe von Verletzten standardmäßig durch den MIST-Report erfolgen, um Missverständnisse zu vermeiden. Obwohl ein TEMS-Konzept unter Einbeziehung des Rettungsdienstes in Deutschland unwahrscheinlich ist, sollten lokale Rettungsdienste dennoch in die Konzepte der Polizei integriert werden. Dies ermöglicht die Entwicklung angepasster Standardverfahren, die Missverständnisse und Kommunikationsfehler an der Schnittstelle zwischen polizeilicher und nichtpolizeilicher Gefahrenabwehr verhindern.

Auch die Einbindung von Kräften des Sanitätsdienstes der Bundeswehr könnte eine entscheidende Fähigkeitslücke schließen. Diese Kräfte sind nicht nur gut geschützt, sondern auch in der Lage, sich im Gefahrenbereich selbst zu verteidigen. Ihr Einsatz sollte bei Verfügbarkeit in Betracht gezogen werden. Schließlich erfordert die effiziente Bewältigung von Chaos, Stress und Schnittstellenproblematiken regelmäßige Übung, situative Aufmerksamkeit und Erfahrungswerte. Rettungsdienstpersonal sollte zudem mit der Ausrüstung von Polizisten, wie dem Abnehmen der schusssicheren Weste, vertraut sein, um schnell und effektiv handeln zu können.

Die umfassende Analyse und die entwickelten Lösungsansätze dieser literaturbasierten Arbeit bieten eine solide Grundlage für die Bewältigung komplexer Anschlagslagen und Großschadensereignisse. Basierend auf den gewonnenen Erkenntnissen und den identifizierten Handlungsempfehlungen ergeben sich mehrere Ansatzpunkte für zukünftige Forschungsarbeiten und praktische Implementierungen. Eine der zentralen Herausforderungen bei der Bewältigung von Anschlagslagen ist die Notwendigkeit einer einheitlichen Standardverfahrensweise und eines koordinierten Vorgehens zwischen verschiedenen Organisationen und Bundesländern. Zukünftige Forschungsarbeiten könnten sich daher darauf konzentrieren, bestehende Einsatzkonzepte weiterzuentwickeln und zu standardisieren. Insbesondere der bayerische Ansatz von REBEL I und II kann als Modell dienen, das bundesweit adaptiert werden könnte. Es wäre sinnvoll, diese Ansätze durch regelmäßige Übungen und Simulationen zu testen und zu optimieren, um deren Effizienz und Praktikabilität in realen Szenarien sicherzustellen.

Die zunehmende Digitalisierung und der Fortschritt in der Technologie bieten Potenzial zur Verbesserung der Reaktionsfähigkeit und Effizienz von Einsatzkräften. Zukünftige Forschungen könnten untersuchen, wie moderne Technologien wie Künstliche Intelligenz, Drohnen und erweiterte Realität (Augmented Reality) zur Lagebeurteilung, Entscheidungsfindung und operativen Planung beitragen können. Zudem könnte die Entwicklung von intelligenten Kommunikationssystemen die Zusammenarbeit und den Informationsaustausch zwischen verschiedenen Einsatzkräften erheblich verbessern.

Ein weiterer wichtiger Forschungsbereich betrifft die psychologische Unterstützung und das Stressmanagement für Einsatzkräfte. Die Arbeit hat gezeigt, dass stressbedingte Fehler ein erhebliches Risiko darstellen.

Zukünftige Studien könnten sich darauf konzentrieren, wie psychologische Trainingsprogramme und kontinuierliche Unterstützung die Resilienz und Leistungsfähigkeit von Einsatzkräften verbessern können. Dies könnte durch die Integration von Simulationstrainings und regelmäßigen psychologischen Assessments erreicht werden.

Die Arbeit hebt die mögliche Integration von Sanitätskräften der Bundeswehr als eine Lösung zur Schließung von Fähigkeitslücken hervor. Zukünftige Forschungsarbeiten könnten sich darauf konzentrieren, wie die Zusammenarbeit zwischen zivilen Rettungskräften und militärischen Einheiten im Detail ausgestaltet werden kann. Dabei sollte untersucht werden, welche rechtlichen, organisatorischen und operativen Rahmenbedingungen notwendig sind, um eine effektive und rechtlich abgesicherte Kooperation zu gewährleisten. Die Ausbildung und kontinuierliche Weiterbildung von Einsatzkräften ist von entscheidender Bedeutung. Es wäre sinnvoll, ein bundeseinheitliches Ausbildungsmodell zu entwickeln, das die Integration taktischer und medizinischer Inhalte sicherstellt. Zukünftige Studien könnten untersuchen, welche Ausbildungsinhalte und -methoden am effektivsten sind und wie diese in die bestehenden Ausbildungsgänge integriert werden können. Auch die Entwicklung von E-Learning-Plattformen und virtuellen Trainings könnte eine effiziente und skalierbare Lösung bieten.

Die Bedrohung durch Anschläge und Großschadenslagen ist ein globales Phänomen, das eine internationale Zusammenarbeit und den Wissenstransfer erfordert. Nachfolgende Forschungsarbeiten könnten sich darauf konzentrieren, wie internationale Best Practices und Erfahrungswerte besser in nationale Konzepte integriert werden können. Dies könnte durch den Austausch von Experten, gemeinsame Übungen und die Teilnahme an internationalen Forschungsprojekten erreicht werden.

Die vorliegende Arbeit hat wesentliche Aspekte und Herausforderungen im Umgang mit Katastrophen, Großschadenslagen und Anschlägen aufgezeigt und praxisnahe Lösungsansätze entwickelt. Der vorgeschlagene wissenschaftliche Ausblick unterstreicht die Notwendigkeit einer kontinuierlichen Weiterentwicklung, interdisziplinären Zusammenarbeit und der Nutzung moderner Technologien und Methoden, um den steigenden Anforderungen und Bedrohungen adäquat beggenen zu können. Nur durch fortlaufende Forschung, Innovation und praxisnahe

Umsetzung können Einsatzkräfte optimal vorbereitet und geschützt werden, um in Krisensituationen effektiv und koordiniert reagieren zu können.

Die Bewältigung von Katastrophen, Großschadenslagen und gezielten Anschlägen stellt unsere Gesellschaft vor enorme Herausforderungen. Wie diese Arbeit zeigt, sind eine umfassende Vorbereitung, klare Konzepte und Verfahren sowie eine effiziente Zusammenarbeit aller Beteiligten unabdingbar.

Nur durch kontinuierliche Forschung, praxisnahe Übungen und den Willen, alle Einsatzkräfte bestmöglich auszubilden und auszurüsten, können wir diesen Bedrohungen wirksam begegnen. Es gilt, aus Erfahrungen und Erkenntnissen zu lernen, innovative Lösungen zu finden und grenzüberschreitend zu kooperieren.

Lassen Sie uns die in dieser Arbeit aufgezeigten Ansätze als Ausgangspunkt nehmen, um unsere Fähigkeiten im Bevölkerungsschutz stetig auszubauen. Nur mit einem entschlossenen und koordinierten Vorgehen können wir Krisen gewachsen sein und die Sicherheit für unsere Bevölkerung bestmöglich gewährleisten.

Die Verantwortung ist groß, aber getragen von Sachverstand und Einsatzbereitschaft aller Beteiligten sind wir den kommenden Herausforderungen mehr als gewachsen.